Las lecciones del maestro

TESIS / ENSAYO

Daniel Balderston (Comp.)

Las lecciones del maestro
Homenaje a José Bianco

BEATRIZ VITERBO EDITORA

Las lecciones del maestro : homenaje a José Bianco / Sylvia
Molloy...[et.al.]. ;
    compilado por Daniel Balderston - 1a ed. - Rosario : Beatriz
Viterbo Editora, 2006.
    288 p. ; 20x14 cm.

ISBN 950-845-197-1

1. Ensayo Argentino. I. Balderston, Daniel, comp.
CDD A864

Biblioteca: *Tesis / Ensayo*
Ilustración de tapa: Daniel García

ISBN-10: 950-845-197-1
ISBN-13: 978-950-845-197-2

IMPRESO EN ARGENTINA / PRINTED IN ARGENTINA
Queda hecho el depósito que previene la ley 11.723

Introducción
Las lecciones del maestro

Daniel Balderston

> *Yo era entonces lo que en cierta forma continúo siendo*
> *ahora: un escritor sudamericano que algunas personas conocen*
> *en su propio país.*
> "Albert Camus a los veinticinco
> años de su muerte", Ficción y reflexión, *317.*[1]

José Bianco (1908-1986) fue, en palabras de Borges, "uno de los primeros escritores argentinos y uno de los menos famosos"; Borges celebra su estilo "invisible", su "parquedad y prudencia", su "sensatez" (prólogo a *Ficción y reflexión*, 9). En una crónica sobre Portofino (1947), que escribió durante el largo período de gestación de *La pérdida del reino* (1972), Bianco dice que algunos paisajes nos deparan la misma satisfacción que los buenos escritores, aquellos que "saben medir sus virtudes y alternar sus recursos, que han aprendido a no insistir, a detenerse en el momento oportuno" (296).[2] Y en un artículo sobre Victoria Ocampo (1981), define la escritura como "el arte de entablar una relación amistosa con el lector, despertar su confianza, discutir con él, lograr persuadirlo" (235). Borges habrá de afirmar que las palabras del propio Bianco, "aunque armoniosas, no se interponen entre el autor y los lectores" (9). Para ambos, entonces, la literatura guarda una estrecha relación con una buena conversación entre amigos, en la que mucho queda insinuado, sugerido, y en la que se requiere la inteligencia y la imaginación del interlocutor. Bianco se mantiene fiel a este ideal de literatura desde sus primeros textos (los ensayos y los cuentos de fines de la década del veinte) hasta los últimos; la elegancia sobria de su expresión es su manera de "no insistir", de "detenerse en el momento oportuno". Éstas justamente son las cualidades sobresalientes de sus dos *nouvelles* más famosas,[3] *Sombras suele vestir* (1941) y *Las ratas* (1943), algo parcas en la expresión y por eso mismo tan sugerentes, y son también estos atributos los que mejor definen su gran novela sinfónica, *La pérdida del reino*.

En su obra narrativa, Bianco varía considerablemente de géneros y eso contribuye a que sus cuatro libros no se repitan, salvo en algunos detalles que mencionaré más adelante. *La pequeña Gyaros* (1932) es una serie de seis cuentos entrelazados –tres de ellos tienen el mismo elenco de personajes, al menos en parte, y los últimos dos cuentan la misma historia desde dos puntos de vista diferentes. El libro retrata la represión sexual y emocional en la clase alta argentina, en la que regía una reserva casi inglesa e imperaba una hipocresía familiar sin límites. Bianco escribió *Sombras suele vestir* –su única tentativa de hacer literatura fantástica– para la muy conocida *Antología de la literatura fantástica* (1940) que preparaban Borges, Bioy Casares y Silvina Ocampo, pero esta *nouvelle* no se incluyó en la primera edición de la antología, pues no estuvo lista a tiempo. *Sur* la publicó en 1941 y fue luego incluida en la segunda edición de la antología, en 1965.[4] *Las ratas* se acerca a la ficción policial, muy de moda en esos años, aunque se aleja bastante de las pautas rígidas de ese género, aún más que los relatos policiales heterodoxos de Borges, quien sin embargo nota la afinidad entre la *nouvelle* de Bianco y el género policial en una reseña que publicó en *Sur* en 1944. *La pérdida del reino* juega con las convenciones de la novela realista y, sobre todo, de la novela psicológica, aunque de nuevo con una apreciable libertad formal. Es un texto de una sencillez sólo aparente, que revela niveles de gran complejidad estructural en sucesivas relecturas.

En un artículo publicado en este libro, Edgardo Cozarinsky refiere que Bianco sostenía que inclusive una reseña tenía que *contar* algo. Los ensayos del mismo Bianco parecen seguir ese mismo consejo, pues cuentan vidas y se deleitan en anécdotas y chismes que dramatizan las ideas a través de las vivencias de los pensadores. La agilidad con que Bianco logra sorprender al lector en *Sombras suele vestir* y sus otras obras narrativas se puede apreciar también en sus ensayos. "Un veneciano en Inglaterra", por ejemplo, no anuncia desde el inicio que su héroe es Casanova, sino que va esbozando el personaje antes de nombrarlo. Muchas veces el encuentro entre dos personas da pie para una reflexión compleja: hay ensayos en los que estas relaciones son manifiestas ya en su mismo título, por ejemplo, "Stendhal y Proust", pero hay otros, como "Así es Sarmiento" y "El ángel de las tinieblas", en los que los desencuentros entre Groussac y Sarmiento y entre Léautaud y Proust, respectivamente, sirven de punto de partida para una reflexión honda que abarca a ambos escritores. Los ensayos de Bianco, como sus obras narrativas, pertenecen a la literatura de ideas, pero sutilmente exploran las tensiones y las contradicciones en las ideas (y las vidas) que van comentando, y evitan las sentencias unívocas. O dicho de otra manera: Bianco sabe, como pocos, detenerse "justo un momento antes".

En *La pérdida del reino*, el narrador cuenta que Rufino Velázquez le confió sus papeles y le pidió que escribiera la novela de su vida:

> Velázquez confiaba en mi perspicacia. Y confiaba en la literatura, en la literatura de imaginación. Mejor que ningún otro género, la literatura de imaginación[5] nos permitía explorar un carácter. A la vez, lejos de empobrecer la vida, preservaba, más aún, acrecentaba su riqueza. Gracias a la literatura de imaginación podíamos, si no conocer, sospechar esa verdad cuyo fulgor mismo nos deslumbra y que preside de tan lejos nuestras modestas indagaciones humanas. (*La pérdida del reino*, Introducción, cap. IV; p. 43 de la edición de Siglo XXI)[6]

Ésta es una variación sobre uno de los pasajes más célebres de *Las ratas*, de treinta años antes:

> ...acaso nunca lleguemos a mentir. Acaso la verdad sea tan rica, tan ambigua, y presida de tan lejos nuestras modestas indagaciones humanas, que todas las interpretaciones puedan canjearse y que, en honor a la verdad, lo mejor que podamos hacer es desistir del inocuo propósito de alcanzarla. (*Las ratas*, cap. XII; 83)[7]

Al reescribir la frase de *Las ratas*, Bianco cambia su carácter: pasa de ser una observación general sobre la vida humana a celebrar una función esencial y específica de lo que denomina la "literatura de imaginación". La literatura tiene la capacidad de mejorarnos éticamente, sobre todo, debido a las lecciones que nos brinda sobre la relación entre la verdad y la mentira: el lector aprende de la narración lo lejos que queda la verdad, aprende el valor de la sutileza, de la ambigüedad. Si bien la formulación de Bianco se nos hace profundamente moderna en su escepticismo, está también inscrita en la mejor tradición del humanismo.[8] Bianco celebra en Proust, uno de sus dioses tutelares, el hecho de habernos dejado "una realidad análoga a la realidad en que vivimos pero más compleja, más rica, más ambigua y perfectamente inteligible" (330).[9] Llaman la atención las últimas dos palabras de esa frase: la perfecta inteligibilidad como un ideal que, lejos de rechazar, se funde con la complejidad y la ambigüedad.

Este tipo de comentario reaparece frecuentemente en sus juicios sobre otros escritores. Admira en Daniel Moyano, por ejemplo, que "nos permite vislumbrar como en un relámpago la verdad de un ser humano sin disipar por completo su misterio" (311).[10] E. M. Forster "tiene un arte prestigioso para manejar la insinuación, la sugerencia, la reticencia" ("Julien Benda", *Cuadernos Hispanoamericanos* 565-566, 60). Al comparar el yo de la novela de Proust con el yo de los diarios de Léautaud, en "El ángel de las tinieblas", Bianco cita a Sartre, según quien Proust "no miente para ocultarse sino para ser *más verdadero que lo verdadero*" (subrayado original, 198), y comenta que el yo de Léautaud, que no recurre "a ninguna fabulación", es "por eso, quizá... menos verdadero que Proust" (198). En "Digresión", un texto de 1954 que formaba parte de "una novela en preparación" pero que Bianco optó por no incluir en *La pérdida del reino*, observa: "Inconveniente de las novelas en primera persona en singular: los lectores asocian al lector con el personaje que relata los hechos" (150). Concluye:

> Si escribiera una novela, sacrificaría digresiones tediosas, situaciones superfluas, comparsas, a las sorpresas del argumento, a los imperativos de la composición, del orden. Pero soy el único personaje verdadero de estas memorias: por eso no vacilo ante nada para resucitar a los diversos yo que habitan sus páginas. (151)

Aquí Bianco habla de "los diversos yo", no de la expresión de *una* voz o de un yo. En "Centenario de Proust" dice que el "yo exterior" de Proust, que vale menos que el yo de su novela, aparece en "su casi infinita correspondencia" y en los estudios biográficos de sus amigos y de sus posteriores críticos. Establece, entonces, una distinción entre un yo "exterior",[11] bastante monolítico, y el yo misterioso y diverso del texto literario.

En sus ensayos Bianco insiste en que, al acercarnos a un escritor o a una escritora, no siempre ocurre que su escritura esté expresando su voz, su ser. En su "Crónica mexicana" (1967), por ejemplo, dice:

> No siempre los escritores coinciden con su obra. A veces, si tenemos oportunidad de conocerlos, los encontramos inferiores o superiores a lo que escriben. O distintos, sencillamente. Pero nada es tan idéntico a la personalidad de Elena Garro como sus libros. (326)[12]

Dice lo mismo de Julien Benda, aunque en el caso de Benda eso parece una limitación ("habla como un libro, como un libro de Julien Benda" [215], y repite ese comentario no excesivamente elogioso en otro texto [230]). Una fórmula similar, aplicada a Borges, se convierte en un elogio: "Hablaré del hombre, tan parecido a su obra, tan digno de ella" (351). Sin duda uno de los ideales de Bianco es ser íntegro, sencillo pero elegante, no llamar la atención.

Reconocido es que Bianco se caracterizaba por su modestia y una gran reticencia a figurar en primer plano. Su obra narrativa muchas veces enfoca personajes secundarios: Delfín Heredia en *Las ratas*, Sweitzer al final de *Sombras suele vestir*, Rufino Velázquez en *La pérdida del reino*. De este último escribe el narrador: "le había tocado un papel secundario" (*La pérdida del reino*, tercera parte, cap. IV, 232); la mirada oblicua sirve para ver cosas que no se hubieran visto de otro modo. Ya en *La pequeña Gyaros* dice un personaje: "En las tragedias de Racine, siempre me llamó la atención el papel deslucido y triste que hacen los confidentes" ("Amarilídeas", 63). Esa observación vuelve en *La pérdida del reino* cuarenta años más tarde, pero ahora con el comentario: "No tengo ningún interés en representar ese papel" (*La pérdida del reino*, tercera parte, cap. IV, 223). La aguda sensibilidad para registrar aquello que aparece relegado, que no se muestra a primera vista, se condice con el interés de Bianco por escritores que se fijan en minucias, como apunta en su ensayo sobre María Luisa

Bombal: "¿por qué desdeñar las minucias? ¿Acaso lo grande, lo infinitamente grande, no está compuesto por lo infinitamente pequeño?" (239). La mirada oblicua capta detalles que definen el todo, y es así como la literatura sirve de memoria y se sirve de la memoria.

En Bianco se advierte una particular atracción por la tradición: Europa redescubierta por los argentinos de la generación del 80, la manera en que algunos escritores como Alberto Moravia o Julien Benda hacen lo que hoy llamaríamos crítica cultural, el sabor y el olor ya perdidos de Buenos Aires. Su Buenos Aires suele ser ligeramente anacrónico: *Las ratas* envía al período de la Primera Guerra Mundial, *La pérdida del reino* a los años veinte, treinta y cuarenta. Hasta en algunos de sus ensayos, sus interlocutores parecen ser Groussac, Cané y Mansilla más que Borges, Martínez Estrada, Mallea o Sábato. Ese ligero anacronismo, sin dudas deliberado, es una manera sutil de burlarse amistosamente de la fiebre de lo contemporáneo. *La pérdida del reino* parecía publicada a destiempo en 1972[13] e, incluso, años antes, *La pequeña Gyaros*, el primer libro del joven escritor, aparecido en la época de las vanguardias,[14] no disimulaba un tono de modernismo tardío, de "puro estilo dannunziano: estetismo, amoríos, escándalos, viajes y morfina", como Bianco define irónicamente a uno de los personajes ("Amarilídeas", p. 69 de la primera edición de 1932). A Bianco no lo cautiva lo fácilmente actual. Por el contrario, aprueba la observación de que el novelista "se mide por obstáculos que opone (bajo una corrección aparente) a ser leído" (270), y comenta: "Las buenas novelas pueden ser apasionantes, pero nunca son divertidas en el sentido vulgar de la palabra" (270). También confiesa que no es enemigo de la literatura fácil y que recomienda "su lectura para descansar de aquella otra que toma siempre las cosas a la tremenda y que tan laboriosamente cultivan algunos ensayistas y novelistas hispanoamericanos" (307).

En el prólogo a la edición de las *nouvelles* de Monte Avila (1985), Bianco cuenta que sus lectores eran pocos: "Después de todo, y contra lo que suponen nuestras ilusiones, sólo se escribe para unas cuantas personas" (9). Sí se muestra muy atento a lo que han dicho esos pocos lectores: comenta los estudios de María Luisa Bastos, Mirta Stern y Antonio Prieto Taboada, y recuerda comentarios que le hicieron Silvina Ocampo y Borges sobre *Sombras*. Se muestra conforme con los comentarios de Borges y de Bastos sobre la presencia de Buenos Aires en *Sombras*: agrega que es una Buenos Aires de fines de la década del 20 y recuerda sobre todo los lugares mencionados no sólo en ese texto sino también en otros, como "El límite".[15] Este escrito de autocrítica (de los pocos que Bianco publicó, aunque comenta mucho su obra en las entrevistas) habla de cómo Bianco entabla un diálogo con sus críticos, la misma estrategia que utiliza para discutir los aportes a la recepción de la literatura de Marcel Proust que hacen Deleuze, Revel, Barthes, Painter y Sachs, como analiza Luis Gusmán en su artículo en este volumen. A Bianco no lo seduce el lado técnico de la crítica —en diversos momentos hace comentarios negativos sobre la estilística y el estructuralismo— pero sí rescata la manera en que la crítica sigue renovando y corrigiendo las lecturas, no para llegar a una verdad definitiva sino para que los textos, en su siempre cambiante actualidad, mantengan y multipliquen un diálogo con sus lectores.

Bianco fue, como observa Borges, un intelectual de verdad y un "hombre de letras" sensato (9), que ejerció una gran diversidad de oficios literarios. Se dedicó durante años a las actividades editoriales, primero como jefe de redacción de *Sur* de 1938 a 1961, y luego en Eudeba, donde, invitado por Boris Spivacow, el legendario editor argentino, fundó y dirigió la exitosa serie *Genio y figura*. Trabajó también como traductor literario ("la desinteresada y sutil tarea de traductor", según Borges [9]), convirtiéndose en lo que Patricia Willson llama el "traductor clásico" argentino:[16] clásico en sus gustos por la transparencia, el equilibrio y la sobriedad de la expresión. En su nota sobre *Sur*, Bianco afirma que la revista "llevó a práctica su xenofilia mediante traducciones decorosas" (323): el decoro aquí tiene un significado más estético que moral, afín a lo que entiende Willson por "clásico".

Llama la atención que dos de los hechos fundamentales en la vida literaria de Bianco, su renuncia a *Sur* cuando Victoria Ocampo le critica dura y públicamente su viaje a Cuba para participar en un jurado en Casa de las Américas,[17] y su renuncia a

Eudeba (donde había trabajado de 1961 a 1966) luego de la intervención del gobierno de Onganía en la Universidad de Buenos Aires, son hechos políticos. En Bianco la tarea del intelectual se caracteriza por una intensa labor solitaria pero también por un sentido de la responsabilidad pública. Basta indagar un poco para ver que entre sus traducciones hay obras "comprometidas" –Sartre sobre la "cuestión judía", Pierre-Henri Simon sobre la iglesia católica, Camus sobre el nazismo– y que tradujo obras que fueron deliberadamente polémicas en su tiempo: recordemos el escándalo provocado por la traducción de *Las criadas* de Genet que hizo para *Sur*. Osvaldo Bazán en su *Historia de la homosexualidad en la Argentina* advierte que Bianco tuvo que ver con la fundación del Frente de Liberación Homosexual en Buenos Aires en 1971 e hizo traducciones de textos políticos de la época.[18] Esa militancia, aunque haya sido callada y algo clandestina, se liga con cierta nota contemporánea en *La pérdida del reino*, donde irrumpen de modo inesperado el feminismo de la época, la crítica de las clases sociales y, de modo muy sutil, un rechazo de la represión sexual que caracterizaba a lo que el narrador llama la "clase dirigente" (segunda parte, cap. IV, 183) o la "oligarquía" del país (introducción, cap. II, 25).[19] En una conferencia que dio en Harvard en 1973, Bianco afirma: "hasta la literatura que parece más alejada de cualquier intención ideológica lleva implícita una suerte de denuncia" ("Ficción y realidad", *Cuadernos Hispanoamericanos* 516, 22), y agrega: "casi todo escritor de talento desempeña una función social" ("Ficción y realidad", 23).

El tema constante de la literatura de Bianco, en los varios géneros que abordó, es la relación entre ficción y realidad (título de la conferencia en Harvard en 1973 y de la colección de ensayos que publicó Monte Ávila en 1977), si por "ficción" entendemos, además de las ficciones literarias, también los órdenes imaginarios que rigen la vida cotidiana y la interacción social. "No hay realidad que sea previa a la obra de arte", observa en un ensayo sobre Alejandro Rossi (*Cuadernos Hispanoamericanos* 516, 32). En ese sentido, la reflexión tenaz que hace Bianco sobre la ardua expresión de la "verdad" y sobre la imposibilidad de una verdad unívoca subyace en la complejidad y la sutileza de su obra. Así como Bianco admiraba cómo Proust consiguió "mediante la analogía, la equivalencia, la precisa y preciosa comparación, formular lo que suponíamos informulable" (333), es justo decir que similar ha sido el logro del propio Bianco en sus obras delicadas y profundas.

Este libro nació como un corolario del Homenaje a José Bianco que organizamos en el Malba en diciembre de 2004. Hemos incluido también valiosos ensayos de Edgardo Cozarinsky, Ivonne Bordelois, John King, Héctor Libertella, Antonio Prieto Taboada, Juan José Hernández, Susana Zanetti, María Luisa Bastos, María Moreno y Reinaldo Laddaga, quienes no participaron en ese evento. Agradezco a Sandra Bianchi y Ana Quiroga, del programa de literatura del Malba, y a Soledad Costantini, la directora del museo, su apoyo para ese evento. Mi gratitud también a Jesús Jambrina y Nicolás Lucero, que ayudaron a resolver muchas dudas bibliográficas, y un agradecimiento especial a Antonio Prieto Taboada y Ernesto Montequín por su ayuda bibliográfica con los artículos dispersos. Ana María Torres, la sobrina de Bianco que tanto ha hecho por su obra, nos concedió las fotos y documentos reproducidos (inéditos casi todos). Meredith Hay, la vicepresidenta de la Universidad de Iowa, apoyó generosamente esta publicación; muchas gracias a ella y a Jay Semel de la Office of the Vice President for Research. Éste es el primer libro publicado sobre Bianco; quiere ser una invitación a la lectura y a la relectura de su obra, tan rica, tan ambigua, tan "perfectamente inteligible".

Las referencias a la obra de Bianco remiten a *Ficción y reflexión*, del Fondo de Cultura Económica, es decir la edición que más se acercaría a unas "obras completas". En el caso de *La pérdida del reino*, enviamos a la primera edición, de Siglo XXI.[20] Como *Ficción y reflexión* está agotado, anotamos también los números de capítulos en los casos de *Sombras suele vestir* y *Las ratas*, textos para los cuales hay muchas ediciones diferentes. También detallamos partes y capítulos en las citas de *La pérdida del reino*. Al final de este volumen, además de una amplia bibliografía sobre Bianco, hemos organizado sus ensayos cronológicamente, ya que ninguna de las antologías de sus textos sigue este criterio.

15

A nuestro homenajeado le gustaban los homenajes –a otros escritores. Recordaba siempre el homenaje a Marcel Proust que hizo la *Nouvelle Revue Française* al año de su muerte; organizó el célebre "Desagravio" a Borges en *Sur*; participó en el homenaje a Martínez Estrada; evocaba a Leo Ferrero, a Groussac, a Victoria Ocampo, a Proust, a Camus, puntualmente, en los aniversarios de sus muertes. Una de las compilaciones de sus ensayos, la que publicó la UNAM en 1984, se llama justamente *Homenaje a Marcel Proust*. El homenaje, que da ocasión para reconocimientos públicos de deudas intelectuales, pero también para contar anécdotas a veces picantes del homenajeado (ver, por ejemplo, el notable ensayo "Así es Sarmiento" [1978]), sirve en Bianco para anudar y reanudar amistades, para que el homenajeado esté nuevamente presente.

Para muchos de nosotros José Bianco fue un gran amigo, el maestro, el mentor.[21] Aún para gente que no lo conocía (como el librero a quien le compré *La pérdida del reino* en mi primer viaje a Buenos Aires, en 1978) era "Pepe" (como, de hecho, constó en la factura de esa compra). Bianco tenía el don de la amistad. Muchos de los mejores escritores latinoamericanos fueron amigos suyos: Piñera, Paz, Garro, Borges, Silvina Ocampo, Bombal, Puig. Como un homenaje secreto, su figura aparece en clave en muchas obras literarias: pienso en *Reencuentro de personajes* de Elena Garro, en *La ocasión* de Saer, en *El común olvido* de Molloy e incluso en *El gaucho insufrible* de Roberto Bolaño, donde el caballo se llama José Bianco.[22] El título del libro lo tomamos de una de las traducciones que hizo Bianco de Henry James, pero ahora en plural: son muchas sus lecciones.

Notas

[1] A lo largo de este libro, las referencias de páginas, a menos que se indique otra cosa, remiten a la colección más amplia de textos de Bianco que existe hasta ahora: *Ficción y reflexión* (México: Fondo de Cultura Económica, 1988).

[2] En el momento culminante de *La pérdida del reino* aparecen casi las mismas palabras: cuarta parte, cap. VIII, 344.

[3] Bianco comenta el género de la *nouvelle*, a propósito de un texto de Kleist, en una nota sobre dos películas alemanas, de Rainer Maria Fassbinder y Eric Rohmer (254-55). Ricardo Piglia reflexiona sobre el género de la *nouvelle* en la obra de Bianco en su artículo para este volumen.

[4] Sobre la historia de la publicación de *Sombras suele vestir*, ver el prólogo de Bianco a la edición de Monte Ávila de *Las ratas* y *Sombras* (1985), sobre todo la pág. 7. Allí Bianco comenta que, cuando se publicó en *Sur*, la *nouvelle* estaba dedicada a Bioy Casares y a Silvina Ocampo y que la dedicatoria desapareció a partir de la edición de Cuadernos de la Quimera (1944), aunque no recuerda si ésa fue una decisión de Mallea (el director de la serie) o suya propia, o si acaso sólo se trató de un error de imprenta.

[5] En algunas entrevistas Bianco comparte la opinión de que, en aquella época, la revista daba más importancia a la "literatura de imaginación". Ver, por ejemplo, la entrevista que le hice en 1984, publicada en *La Nación* en 2003 y disponible también en video.

[6] Por causa de la multiplicidad de ediciones de las obras narrativas de Bianco, indicaremos números de capítulo además de dar referencias a las páginas de las ediciones escogidas como base.

[7] Luis Chitarroni comenta este fragmento en un artículo que incluimos en este libro. Es preciso notar que ya en *La pequeña Gyaros* hay una reflexión sobre la índole esquiva de la mentira y la verdad. Dice la protagonista: "La persona que me engañó se vió obligada a hacerlo y más tarde me explicó los motivos. Yo supe comprender. Todos mentimos" (71).

[8] Ver, por ejemplo, sus comentarios positivos sobre la función "edificante" de la literatura, en la conferencia "Ficción y realidad" (recogida en *Cuadernos Hispanoamericanos* 516, 22).

[9] Hay una infinidad de reflexiones en la obra de Bianco en las que puede percibirse la presencia de Proust, vgr. "Las cosas sólo son deseables en la medida en que no se poseen, y la persona querida más nos apetece si la sabemos infiel o extraña a nosotros" ("Stendhal y Proust", *Cuadernos Hispanoamericanos* 565-566, 27).

[10] El narrador de *La pérdida del reino* dice lo mismo de los papeles que le legó Rufino Velázquez: "Cuando ya nada se interpusiera entre nosotros, cuando su voz fuera mi voz y yo no distinguiera entre lo cierto y lo incierto, lo ficticio y lo real, tal vez alcanzara esa realidad literaria que, más que ver, nos permite entrever como en un relámpago la verdad de un ser humano sin disipar por completo su misterio" (Introducción, cap. V, 55).

[11] Bianco utiliza nuevamente la expresión "yo exterior" (y establece una distinción entre "el yo cotidiano y el yo creador" [271]) en "Parafernaria" (1984), un texto comentado por Sylvia Molloy en este volumen.

[12] La amistad de Bianco con Garro fue muy cercana: ver en la bibliografía los estudios que Lucía Melgar dedica a su correspondencia.

[13] Ver los ensayos en este volumen de Celina Manzoni, Noé Jitrik y José Amícola.

[14] En *La pequeña Gyaros* hay alguna referencia a las vanguardias literarias: un personaje tiene el aspecto de una "estampa superrealista" (93).

[15] A propósito de *Las ratas* (que transcurre, según dice, en los años de la Primera Guerra Mundial), Bianco menciona que cuando trabajaba en la Biblioteca de Obras Sanitarias de la Nación había laboratorios donde se hacían experimentos con ratas, y que parte del trabajo que allí hacía era la traducción de artículos técnicos del francés y del inglés (18). Con respecto al narrador de *Las ratas*, dice que personifica al artista (19), y que la sociedad ha asimilado formas artísticas que antes rechazaba, por lo menos hasta cierto punto: "El hecho de que la sociedad de consumo modifique la posición del hombre hacia el arte, no significa que la modifique de verdad" (20). Estos detalles de la vida real se supeditan, a mi parecer, a la observación de que "la vida real suele plagiar a la literatura" (*La pérdida del reino*, cuarte parte, cap. XI, 357), una idea que repite en varias de las entrevistas.

[16] Ver Willson, "José Bianco, el traductor clásico", en *La Constelación del Sur* (Buenos Aires: Siglo XXI, 2004), 183-227.

[17] La primera nota de Victoria Ocampo dice: "El Jefe de Redacción de SUR, José Bianco, ha partido para Cuba invitado por la Casa de las Américas para formar parte de un jurado literario. La invitación le ha sido dirigida personalmente y nada tiene que ver su viaje con la revista donde trabaja, desde hace años, con tanta eficacia. Esta aclaración no sería necesaria, y hasta sería ridícula, en tiempos normales. Pero el tiempo en que vivimos no lo es. El mundo está revuelto y la confusión se crea con pasmosa velocidad. Siempre hemos creído natural que las personas reunidas en nuestra revista por razones extrapolíticas y puramente literarias –ya que en nuestro Comité de Colaboración hay escritores de distintas ideologías– carguen cada cual con la entera responsabilidad de sus opiniones. La dirección de SUR cree necesario repetirlo esta vez de nuevo" (número 269, marzo-abril de 1961). En el número siguiente, aparece una nueva nota de la directora: "En el número anterior publicamos una aclaración que nos pareció necesaria. Le habíamos pedido al jefe de redacción que la escribiera y firmara él mismo, en los términos que quisiera. Se negó a hacerlo por estimar que dicha aclaración era *innecesaria*. Esa no era la manera de pensar de la dirección. Por tal motivo y con el único propósito de delimitar posiciones y dejar a cada cual completa libertad de opinión (como lo prueba, ya se dijo, una total diversidad de ideologías entre los miembros de Comité de Colaboración) se publicó la nota aclaratoria. José Bianco consideró, por motivos que no acertamos a comprender, que dicha nota era agresiva y que exigía su renuncia indeclinable. Nunca estuvo en nuestro ánimo agredirlo, ni provocar su renuncia. Siempre hemos sido respetuosos de la libertad ajena. Pero también lo somos de la propia. Consideramos que no podíamos eludir la aclaración que nuestra honestidad y conciencia reclamaban. El trabajo de José Bianco en SUR

18

ha sido valiosísimo. Además, como SUR no es una empresa comercial sino puramente cultural, ha sido generoso. Su abandono del puesto de jefe de redacción, por voluntad propia desde luego, es una gran pérdida para la revista que mucho le debe y le agradece. Como la primera, esta declaración es ineludible" (número 270, mayo-junio de 1961). Ver los comentarios de Bianco en su homenaje a Octavio Paz (*Cuadernos Hispanoamericanos* 565-566, 48).

[18] Bazán, *Historia de la homosexualidad en la Argentina* (Buenos Aires: Editorial Marea, 2004), 340. Ver también el ensayo de Paz Leston en este volumen.

[19] A propósito de esa clase, Bianco recuerda el análisis de Thorstein Veblen sobre el "ejercicio del ocio ostensible" (*La pérdida del reino*, tercera parte, cap. I, 195).

[20] Para la historia de *Ficción y reflexión* (y de *Ficción y realidad* y *Homenaje a Marcel Proust*), ver el ensayo de Libertella en este volumen.

[21] Ver en este libro, por ejemplo, los ensayos de Molloy, Piglia, Ballbé, Pinto, Zanetti, Cozarinsky, Bordelois y Paz Leston.

[22] Hay también una caricatura de Bianco, con el nombre del personaje de *La pérdida del reino*, Rufino Velázquez, en *Música japonesa* de Fogwill.

Figuración de Bianco

Sylvia Molloy

Escribir sobre un escritor que uno ha leído pero con quien no ha intimado –pongamos por caso, en lo que me concierne, Borges– acaso no sea tarea fácil pero es sin duda tarea posible. Escribir sobre un escritor que uno ha leído y a la vez conocido como amigo, sobre todo si la persona de ese escritor es profusamente inolvidable, es en cambio tarea ímproba. La *figura* del escritor –uso el término en su sentido de construcción retórica– es tan fuerte que se vuelve, ella misma, texto legible, tan importante como los textos escritos. Fue sin duda el caso de Oscar Wilde para muchos lectores que eran, también, sus amigos y acaso para quienes no lo eran. Y es sin duda el caso para mí de José Bianco.

La escritura de Bianco, como la de Gide, una de sus presencias tutelares, practica la lítote. Es discreta y rehuye lo abiertamente confesional; a la vez, es profundamente autorreferencial, casi autobiográfica. Digo *casi* porque Bianco tenía plena conciencia del *límite* –el título mismo de su primer relato, escrito a los dieciocho años, cuando ya intuía quién iba a ser– ante el cual había de detenerse, límite autoimpuesto que era, en cierto modo, su medida. Durante su vida entera José Bianco leyó y releyó diarios y memorias con fruición. Piénsese en sus luminosas páginas sobre Léautaud, Benda, Julien Green y desde luego Gide, en su familiaridad con la gran tradición de los memorialistas clásicos, Saint-Simon, La Rochefoucauld, Madame de Sévigné, Rousseau, y en su asidua frecuentación de Proust, otro escritor *casi* autobiográfico. Piénsese también en su lectura implacable de estos cultores del yo, ya autobiográficos, ya confesionales, y en la disección (no se me ocurre mejor término) que hace de los diarios de Léautaud o la correspondencia de Proust, haciendo resaltar pequeñeces, debilidades, pero también momentos de grandeza. La lectura de estos textos, para Bianco, era en sí un ejercicio autobiográfico, una suerte de autoescrutinio que no era necesario poner por escrito. Bianco se retrataba al leer a otros, al espiar su quehacer, noble o necio, como el joven personaje de *Las ratas* o como el joven Marcel de *En busca del tiempo perdido*. Si Bianco nunca pensó en escribir*se* autobiográficamente —su misma vocación de lateralidad le impedía asentar, siquiera un momento, esa imagen central de sí que exige el acto autobiográfico— no sé si alguna vez habrá pensado seriamente en ceder al ejercicio más desperdigado que son las memorias. Muchos lo instábamos a que lo hiciese y algunos han grabado sus recuerdos, pero en Bianco la memoria no estaba al servicio del documento histórico sino del ejercicio hablado: Bianco hacía historia, sí, pero historia irreverente, al contarse.

Al evocar a Bianco, uno de los escritores más *literarios* del siglo XX, lo primero que acude a mi mente es, por cierto, esa incandescente oralidad: una oralidad trabajada como representación (como es la oralidad de todo *causeur*) con sus tics y manías, con sus expresiones levemente en desuso, con la precisión asombrosa de sus *mots justes*. Ese calculado despilfarro verbal no es demasiado frecuente en escritores, sobre todo en los escritores frecuentados por Bianco que son, de algún modo, sus interlocutores literarios: James o Proust, por ejemplo, escritores si se quiere tímidos, más espectadores (grandes *voyeurs*, incluso) que partícipes, guardan lo mejor de sí para su escritura. Otro tanto hacía Léautaud, ese gran chúcaro. Pero para Bianco la oralidad era una *performance* literaria más, otra manera de narrar. Al contrario de Mallarmé, para quien todo culminaba en el libro, para Bianco el libro era punto de partida tanto de una conversación como de una literatura, ambas hechas de citas pasajeras, de referencias que surgían sin aparente esfuerzo, con la naturalidad de quien habla de viejos amigos que, en el momento en que el *causeur* los convoca, todos creemos conocer.

Porque de amistad, en efecto, se trata. El propio Bianco ha hablado de la imagen de sí que dejan los escritores no tanto en sus obras como en la *parafernaria* que la ha rodeado. Digo bien *parafernaria* y no *parafernalia*, como "puede y debe decirse" según el diccionario. ¿Por qué habrá elegido Bianco esa forma anómala, en desuso? ¿Sería un capricho más suyo para el que no hay explicación simple? ¿Acaso como aquellas llaves que rápido sacaba del bolsillo en cuanto se pronunciaba el nombre de alguien que, según él, traía mala suerte, o los dólares de reserva que escondía, por alguna razón, en un volumen de Voltaire? En todo caso, considera Bianco que esos escritos fragmentarios, esa pequeña escritura como al costado de la obra mayor, en ciertos casos (como con los diarios de Gide y Léautaud, o *Life and Habit* de Samuel Butler) se transforma ella misma en obra principal, brindándole al lector la ilusión, la experiencia vicaria, de una amistad con el escritor.

En uno de los últimos textos críticos de Bianco titulado, precisamente, "Parafernaria", el propio Bianco recuerda al lector el significado original del término: "La expresión parafernaria, que viene del griego, se usa en inglés con la acepción de cosas accesorias, *paraphernalia*, pero en francés y en español conserva su significado original: es el patrimonio que le corresponde a una mujer casada fuera de la dote. En francés, *paraphernal*; en español, *paraferna*" (*Ficción y reflexión*, 271-2). Me interesa el levemente pedante desvío filológico al que acude Bianco para reclamar el término en su sentido fuerte: no se trata de algo meramente accesorio, tenido en menos (Bianco olvida de anotar que en inglés el término suele ser peyorativo, indica algo aparatoso que está de más), sino un bien importante, *al margen* del contrato público, no la dote que se cede sino el bien patrimonial que se guarda. Un bien no por marginal menos valioso para quien lo sepa apreciar. Bianco no deja detrás de sí *parafernaria*, en el sentido en que aplica el término a otros escritores, pero podría decirse que su obra toda –y por esto entiendo tanto su obra de ficción, de traducción (esa famosa "otra vuelta de tuerca" a la que somete los textos ajenos), como su deslumbrante parloteo– es *parafernaria*.

Obra poco numerosa, fragmentada, lateral, personalísima e indispensable, hecha de esas "small smothered intensely private things" —esas insignificancias silenciadas e intensamente privadas que son, para el Henry James de *"The Beldonald Holbein"*, la materia esencial de la ficción.

* * *

Para mantener viva la parte no escrita (aunque no menos literaria) de esa parafernaria, es preciso tener testigos con memoria. Confieso que mi recuerdo de Bianco, del hombre Bianco, comenzó a afantasmarse inmediatamente después de su muerte: me era necesario acudir a las maravillosas fotografías que otro gran ausente, Rolando Paiva, le había tomado, fotos de un Pepe sonriente que tienen, para mí, el sabor de la felicidad. Recuerdo que escribí una nota sobre él, a manera de nota necrológica, pero no recuerdo dónde se publicó e incluso si se publicó. Lo que es más: no encuentro copia de esa nota, que antecede mi escaso dominio de la tecnología electrónica. Como la Jacinta de *Sombras suele vestir*, esa nota existe y no existe: acaso, postergada en algún cajón, algún día vuelva a mis manos.

Recuerdo, sí, que en esa nota intentaba rescatar mis recuerdos de Pepe con la precisión que tenían entonces y que, bien lo sabía, se iría empañando. Recuerdo que comenzaba hablando de mi dificultad de caminar por la calle Larrea hasta la esquina con Juncal, mi empeño en evitar esa esquina en la que forzosamente levantaría la mirada para ver el piso donde ya no estaba Pepe. A veinte años de haber escrito esa nota, todavía me cuesta pasar por esa esquina. Recuerdo que también contaba mi primer encuentro con él, en *Sur*, muchos años (unos quince por cierto) antes de trabar amistad con él. Yo era estudiante, estaba preparando un trabajo sobre Ricardo Güiraldes y Valery Larbaud, y alguien me sugirió hablar con Victoria Ocampo. Era esta mi primera incursión en el mundo de las letras argentinas. Victoria no estaba, y mientras la esperaba me recibió Bianco, quien me pareció tan hospitalario y brillante como me pareció aterradora Victoria cuando por fin irrumpió en el escritorio de Bianco. Lo acusaba de la desaparición de unos libros de Jean Giono y asistí entonces a un duelo verbal, tan rico en vociferaciones infantiles por parte de Victoria ("Usted me los ha robado y se lo voy a contar a su madre"), y en ironía por parte de Pepe ("A *quién* se le ocurre leer a Jean Giono"), que debía ser, pensé, parte del ritual diario de la revista. En un momento Bianco hizo un ademán en mi dirección y dijo: "Pero la señorita...". "Me importa un carajo la señorita", contestó Victoria y salió dando un portazo. Pepe puso los ojos en blanco, con una expresión que habría de verle más tarde miles de veces (a menudo, aunque no aquella vez, acompañada de la frase "Qué me contás"), y no dijo nada. Luego siguió conversando, dando generosamente su tiempo y sus comentarios incisivos a una chica tímida a quien no conocía y que se interesaba por dos autores que no eran precisamente santos de su devoción.

Recuerdo también –aunque no creo que esto estuviese en la nota– cuando de veras empezó mi amistad con Pepe, y fue a propósito de una cita, o más bien de un recuerdo de lectura compartido. Se hablaba de la eficicacia de ciertos cuentistas y de pronto surgió el nombre de Katherine Mansfield a quien nadie, ya, leía. Pero Pepe la recordaba y yo, ex-alumna de un colegio inglés, también, y Pepe de pronto empezó a hablar de un cuento cuya protagonista es una mujer que limpia casas por hora y que recibe una mala noticia. De pronto yo también recordé ese cuento, y juntos con Pepe resumimos su conclusión: cómo la mujer aplaza su pena hasta terminar de limpiar la casa, cómo se pone el abrigo y sale, cómo deambula por la ciudad, buscando en vano un zaguán o un lugar apartado donde estar sola para poder llorar. Varias veces he buscado ese cuento en Mansfield, lo he encontrado, me ha parecido que estaba al borde del sentimentalismo e igual me ha gustado; y varias veces me he dicho que no olvidaría el título y otras tantas veces lo he olvidado. Será siempre para mí el cuento de la mujer que no tenía donde llorar y que le gustaba a Pepe.

Pepe tenía el don de la cita, en el doble sentido del término. Citaba textos, sí, pero también citaba en el sentido de *convocar*, de hacer presente. Fue el caso del cuento de Katherine Mansfield, convocado con tal intensidad que por un momento fue, para Pepe y para mí, un compartido lenguaje. Sí, Pepe citaba con pasión; pero también con desparpajo. Si volvía presente un texto, un fragmento, era atendiendo al principio de placer, no al de lucir su erudición. El placer consistía a menudo en un desplazamiento impertinente, en recitar, por ejemplo, el sueño de *Athalie* con entonación de niña tilinga para hacer rabiar a Victoria Ocampo que tomaba muy en serio "su" Racine; o en conjeturar que Julien Benda, desde ultratumba, debía estar clamando "Oh, alma mía profética!" –cita de *Hamlet* que no todo lector de Bianco habrá reconocido traducida el español. En esta irreverencia se parecía a los *causeurs* de la generación del ochenta, al igual que él grandes e irónicos citadores: "el caballo del viejo que a todo trance pedía luz, como Goethe moribundo" escribe Cané de un caballo agonizante en *Juvenilia*.

La traducción, para Bianco, era otro modo de lectura activa y desprovista de toda supersticiosa ética. Recuerdo su desdén cuando un profesor norteamericano, por cierto gran admirador suyo, le escribió para pedirle el origen de una cita en *Sombras*: la referencia "Azucenas que se pudren", preguntaba el profesor, ¿provenía de alguna canción popular? "Mirá si será bruto –decía Pepe– no sabe que es de Shakespeare". En vano procuraba yo explicarle que un anglohablante no necesariamente reconocería la cita traducida a otro idioma, que la traducción al castellano impedía el reconocimiento, procurando un efecto de alienación. Bianco, en cambio, tenía el don de conjugar en una sola experiencia, el original y su versión en la otra lengua. Lectura y traducción se daban en él simultáneamente: como Sarmiento cuando leía a Walter Scott, Bianco hubiera podido decir que, al leer, "traducía para mí".

* * *

En el homenaje a Borges que le dedicó la revista *L'Herne*, Bianco publicó un ensayo, *"Les souvenirs"*, que sólo mucho más tarde se publicaría en español. Recordando la experiencia que había sido para él conocer a Borges, ser amigo de Borges, recordaba aquella maravillosa estrofa de Browning:

Ah, did you once see Shelley plain,
And did he stop and speak to you?
And did you speak to him again?
How strange it seems, and new?

Yo también tuve el privilegio de ver a *"Bianco plain"* en lo que para mí fue un encuentro intelectual decisivo. No hablo de influencias puntuales: del mismo modo que Bianco descreía de los "modelos literarios" prefiriendo en cambio los escritores que le daban placer, yo descreo de las influencias para rescatar afinidades, amistades literarias. En Bianco admiro la ambigüedad, la reticencia, el silencio que se vuelve una forma de la elocuencia. Lo leo y me reconozco, del mismo modo que él se reconocía, digamos, en Léautaud, es decir reconozco *algo* que no es la escritura misma, que no es la narración, que acaso sea una mirada oblicua sobre el mundo, mirada que le envidio porque quisiera tenerla en el grado sumo en que la practicaba él.

Tuve también el privilegio de *oír* a *"Bianco plain"*, lo cual me trae, una vez más, a la idea de rendir testimonio de Bianco, de dar vida, siquiera por un momento, a esa *figura* –de nuevo en su sentido retórico, como quien dice una metáfora, un tropo– que atesoramos quienes lo conocimos. Porque para rendir testimonio de una oralidad inolvidable, testimonio que dure algo más que nuestras efímeras vidas, es preciso anotar esa oralidad, transformarla en escritura. Cuenta Manuel Puig que *La traición de Rita Hayworth* encontró su forma cuando Puig pudo rescatar una oralidad casera que recordaba de la infancia, las conversaciones de sus tías mientras cosían. Por mi parte creo poder decir que mi novela *El común olvido* encontró la suya cuando volví a oír, en la memoria, la voz de José Bianco. No sólo recordé esa voz sino que traté de convocarla, cultivándola, imaginándola. El personaje de Samuel Valverde es y no es el Pepe Bianco biográfico. Alguno que otro amigo me ha hecho comentarios sobre las historias que le atribuyo, muchas de ellas inventadas, observando que tal cosa que digo "no fue del todo así" o que "lo que pasó en realidad fue distinto", a semejanza de Julio Verne quien, según Borges, al leer los relatos de ciencia ficción de H. G. Wells, clamaba furibundo: "Mais il invente!". No se dan cuenta de que la verdad de la histo-

27

ria es en este caso lo menos importante, que lo que me propuse buscar en cambio es una entonación, lo que Borges llamaba "el hombre que se muestra al contar". No sólo quise que Samuel Valverde encarnara esa entonación, quise que fuera el primer interlocutor que busca mi protagonista, un guía, un *go-between*, más hermano mayor que maestro, en una laberíntica y remota Buenos Aires que para mi protagonista se había vuelto tierra ajena. Quise también que ese trabajo de *go-between* que Valverde desempeña en la novela —ese trabajo de mediación, tan frecuente en la obra toda de Bianco— fuera implacable: no nostalgioso, no pasatista y reconfortante, sino inquisidor, como eran todas las intervenciones de Bianco. Gracias a Samuel Valverde mi protagonista aprende a abrir los ojos; regresa a Estados Unidos, como hubiera dicho el propio Pepe, *"a wiser but a sadder man"*. Ese ha sido mi homenaje a José Bianco, esa mi manera de saldar mi deuda de lectora, de agradecerle una obra que no vacilo en llamar perfecta.

Amistades literarias y proyecto de autonomía

Antonio Prieto Taboada

En el año 1940 se publica en Buenos Aires, en la nueva Editorial Sudamericana, la *Antología de la literatura fantástica*, compilada por Jorge Luis Borges, Adolfo Bioy Casares y Silvina Ocampo. Unos años más tarde –en 1943– los dos primeros habrían de colaborar nuevamente en la publicación de otra antología titulada *Los mejores cuentos policiales* (Buenos Aires: Emecé Editores, 1943). La modesta función de compiladores de textos ajenos que asumen estos escritores, la cual parece corresponderle más bien al crítico literario, de primer momento nos puede sorprender. Esta impresión, sin embargo, se basa en un anacronismo: nuestra sorpresa obedece en el fondo a la división y a la especialización de funciones que impera hoy en día dentro del campo literario. Con todo, dicha especialización es precisamente lo que las dos antologías mencionadas se proponían afirmar, no obstante la amplitud de funciones que asumen sus compiladores. Tanto la una como la otra efectúan una toma de posición estética –formulan un concepto de la literatura como una actividad específica y autónoma– en cuyo contexto se ubica la obra narrativa de José Bianco.

"No siempre son amigos –y es lástima– nuestros amigos literarios", se lamentaba el Bianco lector a propósito de sus escritores preferidos ("El ángel de las tinieblas", *Ficción y reflexión*, 187). Los compiladores de las dos antologías, en cambio, además de ser "amigos literarios" entre sí, lo eran del propio Bianco. Cabe recordar que Bianco escribió *Sombras suele vestir* (1941) expresamente para la *Antología de la literatura fantástica*[1] y que incorporó –con una vuelta de tuerca– las convenciones del relato policial en *Las ratas* (1943), cuya publicación coincide con la de *Los mejores cuentos policiales*. Aparte de su amistad personal,[2] la amistad literaria entre este grupo de escritores se afianzó mediante su colaboración en lo que se ha llamado el "proyecto" de la revista *Sur*, de la cual Bianco fue jefe de redacción entre 1938 y 1961. Aunque la complejidad de ese proyecto no se puede reducir a una definición sencilla, no cabe duda que las siguientes palabras de Victoria Ocampo sobre la revista que ella fundara resumen uno de los componentes primordiales de su ideología estética: "*Sur* puso, por encima de todo", afirmaba Victoria retrospectivamente, "la calidad del escritor, cualesquiera fuesen sus tendencias. Las letras no tienen nada que ver con el sufragio universal, ni con la democracia, ni con la caridad cristiana: se vale o no se vale".[3] En un artículo sobre la revista, el propio Bianco recordaba a su vez que "[e]n *Sur* se juzgaban los textos por la calidad de la expresión" ("Sur", *Ficción y reflexión*, 322). Esta insistencia en la calidad –entiéndase la "literariedad"– del texto como único criterio válido para apreciarlo traduce, al nivel del proyecto colectivo de la revista, una declaración de autonomía literaria semejante a la que efectúan las dos antologías.

A principios de los 40, o incluso en la década anterior, tal declaración –huelga recalcarlo– no era nueva. No obstante, sus manifestaciones previas –bien sea el esteticismo modernista o bien el "terrorismo estilístico" de la vanguardia, para emplear fuera de contexto una expresión de Borges[4]– resultaban inaceptables hacia esa fecha. Ya a mediados de los años 20 el propio Borges reconoce que, por el reverso de su estridente afán de innovación, la vanguardia argentina –que él mismo promoviera fervorosamente– se ha convertido en otra fácil receta literaria: "he comprobado", constata en un texto sobre Eduardo González Lanuza, "que, sin quererlo, hemos incurrido en otra retórica, tan vinculada como las antiguas al prestigio verbal".[5] Las antologías de la literatura fantástica y del cuento policial marcan un cambio de dirección dentro del proyecto de autonomía. Y lo hacen justamente a base de una plena aceptación de la retórica, concebida ahora, sin embargo, no como palabrería trillada, sino como un sistema de convenciones y de técnicas intrínsecamente literarias. En el centro de esa concepción se destacan las consideraciones que había venido formulando Borges –el más conocido de los compiladores y el que poseía un discurso crítico más elaborado– al pasar del terreno de la poesía al de la prosa narrativa. Las dificultades que ésta le planteaba –téngase en cuenta su recelosa aproximación a ella mediante la coartada biográfica de *Evaristo Carriego* y las protoficciones de *Historia universal de la infamia*[6]– se traducen en una actividad teórica que trata de explicarlas acudiendo ya a la historia literaria, ya a las diferencias específicas que median entre la prosa y la poesía. Al evocar el "destino ejemplar" de Flaubert, Borges señala que el escritor francés "fue el primero en consagrarse... a la creación de una obra puramente estética *en prosa*" y que "[e]n la historia de las literaturas, la prosa es posterior al verso; esta paradoja incitó la ambición de Flaubert".[7] En "El arte narrativo y la magia" (1932), ese ensayo clave dentro de las meditaciones de Borges sobre la prosa narrativa, se intenta entre otras cosas resolver dicha paradoja, la cual sin duda también incitó la ambición de su autor.[8] Adoptando en un principio una perspectiva crítica, Borges vincula la postergación que ha sufrido el análisis específicamente literario de "los procedimientos de la novela" con la dificultad –motivada por la "casi inextricable complejidad de los artificios novelescos"– de establecer un vocabulario –una retórica– de la ficción.[9] Pero lo que se plantea inicialmente como un problema de crítica se revela luego como un problema de escritura. Hacia el final del ensayo, el enfoque prescriptivo se impone sobre el descriptivo: es en calidad de escritor practicante que Borges presenta la magia como un modelo del arte narrativo capaz de superar la tentación mimética que lo asedia, la cual impide –tanto como la falta de una retórica– la consecución de su especificidad. Al caer en semejante tentación, el texto incorpora todo un conjunto de materiales heterogéneos que no se ajustan a un *orden* estético. Para citar las conocidas palabras de Borges, en lugar de constituirse como "un juego preciso de vigilancias, ecos y afinidades", como "un orbe autónomo de corroboraciones" análogo a "la primitiva claridad de la magia", el texto reproduce el "asiático desorden del mundo real" (*Obras completas*, 231).

Las antologías del relato fantástico y del cuento policial no sólo sugieren una solución a esos problemas sino que la convierten en una propuesta de carácter grupal. De ahí que, lejos de remitir a una tarea ajena a la del escritor, constituyan en el fondo una especie de manifiesto literario. Si bien al evitar –mediante el gesto antológico mismo– la postura proclamatoria y el desplante de originalidad las antologías se apartan deliberadamente de la escritura manifestaria vanguardista, al igual que ella contribuyen a difundir una nueva estética y a preparar las condiciones de su recepción. La irreverencia característica de dicha escritura, además, se refleja en la inusitada valoración –inusitada en el contexto argentino– de los géneros antologizados, los cuales figuraban en el menospreciado repertorio de la literatura de quioscos.[10]

Esa valoración, al mismo tiempo, guarda una estrecha relación con el proyecto que exponen las dos antologías. Tanto el género policial como el fantástico ya tenían, aparte de la popular, una vertiente (extranjera) culta, integrada por figuras del calibre de Poe, Chesterton y Wells. Al insertarse en ella, las antologías, además de preparar la recepción del nuevo tipo de ficción que practican sus compiladores en la Argentina, le crean una esfera de prestigio. Pero incluso en el caso de su vertiente popular, las virtudes del rigor, la inventiva y la artificialidad que en distintas ocasiones Borges y Bioy Casares atribuyen a los géneros antologizados por ellos no son infundadas.[11] La intensa codificación del relato fantástico y más aún de la narrativa policial supone una tradición textual –una acumulación de temas, convenciones y recursos narrativos– que conforma una retórica, en los distintos sentidos del término: a la vez que establece una serie de recetas o de fórmulas, privilegia el virtuosismo técnico y la especificidad literaria,[12] y facilita asimismo la identificación de los "artificios novelescos". Por otro lado, el empleo –ya sea imitativo o innovador– de esas fórmulas, las cuales resultan evidentes como tales, significa que el texto encuentra sus puntos de referencia, si no sus referentes mismos, dentro de otros textos. Al igual, por lo demás, que toda antología.

Al oponerse al mimetismo literario, las antologías del cuento policial y de la literatura fantástica ocupan una posición polémica con respecto a las tendencias de la narrativa argentina de la época, enumeradas por Borges, tardía pero despiadadamente, en su reseña de *Las ratas*:

Tres géneros agotan la ficción argentina contemporánea. Los héroes del primero no ignoran que a la una se almuerza, que a las cinco y media se toma el té, que a las nueve se come, que el adulterio puede ser vespertino, que de noche se duerme..., que en Palermo hay árboles y un estanque; el buen manejo de esa erudición les permite durar cuatrocientas páginas... El segundo género no difiere muchísimo del primero, salvo que el escenario es rural, que las diversas tareas de la ganadería agotan el argumento y que sus redactores son incapaces de omitir el pelo de los caballos... y los primores arquitectónicos de un corral... El tercer género goza de la predilección de los jóvenes: niega el principio de identidad, venera las mayúsculas, confunde... el sueño y la vigilia; no está destinado a la lectura, sino a satisfacer, tenebrosamente, las vanidades del autor...[13]

La narrativa policial y el relato fantástico proponen una alternativa frente a esos deplorables "géneros". Además de incorporar la autorreferencialidad y la codificación retórica que proporciona el marco formal de las convenciones genéricas, conjuran de modo más concreto aun la tentación de la "erudición" realista y el "desorden" que ella introduce en el texto narrativo. La dimensión sobrenatural de la literatura fantástica ya tematiza el hecho de que la obra de ficción no tiene por qué estar subordinada a la representación de la realidad. Pero según se infiere del prólogo que Bioy Casares redacta para la *Antología*, desde el punto de vista de los compiladores el antirrealismo de la literatura fantástica consiste sobre todo en imponer una visión de la escritura como un disciplinado trabajo de verosimilitud. Este género demuestra –como ya lo sugiriera Borges en "El arte narrativo y la magia"– que la representación de seres y acontecimientos irreales mediante la palabra escrita no es ni imposible ni necesariamente inverosímil, siempre y cuando esa representación se entienda como un problema de escritura cuya resolución depende de una artificiosa tarea de verosimilitud y del manejo riguroso de las técnicas literarias. "Las leyes existen", sostiene Bioy en un acápite del prólogo dedicado a la "técnica" del relato fantástico, "escribir es, continuamente, descubrirlas o fracasar... El escritor deberá, pues, considerar su trabajo como un problema".[14] La literatura se concibe, de este modo, como una disciplina, tanto en el sentido de un ejercicio razonado cuanto en el de un campo intelectual específico y autónomo.

A esta concepción de la literatura se presta más aún el relato policial, texto-problema por excelencia, el cual ya Bioy menciona en el prólogo de la *Antología* y del cual se ocuparía nuevamente al publicar, junto con Borges, *Los mejores cuentos policiales* y los *Seis problemas para don Isidro Parodi* (1942). Borges, por su parte, se interesa desde mucho antes en este género, y en una de las numerosas reseñas que le dedica entre 1936 y 1939 en las páginas de *El Hogar* se refiere a su vertiente clásica como un "ajedrez gobernado por leyes inevitables",[15] anticipando así la referencia de Bioy a las "leyes" de la creación literaria y por ende la concepción de ésta como un juego escritural riguroso y antimimético. En efecto, unas cuatro décadas más tarde Borges declararía a propósito del género policial: "Frente a la literatura caótica, la novela policial me atraía porque era un modo de defender el orden, de buscar formas clásicas, de valorizar la forma... No creo que las narraciones policiales puedan ser realistas. Es un género ingenioso y artificial".[16]

Los dos géneros antologizados por los amigos literarios de Bianco se perfilan en definitiva como una variante de lo que Borges denomina, en 1940, "la novela de aventuras". Este tipo de relato –argumenta Borges en el prólogo a *La invención de Morel*[17]– se distingue por lo ingenioso y lo sorprendente de la trama, así como por su "intrínseco rigor", y se define por oposición a la "novela psicológica", la cual Borges tacha de "realista" y de "informe". La novela psicológica, escribe, "prefiere que olvidemos su carácter de artificio verbal y hace de toda vana precisión (o de toda lánguida vaguedad) un nuevo rasgo verosímil... La novela de aventuras, en cambio, no se propone como una transcripción de la realidad: es un objeto artificial que no sufre ninguna parte injustificada".

La afinidad de José Bianco con el proyecto que las dos antologías discretamente proclaman ya se presiente en su ingreso a la vida literaria a fines de la década del 20. Como hemos señalado en otra ocasión,[18] en las reseñas que publica en las páginas de *Nosotros* apenas cumplidos los veinte años, el joven Bianco discrepa con las distintas posiciones que se debatieran poco antes en las polémicas –quizás juguetonamente urdidas, pero no por ello menos configuradoras del campo literario– entre los grupos de Boedo y Florida. En la larga reseña de *Los caminos de la muerte,* de Manuel Gálvez,[19] escritor identificado con una estética realista, Bianco critica ante todo el "verismo abominable, exento de todo buen gusto", con que el autor "describe minuciosamente a todos sus personajes, ya sean principales o secundarios", y la forma en que, en estas "escenas de la guerra del Paraguay", Gálvez "sigue empeñosamente al ejército en sus andanzas a través de esa guerra que duró cinco años, al cabo de los cuales queda el lector aburrido y maltrecho, en situación solo comparable, metafóricamente hablando, a la de uno de los guerreros que intervinieran en la campaña". Critica también la abundancia de detalles, "a cada cual más truculento y melodramático", y el prosaísmo con que Gálvez, "no como un novelista, sino como un gacetillero policial", relata el asesinato de uno de sus personajes. Y coincidiendo por anticipado con Borges, condena en suma el carácter "arbitrario, contingente, convencional" y en última instancia "informe" de un "conglomerado de episodios" que no merece el nombre de novela. Por otro lado, en la reseña de *Aquelarre*, de González Lanuza justamente,[20] Bianco censura las comodidades de la retórica vanguardista y la superficialidad de los "jóvenes novísimos" que, con el fin de escandalizar a los lectores habituados a una "literatura burguesa", se valen de procedimientos tan ingenuos como el de eliminar las mayúsculas o el de modernizar la ortografía de las palabras. Al contrario de Gálvez, es cierto, González Lanuza no teme "alejarse de lo real", pero lo hace con un tesón tan falto de criterio como el que delata la "forma excesiva" en que "amontona las imágenes" en su libro. "No sabe lo que significa selección", concluye el reseñista.

La equilibrada distancia del joven Bianco ante los respectivos excesos de la narrativa realista y de la vanguardia no era insólita. La misma postura de moderación y sobriedad intelectual es adoptada por otros escritores que inician su carrera en las postrimerías de los años 20 y que reaccionan contra su hiperbólica trayectoria, así como por ciertos escritores ya iniciados (entre ellos Borges) que empiezan a cuestionar su comportamiento literario hasta esa fecha.[21] En el caso de Bianco, dicha postura, cifrada en el deseo de evitar los excesos, sirvió de base a la dimensión tradicional de su obra y a ese estilo cuya ilusión de espontaneidad y aun de transparencia ha sido a tal punto premeditada que deja entrever la operación de un cuidadoso trabajo literario.[22] A consecuencia en parte del rechazo de las alternativas principales que Bianco encontrara inicialmente, en todas sus obras se entabla un contrapunto semejante entre la revelación y el ocultamiento de su especificidad –este como forma de evitar una literariedad estridentemente profesada y aquella como forma de mantener una distancia autónoma– que se manifiesta por igual en el estilo de esas obras y en el empleo de los recursos narrativos, en la regulación de la información y, según veremos, en los argumentos de legitimación a que se acude en ellas. Se podría decir que, como el escritor protagonista de *La pérdida del reino*, Bianco se propuso a lo largo de su obra "[s]er atrevido, pero que el lector no lo advierta" (edición de 1972, pág. 32); o cuando menos, no de primer momento.

Después de rechazar las distintas posiciones que discernía en el campo de las letras argentinas en el momento de iniciarse como escritor, Bianco optaría en un final por una ficción disciplinada y autónoma que concuerda fundamentalmente con las propuestas de sus amigos literarios. Al igual que ellos, suscribiría una concepción de la literatura que trata de superar tanto la ideología realista de la representación como la fácil retórica de la vanguardia, pero lo haría mediante la estética de la ambigüedad que domina su obra. Esa estética se puede entender como una expresión más de la compleja visión del mundo y del relativismo que trae consigo el advenimiento de la modernidad. Pero además (o primeramente) debe entenderse, dentro de un contexto más inmediato, como el aporte principal de Bianco al proyecto de disciplina literaria, un aporte cuya originalidad e importancia ya se advierten en el hecho de que, como ha observado Jorge Rivera, "[l]a aparición en 1941 de *Sombras suele vestir*" –en donde dicha estética se muestra con toda vigencia por primera vez– "abre las puertas a una nueva tendencia narrativa" en la Argentina, denominada por él "la novela de la ambigüedad".[23]

Según anota el propio Rivera, no obstante, cabría suponer que la ambigüedad, más allá de ser ajena al proyecto de disciplina, está reñida con él. Si bien puede servir de antídoto al prosaísmo y al estridentismo literario e incluso sustentar una literatura centrada sobre sí misma en la medida en que niegue las certidumbres de la referencialidad, la ambigüedad parece implicar todo lo contrario de una escritura disciplinada o rigurosa. Así lo evidencian los relatos primerizos que Bianco recogió en *La pequeña Gyaros* (1932) y que luego decidió excluir del conjunto de su obra. Aunque en ellos ya se anuncian los temas centrales de las obras de madurez de Bianco, así como su interés en los géneros literarios y su exploración de los recursos narrativos, en casi todos predomina un estilo pródigo en metáforas elaboradas y una difusa ambigüedad que tienden más que nada a reforzar el esteticismo decadente del libro. En las obras posteriores de Bianco, en cambio, la ambigüedad cumple una función muy distinta, según apuntara Borges a propósito de *Las ratas* como para confirmar su lugar dentro del proyecto grupal. La "rica y voluntaria" ambigüedad de esta novela corta, aclara Borges en su reseña de la misma, no debe confundirse con "la mera vaguedad de los simbolistas, cuyas imprecisiones, a fuerza de eludir un significado, pueden significar cualquier cosa" (*Sur* 111, 77). Como en *Las ratas*, la ambigüedad de la narrativa de Bianco en general depende de una precisa organización del texto, de un criterio de selección que "no sufre ninguna parte injustificada" y que está destinado a sostener, no una vaguedad esteticista ni una arbitraria multiplicidad de significados sino dos interpretaciones distintas de la trama –"ambas contempladas por el autor, ambas definidas", según Borges (*Sur* 111, 77)– pero que se contradicen mutuamente. Piénsese, por ejemplo, en *Sombras suele vestir*, en donde Jacinta Vélez se presenta a la vez como un fantasma y como la fantasía de otro personaje, aunque ello no se hace patente hasta que no se nos revela –hacia el final del texto– que Jacinta ha muerto. En *Las ratas*, el enigma principal de la trama concierne la muerte del medio hermano de Delfín, la cual se presenta de forma ambigua y contradictoria. "Julio se había suicidado", se lee al principio de la novela (cap. I, *Ficción y reflexión*, 49); al final, sin embargo, se descubre que Delfín ha "colaborado" en el suicidio ajeno al vaciar medio frasco de aconitina en el vaso de Julio. Ello implica, por otro lado, un juego de enigmas y de revelaciones sorprendentes que se hace eco del concepto borgeano de la novela de aventuras, pero que al conjugarse con un profundo interés en el elemento psicológico rebasa la dicotomía en que se asienta ese concepto.

En *La pérdida del reino* se afirma que "el héroe de una novela es, simultáneamente, comprensible e impenetrable" (cap. V de la introducción, edición de 1972, 55). Lo mismo se podría decir de todos los protagonistas de las obras de Bianco. Ni su personalidad ni sus emociones se dejan definir de modo concluyente: el afecto familiar se confunde en ellos con el incesto, la amistad con la homosexualidad, la admiración con el odio, la ingenuidad con la astucia. Con todo, la dimensión psicológica de la narrativa de Bianco no se agota en un costumbrismo de la intimidad, por así decirlo, sino que se vincula estrechamente con los móviles que determinan las acciones de los personajes, y de ahí con las interpretaciones opuestas que organizan cada obra. En *Las ratas*, por ejemplo, el asesinato de Julio también se puede entender contradictoriamente como un suicidio puesto que al final del texto Delfín se identifica a tal extremo con su víctima que, al matar al otro, en cierto sentido se mata a sí mismo. Las complejidades psicológicas de esta obra, y de la narrativa de Bianco en general, parecerían confirmar que en ella "nadie es imposible", como dijera Borges en son de crítica con respecto a la novela psicológica;[24] pero en realidad confirman el orden riguroso de una escritura disciplinada que ni peca de informe ni ignora los "artificios novelescos", y en la que todo se orienta hacia una misma finalidad: la de asegurar el juego de interpretaciones ambiguas y contradictorias a que se prestan los enigmas centrales de cada obra. No en balde en su reseña Borges rescata a *Las ratas* de la condena general a que había sometido la novela psicológica y, comparándola nada menos que con *La invención de Morel*, recalca el "rigor severo" de su construcción (*Sur* 111, 78).

En el juego de ambigüedades de la narrativa de Bianco también interviene el marco formal que proporcionan las convenciones de los géneros literarios. La irresoluble ambigüedad en torno a la existencia natural o sobrenatural de Jacinta en *Sombras suele vestir* es propia del género fantástico y de la "poética de la incertidumbre" que, según Irene Bessière, lo caracteriza.[25] En *Las ratas*, a su vez, se invocan las convenciones del relato policial, el cual dibuja la imagen especular del otro género: si bien la intriga y el enigma cobran la misma importancia en ambos, en el relato policial el enigma siempre se resuelve y se restablece el orden. No así en *Las ratas*, en donde la "poética de la certidumbre" de este último se encuentra plenamente subvertida, como corroborando la observación muy anterior de Borges de que todo género "vive de la continua y delicada infracción de sus leyes".[26] Aun cuando al final del texto se nos revela la identidad del asesino, la posibilidad −desde el punto de vista psicológico− de entender la muerte de Julio como un suicidio niega el asesinato. A causa de esta oposición entre los elementos policiales y los elementos psicológicos de la obra, la revelación final ni resuelve del todo el enigma ni restaura el orden inequívoco que prevalece en la narrativa policial. En *La pérdida del reino*, por último, las interpretaciones contradictorias del enigma central se relacionan con las convenciones referenciales opuestas de la autobiografía y la novela. Como en el género autobiográfico, Rufino Velázquez narra su propia vida, pero él mismo define su relato −el cual, además, está escrito en tercera persona− como una obra de ficción. Las dudas que Bianco expresa a lo largo de su narrativa en cuanto a la línea divisoria entre la vida y la imaginación, la ficción y la realidad, se manifiestan en *La pérdida del reino* mediante la ambigüedad en torno al carácter ficticio o real, no ya de la historia del protagonista, sino del libro mismo que el lector tiene ante sí: las alusiones a la vida del autor que se prodigan en ella nos instan a leer esta novela autobiográfica como una autobiografía en clave del propio Bianco.

De todo lo anterior se desprende que, no obstante la contradicción ya señalada, la estética de la ambigüedad que impera en la narrativa de Bianco no está reñida con el proyecto disciplinario de las dos antologías sino que, todo lo contrario, se inscribe de lleno −en ambos sentidos, el de rigor y el de autonomía− en el mismo. Mientras los recursos que integran dicha estética evidencian una práctica de la literatura como un ejercicio riguroso y específico, la ambigüedad que ellos generan configura de por sí un argumento institucional a favor de la autonomía literaria. No se trata solamente de que la ambigüedad constituya una forma de ejercer "el legítimo derecho que tiene un novelista de escoger sus amistades literarias y no entregarse a cualquier lector", según dijera Bianco acerca de la resistencia que oponen las "buenas novelas" a la lectura (prólogo a *El visionario* de Julien Green, *Ficción y reflexión*, 270). Además de ser un mecanismo discursivo de poder que efectúa un corte en las filas del público, la doble vigencia de las interpretaciones contradictorias organizadas por los recursos de la ambigüedad en la narrativa de Bianco comporta la equivalencia de toda una serie de oposiciones —el yo y el otro, el suicidio y el crimen, la realidad y la ficción— que resultan incompatibles dentro de los marcos de sentido de nuestra cultura.

La equivalencia de lo contradictorio no sólo desarma las distinciones tajantes de aquella novelística que el joven Bianco criticaba en las reseñas de *Nosotros*. Reiterando una de las operaciones fundamentales de la modernidad literaria, demuestra también la existencia de "lo impresentable"[27] y, por ende, la incapacidad de nuestros marcos de sentido para dar cuenta de un significado más complejo en el cual los opuestos convergen de forma indisociable. A partir de ello, la estética de la ambigüedad se convierte en una celebración del discurso literario y en un argumento de legitimación que reclama la capacidad privilegiada y autónoma de la literatura para captar y expresar ese significado superior —esa verdad, diría Bianco— que está fuera del alcance de otros discursos y de otras disciplinas del saber. Valga recordar una vez más aquel pasaje clave de *La pérdida del reino* donde se dice que "la literatura de imaginación" nos permite "si no conocer, sospechar esa verdad cuyo fulgor mismo nos deslumbra y que preside de tan lejos nuestras modestas indagaciones humanas" (cap. III de la introducción, edición de 1972, 43). En otro pasaje igualmente fundamental de *Las ratas* se observaba que "en la sociedad burguesa el artista ha perdido toda función" (cap. VI, *Ficción y reflexión*, 49). Se puede decir que la capacidad de detectar la verdad (o cuando menos de sugerir su carácter complejo y contradictorio) constituye la respuesta principal que la estética de la ambigüedad ofrece a esa crisis de la función del artista que se constata en *Las ratas*, pero que se remonta a la época de los escritores modernistas.

De comparar esta respuesta con la que presentan las antologías de sus amigos literarios, se percibe claramente la inflexión propia que la narrativa de Bianco imparte al proyecto de autonomía. Bioy Casares encomiaba en el prólogo de la *Antología* la carencia de "todo elemento humano" en ciertos relatos de Borges y –con "un bien intencionado ardor sectario", según él mismo concediera mucho después[28]– declaraba que esos relatos se dirigían a "lectores intelectuales..., casi especialistas en literatura".[29] No cabe duda que Bianco también reconoce la especificidad de las técnicas y los artificios literarios, y que además obliga al lector a hacer lo mismo mediante –entre otras cosas– la lectura "activa", y por ende consciente de los procedimientos de construcción del relato, que requieren las ambigüedades de sus obras. Sin embargo, al apelar a la capacidad de la literatura para expresar una verdad superior, Bianco no legitima la disciplina literaria en términos de su especificidad ni de su especialización técnica sino que recurre, por el contrario, a una legitimación de índole *humanista*. Reiteración en parte de la postura adoptada por él en las reseñas de *Nosotros*, este contrapunto entre la revelación y el ocultamiento de la especificidad literaria acusa sobre todo las contradicciones que atienden al proyecto de autonomía. La legitimación humanista a que apela la narrativa de Bianco le permite sortear el peligro de caer –para asegurar su autonomía– en un grado tal de especificidad que resulte accesible solamente a los "especialistas en literatura", y por lo tanto en el esoterismo que se le ha imputado a los compiladores de las antologías. Pero mediante esa misma legitimación de su autonomía la narrativa de Bianco corre el riesgo opuesto de negar dicha especificidad al apelar, no ya a la disciplina literaria en sí, sino al campo más amplio de las disciplinas del saber.

Por otro lado, es cierto que al señalar la existencia de lo impresentable y la consiguiente insuficiencia de los discursos y los marcos de sentido no literarios, la narrativa de Bianco –más allá de la apelación humanista y legitimadora a la verdad– contribuye a ampliar los unos y los otros, a la vez que pone en evidencia lo que pudiéramos llamar la construcción discursiva de la realidad. Esta crítica epistemológica es incluso una de las virtudes –uno de los poderes– principales que se le atribuye actualmente al ejercicio literario.[30] Pero en la medida en que le devuelve a la literatura su añorada funcionalidad y la reintegra –por más esotérica que sea– en el tejido social, ese poder crítico representa al mismo tiempo un argumento de legitimación a partir del cual la literatura –según lo demuestra la narrativa de Bianco– ingresa en el vasto edificio del saber, aun cuando lo haga para señalar sus grietas. Es más, cabría preguntarse si en una época como la nuestra, que ha sabido asimilar con toda tranquilidad las insistentes advertencias en cuanto a los procedimientos que moldean y definen la realidad, esas mismas grietas, de tan conocidas, no tienden a confundirse con el decorado.

Notas

[1] Según declaración del propio Bianco, el texto no se incluyó en la primera edición de la *Antología* por no haber cumplido con la fecha de publicación, sino que apareció –dedicado a "Silvina y Adolfo"– en *Sur* 85 (1941), 23-66. Véase la entrevista de Danubio Torres Fierro, "Conversación con José Bianco", *Ficción y reflexión*, 401.

[2] Bianco dejó constancia de ella en "Recuerdos de Borges", *Diálogos* (México) 1.1 (1964), 33-43.

[3] Victoria Ocampo, "Vida de la revista *Sur:* 35 años de una labor", *Sur* 303-305 (1966-1967), 16.

[4] Reseña de la *Enciclopedia Práctica Bompiani*. Jorge Luis Borges, *Textos cautivos: Ensayos y reseñas en "El Hogar" (1936-1939)*. Enrique Sacerio-Garí y Emir Rodríguez Monegal, comps. (Barcelona: Tusquets Editores, 1986), 282.

[5] Jorge Luis Borges, "E. González Lanuza", *Inquisiciones* (Buenos Aires: Editorial Proa, 1925), 97.

[6] Véase Sylvia Molloy, *Las letras de Borges* (Buenos Aires: Editorial Sudamericana, 1979). Ya en 1930 Néstor Ibarra observaba: "Desgraciadamente, hasta ahora, Borges no sabe narrar; y en la narración es donde aparece más la insuficiencia de su retórica, de toda retórica: su único relato, *Hombres pelearon*, bien lo atestigua" (Néstor Ibarra, *La nueva poesía argentina. Ensayo sobre el ultraísmo: 1921-1929* [Buenos Aires: Vda. de Molinari e Hijos, 1930], 36).

[7] Borges, "Flaubert y su destino ejemplar", *Obras completas* (Buenos Aires: Emecé, 1974), 265.

[8] Véase Borges, "El arte narrativo y la magia", *Obras completas* (Buenos Aires: Emecé, 1974), 226-32.

[9] Ello se comprueba en el primer párrafo del ensayo: "El análisis de los procedimientos de la novela ha conocido escasa publicidad. La causa histórica de esta continuada reserva es la prioridad de otros géneros; la causa fundamental, la casi inextricable complejidad de los artificios novelescos, que es laborioso desprender de la trama. El analista de una pieza forense o de una elegía dispone de un vocabulario especial y de la facilidad de exhibir párrafos que se bastan; el de una dilatada novela carece de términos convenidos y no puede ilustrar lo que afirma con ejemplos inmediatamente fehacientes" (226).

[10] De ahí los seudónimos que adoptan muchos practicantes argentinos del relato policial, preocupados por "conservar el anonimato en la consumación de un género de literatura no demasiado prestigioso, lastrado por abundantes prejuicios y que se acepta por lo general como forma de subsistencia" (Jorge Lafforgue y Jorge B. Rivera, *Asesinos de papel* [Buenos Aires: Calicanto Editorial, 1977], 29).

[11] Véase Adolfo Bioy Casares, "Prólogo", *Antología de la literatura fantástica* (Barcelona: EDHASA, 1977), 7-14 y Jorge Luis Borges, "Prólogo" de *La invención de Morel*, Adolfo Bioy Casares (Buenos Aires: Editorial Losada, 1940). Citado en Borges, *Prólogos* (Buenos Aires: Torres Agüero Editor, 1975), 22-24.

43

[12] "[C]ertain works of middle-brow art", escribe Pierre Bourdieu, "may present formal characteristics predisposing them to enter into legitimate culture. The fact that producers of Westerns have to work within the very strict conventions of a heavily stereotyped genre leads them to demonstrate their highly professionalized technical virtuosity by continually referring back to previous solutions –assumed to be known– in the solutions they provide to canonical problems... A genre containing ever more references to the history of that genre calls for a second degree reading, reserved for the initiate, who can only grasp the work's nuances and subtleties by relating it back to previous works" (Pierre Bourdieu, "The Market of Symbolic Goods", trad. de Rupert Swyer, *Poetics* 14 [1985], 30).

[13] Jorge Luis Borges, reseña de *Las ratas*, de José Bianco, *Sur* 111 (1944), 78.

[14] Bioy Casares, "Prólogo", *Antología*, 8. Según ha señalado Jaime Alazraki, en el caso de Borges ese problema se presenta ante todo como una cuestión estilística: "La literatura fantástica de Borges... busca nuevas virtudes en el lenguaje, una imagen diferente del estilo: austeridad, rigor, precisión" (*La prosa narrativa de Jorge Luis Borges: Temas - Estilo*, segunda edición aumentada [Madrid: Editorial Gredos, 1974], 161).

[15] Borges, reseña de *Les Sept minutes*, de Georges Simenon. *Textos cautivos*, 237.

[16] Respuesta a una encuesta recogida en *Asesinos de papel*, 59.

[17] Véase Borges, *Prólogos*, 22-23.

[18] Antonio Prieto Taboada, "Ficción y realidad de José Bianco (1908-1986)", *Revista Iberoamericana* 137 (1986), 959.

[19] *Nosotros* 61.230 (1928), 99-105.

[20] *Nosotros* 59.225-226 (1928), 295-96.

[21] "Hacia 1930", escribe María Luisa Bastos, "los ímpetus de los escritores que fueron vanguardistas entre 1923 y 1927, aplacados, han tomado caminos diversos: o han dado paso a una actitud más reflexiva, más autocrítica, o viran hacia el estancamiento repetitivo, incluso conformista" (María Luisa Bastos, *Borges ante la crítica argentina: 1923-1960* [Buenos Aires: Ediciones Hispamérica, 1974], 97). "Los jóvenes que en 1930 tienen menos de treinta años", prosigue Bastos, "son como hijos de hombres demasiado brillantes. Reniegan de ellos porque resienten su brillo" (97). Motivados o no por el resentimiento, esos jóvenes cultivan una postura de madurez frente a la generación anterior. Así, al definir la tarea de una de las revistas que los representan, Alfredo Bianchi observa: "*[Megáfono]* es una revista de jóvenes, audaz, valiente, temeraria sin ser insolente. Era ya hora, pues en los últimos diez años los jóvenes nos tenían acostumbrados a un estridentismo literario y a un lenguaje tan ásperamente agresivo que sublevaba... De esa ecuanimidad de pensamiento ha carecido, en absoluto, la llamada 'nueva generación'..." (Alfredo A. Bianchi, "Una opinión y una definición", *Megáfono* 7 [1931], 45; citado en Bastos, *Borges...*, 98 n.4).

[22] Al resumir la labor de Bianco, Borges apuntaba: "Su obra general es parca, ya que la ha pensado y limitado. Los manuscritos que precedieron al texto que el autor dio a la imprenta no se dejan sentir; lo que leemos de él nos parece espontáneo, aunque sin duda no lo es... Como el cristal o como el aire, el estilo de Bian-

co es invisible" (Jorge Luis Borges, "Página sobre José Bianco, el del estilo invisible", *La Razón*, 25 de septiembre de 1985).

[23] Jorge B. Rivera, "Panorama de la novela argentina: 1930-1955", en *Historia de la literatura argentina*, de *Capítulo*, tomo IV (Buenos Aires: Centro Editor de América Latina, 1968), 329. Refiriéndose a esa tendencia, Rivera añade: "Plenamente enrolada en las vertientes de la especificidad, le interesa menos una literatura 'edificante', 'pedagógica' o 'social' que una literatura coherente con su finalidad autónoma, aunque por sobre todas las cosas apueste a una literatura estructurada y 'escrita' con el mayor rigor posible, aunque esta puntualización resulte paradojal" (330).

[24] Borges, "Prólogo", *La invención de Morel*. En *Prólogos*, 22.

[25] Véase Irene Bessière, *Le Récit fantastique: La poétique de l'incertain* (París: Librairie Larousse, 1974).

[26] Borges, reseña de *Excellent Intentions*, de Richard Hull, *Textos cautivos*, 227.

[27] Véase Jean-François Lyotard, "Answering the Question: What is Postmodernism?", trad. de Régis Durand, *The Postmodern Condition: A Report on Knowledge* (Minneapolis: The University of Minnesota Press, 1984), 71-82.

[28] Bioy Casares, "Posdata", *Antología*, 16. La postdata es de 1965.

[29] Bioy Casares, "Prólogo", *Antología*, 12. Los textos de Borges a que se refiere Bioy son "El acercamiento a Almotásim", "Pierre Menard" y "Tlön, Uqbar, Orbis Tertius".

[30] Así, entre muchos otros que se podrían citar, en el siguiente pasaje sobre la narrativa autorreflexiva o la "metaficción", Patricia Waugh apunta: "[I]t can be argued that metafictional novels simultaneously strengthen each reader's sense of an everyday real world while problematizing his or her sense of reality from a conceptual or philosophical point of view. As a consequence of their metafictional undermining of the conventional basis of existence, the reader may revise his or her ideas about the philosophical status of what is assumed to be reality, but he or she will presumably continue to believe and live in a world for the most part constructed out of 'common sense' and routine. What writers like Fowles are hoping is that each reader does this with a new awareness of how the meaning and values of that world have been constructed and how, therefore, they can be challenged or changed" (Patricia Waugh, *Metafiction: The Theory and Practice of Self-Conscious Fiction* [New York: Methuen, 1984], 33-34). La misma valoración, la cual se remonta en parte a los planteamientos de los formalistas rusos, se observa en un escritor de tan distinta orientación como Marcuse, quien escribe: "[T]he aesthetic form ... gives the familiar content and the familiar experience the power of estrangement – and ... leads to the emergence of a new consciousness and a new perception" (Herbert Marcuse, *The Aesthetic Dimension: Toward a Critique of Marxist Aesthetics*, trad. de Herbert Marcuse y Erica Sherover [Boston: Beacon Press, 1978], 41).

Los comienzos de Bianco en *Sur*

Judith Podlubne

A pesar de que al iniciarse los años cuarenta la hegemonía de Mallea en *Sur* ya había empezado a decaer, Borges aprovecha la aparición de *Las ratas* de José Bianco, en 1943, para trazar un cuadro implacable de la novela nacional e insistir de ese modo en una discusión que acreditaba para entonces más de una década de duración y que ya había alcanzado su punto más resonante con el prólogo a *La invención de Morel*. La necesidad de prolongar la disputa (una disputa de la que Borges no se librará nunca definitivamente) estuvo motivada en esta ocasión por el propósito puntual de legitimar el ingreso y la pertenencia de Bianco al grupo de narradores que, bajo su influencia, reivindicaban el privilegio de la forma y el artificio literario contra las interpretaciones humanistas del arte de novelar.

Sin privarse de elogios ambivalentes y de generosidades excesivas (tal como pocos años atrás había hecho con Bioy Casares), Borges eligió hacer de Bianco uno de los suyos y limitó su interpretación de *Las ratas* al enfático reconocimiento de sus méritos técnicos y estilísticos (*Borges en Sur*, 271-74). Es decir, a aquellos logros que identificaban a quien era ya el conocido secretario de redacción de *Sur* con la moral de la construcción literaria que él defendía desde la revista. Movido por un acentuado "ardor sectario", celebró entonces el "ingenioso argumento" del relato, su meditada preocupación por el lector, su estilo "hábilmente simple",

47

su severo rigor en la composición, su "rica y voluntaria ambigüedad". A pesar de reconocer que "el carácter de Heredia era lo primordial" de la novela, apenas se detuvo en los cuidados con que Bianco compone el drama interno del protagonista y no mencionó siquiera las significativas implicancias morales que poseen sus elecciones temáticas. Con un resultado admirable, al que mucho contribuyeron luego el propio autor de *Las ratas* y el perezoso respeto que sus críticos manifestaron ante la palabra borgeana, su lectura logró imponer una imagen parcial e interesada de las preocupaciones literarias de Bianco, con la que desde entonces se vincula de un modo homogéneo su programa narrativo.

A la luz de esta imagen, podría resultar curioso y muy difícil de explicar que las primeras colaboraciones de Bianco en *Sur* ponderen dos novelistas, en apariencias, tan alejados de sus intereses y preferencias estéticas. Me refiero puntualmente a su comentario de *Espoirs*, la novela póstuma de Leo Ferrero, aparecido en 1935, y al estudio que dedica, en 1936, a las últimas obras de Eduardo Mallea. ¿Qué podía atraerle, a un escritor identificado con los severos rigores de la construcción literaria, de obras como las de Ferrero y Mallea, definidas por su compromiso espiritual y su particular desatención hacia los procedimientos técnicos del arte? ¿Qué podía concernirle de ellas, al punto de elegir comentarlas? La respuesta a estos interrogantes, una respuesta que no clausura las múltiples implicancias de la pregunta pero que nos acerca a una imagen de Bianco menos tendenciosa –quiero decir con esto: una imagen no menos ligada a las contiendas del momento, pero sí algo más ajustada a la complejidad de sus convicciones– que puede leerse, si queremos circunscribirnos a los ensayos de *Sur* y no revisar las colaboraciones que venía publicando en *La Nación* desde hacía algunos años antes, en el comienzo mismo de su comentario a la novela de Ferrero.

Entre paréntesis, una digresión breve: hay que recordar que, en realidad, este comentario sobre Ferrero continúa de modo directo algunas de las ideas que Bianco venía presentando en sus colaboraciones de *La Nación*. De hecho, se trata de una nota escrita por encargo que tiene su origen en el elogioso artículo sobre el mismo autor que, unos meses antes, al cumplirse el primer aniversario de la muerte de Ferrero, Bianco había publicado en el suplemento literario de ese diario. Interesada por ese artículo, Victoria Ocampo lo invita a una de las reuniones habituales de *Sur*, en la que cambian opiniones sobre la recién aparecida novela de Ferrero y allí surge la idea de que escriba su comentario para la revista. La nota se publica al poco tiempo,[1] precedida por un ensayo de la misma Victoria, e integrando lo que, desde sus páginas centrales, *Sur* anuncia como un "Homenaje a Leo Ferrero". Un lugar de notable visibilidad para quien acaba de debutar como colaborador y no acredita aún una extensa trayectoria en el campo literario.

Con una convicción crítica notable, la de alguien que persuadido de lo acertado de sus juicios busca hacerlos notar en el momento oportuno, el joven Bianco elige este debut en *Sur* para postular, a propósito de Ferrero, el ideal de novelista que prefiere y le interesa defender. Como es frecuente que ocurra cuando el crítico es un escritor, sus juicios resultan la secreta anticipación de lo que será o procurará que sea su propia literatura. En un extenso rodeo inicial, en el que se perfila con nitidez la imagen de escritor que pocos años más tarde se desprenderá de sus propios relatos, Bianco presenta su visión de lo que para él es, debe ser, un auténtico novelista. Su lectura encuentra en la novela de Ferrero lo que él querrá, aunque todavía no lo sepa, que se encuentre en su literatura. "Leo Ferrero —escribe— no es un novelista directo, espontáneo, de aquellos que se interesan por las pasiones antes que por las ideas y que sólo conciben las ideas en forma ulterior a los personajes. Podemos decir de Leo Ferrero lo que él afirma en un artículo a propósito de Gide y Válery: pertenecía a esa clase intermedia de pensadores 'que saben escribir mejor que los filósofos y expresar conceptos abstractos mejor que los poetas' [...] Escritores de esa índole, porque no son precisamente novelistas, realizan novelas admirables. En lo que a mí atañe, escriben las novelas que prefiero" (76).

La posición de Bianco es categórica y tiene su punto de partida en esta diferencia entre el narrador espontáneo y aquel que guarda una relación premeditada con su trabajo. A diferencia del novelista innato, que escribe desde sus aflicciones y pasiones personales —cómo no pensar acá en Mallea y su defensa del "escritor agonista"–, el tipo de escritor que le interesa es aquel que "siempre se comporta como un crítico", tanto porque aprecia la importancia que las ideas poseen en el interior de la novela y no renuncia a su compromiso con la verdad, así como también porque tiene conciencia de su actividad y es capaz de especular sobre ella. Un escritor ubicuo que "está fuera y dentro de su obra, percibiendo reflexivamente los escollos que un novelista congénito salva con perfecta inconciencia" (76). Imprimiéndoles una inflexión singular, las ideas de Bianco retoman las que François Mauriac había expuesto ya en su libro sobre *La novela* y continuado en su ensayo *El novelista y sus personajes*. En una ocasión anterior a esta reseña sobre Ferrero, Bianco había apelado explícitamente a las reflexiones de Mauriac para presentar de manera sucinta su ideal de novelista. La demoledora reseña que, en 1928, escribió a *Los caminos de la muerte* de Manuel Gálvez, en la revista *Nosotros*, citaba los términos en que el escritor francés se distancia de la idea del artista como creador –idea capital para una perspectiva humanista del arte que, en su afán de entronizar al hombre, hace del artista el continuador de una herencia sagrada– para afirmar las ineludibles limitaciones a que está sometida siempre la invención humana. Derivadas de su vínculo con lo real (el novelista no crea de la nada sino que sus personajes, afirma Mauriac, nacen de las nupcias que él contrae con la realidad), estas limitaciones originan la "contradicción inherente al arte de novelar" (51), aquella que hace que cada vez que un novelista pretenda describir un acontecimiento tal como lo ha observado en la vida, el lector lo juzgue inverosímil e imposible. Para salvar el obstáculo que significa esta contradicción sin tener que renunciar a su relación con lo real, Mauriac propone "resignarse a no hacer ya la competencia a la vida" y "reconocer que el arte es, por definición, arbitrario, y que aun no abarcando lo real en toda su complejidad es, sin embargo, posible captar aspectos de la verdad humana (…) usando la forma más convencional" (52). "Conformémonos –agrega– con lograr lo verdadero por refracción. Hay que resignarse a las convenciones y mentiras de nuestro arte" (53).

Aunque no comparte el tono de renuncia que tienen las afirmaciones de Mauriac, Bianco aprecia en ellas el encuentro que provocan entre las determinaciones humanistas del arte de novelar y el carácter artificial de la literatura. Desde una perspectiva que acentúa sin lamentos la naturaleza convencional de las formas literarias, Bianco suscribe la idea de que el novelista puede acercarse a facetas parciales de la verdad humana a partir del uso calculado de los recursos de su arte. Con el tiempo, con sus lecturas posteriores de Oscar Wilde, y también seguramente con la influencia que sobre sí mismo ejerció la imagen que Borges dio de su literatura, Bianco insistió cada vez más en las posibilidades de invención que brinda al escritor la naturaleza arbitraria del hecho literario. Repitió con frecuencia los conocidos aforismos en que Wilde afirma que "la imaginación imita y el espíritu crítico inventa", que "donde no hay teorizadores tampoco hay narradores, donde no hay pensamiento abstracto tampoco hay mito, donde no hay crítica, no hay ficción", pero, a diferencia del escritor irlandés, para quien el arte sólo se expresa a sí mismo, Bianco no abandonó nunca la convicción de que un más allá de lo literario fundamenta la literatura. A partir de este horizonte de trascendencia, que su lectura de *Espoirs* pone claramente de manifiesto, pensó entonces la importancia, siempre derivada, que para él tiene la acción narrativa en la novela. Si, en primer lugar, y coincidiendo en este punto con las "Ideas sobre la novela" de Ortega, un texto central en la discusión literaria de fines de los años treinta y comienzos de los cuarenta, Bianco sostiene que el interés de la acción proviene de su capacidad para revelar la psicología del personaje, en una segunda instancia, resulta evidente que su función no termina allí y, más aún, que no es éste su papel más importante. Además de presentar internamente al personaje, cada acto manifiesta "el valor intrínseco de la idea que consciente o inconscientemente dio nacimiento y prestó a dicho acto su carácter irrevocable" (77). La auténtica materia novelesca no es, como sostiene Ortega, la "psicología imaginaria" de los personajes, sino algo anterior a ellos que determina sus comportamientos y deseos, y cuyo origen está siempre en las elecciones conscientes o no del novelista. Una suma de ideas abstractas que no sólo prefigura la composición de los personajes sino que además prolonga el sentido y los efectos de sus acciones más allá de los límites de la ficción.

Contrario al hermetismo con que Ortega distingue el género novelesco, contrario a ese olvido de lo real que caracteriza a su entender el auténtico realismo, Bianco defiende la contaminación de ficción y realidad como un resultado directo del influjo que la novela ejerce sobre el mundo. Como para Mauriac, también para él los personajes desempeñan una acción duradera sobre los lectores. Las ideas que transmiten expanden sus efectos hacia ellos y los convierten en participantes activos del intercambio literario. El novelista, lejos de aislar al lector y de aprisionarlo en el universo cerrado e imaginario de la novela, como quiere Ortega, arbitra los medios que extienden el poder de ilusión del género hacia un afuera de sí, en el que se cruzan los dominios y en el que los lectores cumplen un rol tan dinámico como el del autor.

Los problemas así encarados –escribe Bianco– trascienden el ámbito del libro, proyéctanse sobre el lector y lo obligan a salir de su actitud pasiva. Ya no se limita a escuchar la explicación minuciosa del mecanismo funcional de un personaje. Junto con el escritor, lo juzga y comenta activamente; lo ve actuar, lo descubre a cada paso... Entre lector y escritor existe una suerte de equivalencia. La realidad ficticia y la realidad parecen confundirse, los contornos del libro crecen, se esfuman. Al terminar de leerlo, tenemos la sensación de que una atmósfera perdura rodeando nuestra propia vida. Dejaron de actuar los personajes, pero allí están los motivos de sus actos y las normas ejemplares que se desprenden de su conducta subsistiendo una vez que ellos han desaparecido. Y allí está nuestra época –el resultado de ese cúmulo de ideas que flotan en el aire, derivan las unas de las otras, provocan la adhesión de los sujetos, y tan pronto se apoyan como luchan entre sí, furiosamente (77).

El riesgo que amenaza esta concepción, y que Bianco se apresura a reconocer para conjurar de inmediato, es el de permitir que una serie de teorías e ideas abstractas invada las obras y convierta los personajes en "meros autómatas, carentes de emoción". Es preciso cuidar que el interés por el pensamiento no desplace la vida en la novela, para evitar incurrir en lo que Caillois señala como la mayor acusación que puede infligirse a un novelista: la de "haber llevado a escena meros títeres o abstracciones".[2] La solución que Bianco propone continúa el camino abierto por las reflexiones de Mauriac y lo muestra plenamente advertido de las cuestiones relativas a la construcción del verosímil, que también habían aparecido en Ortega. Que los personajes se comporten como seres de carne y hueso, que la novela comunique el vigor de lo viviente, depende estrictamente de la habilidad del escritor para cumplir con algunas reglas literarias básicas que el mismo Bianco se encarga de puntualizar. Por un lado, y como modo de garantizar su consagrada imparcialidad, el novelista debe estar atento a "personalidades distintas, observarlas desde adentro, con simpatía humana, hasta particip[ar] de sus impulsos y de[fender] sus ideas como si fuesen propias" (77). No debe adoptar tal o cual punto de vista sino abarcarlos todos con el fin de mantener su objetividad en el hecho de parecer perderla a cada instante. Por otro lado, con el propósito de preservar la relativa autonomía de los personajes, debe esforzarse en presentar sus ideas y racionalizaciones atendiendo especialmente a las características propias de sus héroes. Llegado el caso, tiene que ser capaz de gestarlas de nuevo en función de ellos y de retocarlas hasta que adquieran naturalidad. "Ha de volver la cabeza, contemplar lo escrito, de manera de no forzar la evolución de los caracteres, y, mientras conduce a sus héroes, dejarse conducir por ellos" (77).

Objetividad del novelista y relativa autonomía de los personajes. El incumplimiento de estas premisas es, justamente, lo que, de un modo muy discreto, Bianco advertirá en la literatura de Mallea. El extenso ensayo que dedica, en *Sur*, a la obra del escritor,[3] casi un año después de la nota sobre Ferrero, es, en términos generales, elogioso; se anticipa a reivindicar el valor de las elecciones ideológicas y temáticas que el novelista luego profundiza en *Historia de una pasión argentina* y encabeza retrospectivamente la serie de voces que lo consagran desde el interior de la revista. En fuerte polémica con lo que caracteriza unívocamente como el nacionalismo literario, Bianco suscribe las tesis de Mallea sobre la indigencia de nuestra literatura nacional y sobre la necesidad de fortalecer el vínculo nutriente con Europa. El comienzo del ensayo se resuelve en una fervorosa adhesión a los valores nucleares del novelista, que son también los valores que comparten los principales miembros de *Sur*, y el resto se diluye en la glosa monótona y prolija de los tópicos más representativos de su narrativa. Hay, sin embargo, un momento en el que la monotonía del comentario se interrumpe y, en medio de una genuina valoración positiva de esta literatura, Bianco entredice, sin desarrollar demasiado, la advertencia que señalé más arriba. Luego de ponderar la forma en que el novelista "desuella a un personaje cuando lo encara en forma subjetiva" (56), se pregunta si "interesarse en un sufrimiento determinado, encarnarlo en un sujeto y luego amar a ese sujeto porque lo padece ¿no lo llevará a compadecerse arbitrariamente del sujeto? ¿A pretender salvarlo y torcer su destino? ¿No lo llevará a perder su objetividad de novelista?" (56). Las preguntas persisten sin respuestas hasta que la objeción reaparece en un tono afirmativo. "La fusión entre el autor y el personaje, indispensable en un relato de esta índole —escribe, mientras lee "La causa de Jacobo Uber, perdida"—, entraña el peligro que señalé anteriormente: el peligro de que el novelista, que ya mira como suyo el destino de su héroe, no pueda menos de claudicar su papel de narrador y necesite forzosamente *salvarse*, imprimiendo un sesgo arbitrario a los acontecimientos" (59). Aunque lo hace con la cautela y la perspicacia necesarias para atenuar las diferencias en el mismo momento en que las formula, Bianco no se priva de observar la falta de distancia crítica con que Mallea proyecta y compone sus personajes. El acuerdo y la simpatía que despiertan en él los postulados ideológicos del escritor no se traducen en un reconocimiento incondicional de sus méritos como novelista.

La identificación directa de autor y personaje que Bianco lee en esta narrativa es un aspecto parcial y privilegiado del enlace inmediato entre vida y literatura que Mallea defiende a ultranza y contra el que, como vimos, se define la figura del novelista crítico. Con una fórmula que alcanza a describir su propia literatura, Bianco afirma que el auténtico novelista es aquel que consigue "introducir el desorden aparente de la vida en el orden peculiar de la obra de arte" (77). Aquel que logra suspender, al menos por un momento, la relación de la vida y la novela, para plantear el problema de la vida *en* la novela, y poner entonces a disposición de esta cuestión todas las convenciones de su arte. Cuanto más calculado y premeditado resulte su trabajo, cuanto mayor sea la conciencia que tenga de sus procedimientos, mayor será también el efecto de vida logrado, mayor la naturalidad con que las ideas participen de la novela, y más efectiva por ende la proyección del género sobre el mundo. La deliberada construcción del verosímil realista resulta condición necesaria para el desarrollo fluido de las ideas que motivaron la creación de los personajes y dieron origen a la novela. Borrando las huellas de su ejecución, el novelista hace que "el plan no se adviert[a] por ningún lado, [que] no hier[a] la delicada contextura de la novela como el alambre inflexible que atraviesa las flores de la florería" (78). En este borramiento, del que procede la ilusión de que las ideas se encuentran con el lector sin que el "instrumento escrito" se interponga, se sustenta la *trascendencia* de la novela. Una vez recreada la vida en la ficción, el "natural" discurrir de las ideas hace que el novelista supere la mera representación de la misma, otorgando "amplitud y universalidad a los temas cotidianos" (78). "El continuo germinar de sugestiones morales y espirituales –escribe Bianco a propósito de *Espoirs*– volatiliza la substancia del libro, lo envía en pujante ascensión hasta regiones más nobles, más abstractas y permite que el novelista, incidiendo en la vida real, logre explicarla, superarla" (78).

Se trata entonces no sólo de introducir el desorden aparente de la vida en el orden peculiar del arte, sino también de reconocer y aprovechar los beneficios que ese ordenamiento imparte sobre la vida, al descubrir en ella un sentido aún inexpresado y dejar entrever la verdad oculta que la dirige y organiza. Al margen del realismo ingenuo, sostenido por Mallea, que convierte la novela en una copia derivada de lo viviente, pero también con diferencias claras respecto de esa forma moderna de realismo, igualmente derivada, que defiende Ortega, Bianco propone lo que Antonio Prieto Taboada acierta en llamar un "realismo trascendente".[4] Una nueva variante del realismo en el que la vida ingresa a la novela menos para ser representada que para ser transpuesta, para que se descifren los secretos que la habitan, se vuelvan sensibles sus elementos no advertidos y se vislumbre su verdad más recóndita. De este poder de iluminación, de esta capacidad para revelar aquellos aspectos que "la costumbre y los prejuicios parecían haber ocultado definitivamente a nuestros ojos" (reseña de *Viaje olvidado* de Silvina Ocampo, *Ficción y reflexión*, 148) resulta para Bianco la fuerza superadora de la literatura, aquella que la impulsa, "más allá de la mera verosimilitud sin invención" (*Borges en Sur*, 274), hacia la verdadera naturaleza profunda de lo real. Una naturaleza extraña, esquiva, que encierra siempre una verdad compleja y oscura, "cuyo fulgor mismo nos deslumbra y que preside de tan lejos nuestras modestas indagaciones humanas" (*Las ratas*, cap. XII, 83). El acercamiento a esa verdad, tan furtiva como fundamental, requiere para Bianco, por un lado, un delicado trabajo de depuración del estilo literario ("las palabras deben borrarse ante la idea que intentan enunciar, convertirse en vehículos imperceptibles de un significado", encuesta sobre "Moral y literatura", *Ficción y reflexión*, 408) y, por otro, un ejercicio regulado y preciso de sus voces narrativas (el escritor no debe intentar decirlo todo, porque eso lo conduce a menudo a omitir lo fundamental). La sobriedad en el estilo y la selección y el cuidado de la información que transmiten sus narradores delimitan los ejes de esa "poética de la ambigüedad", que consiste, para decirlo en los términos del propio Bianco, en intentar "evocar la verdad sin describirla", en "sugerirla sin demostrarla". La "premeditada omisión de una parte de la novela" (*Borges en Sur*, 272), ese procedimiento narrativo que Borges atribuyó al influjo que tuvo, en los relatos de Bianco, el interés por el rigor constructivo propio de la literatura inglesa, y que condensó, desde su punto de vista, los méritos narrativos del escritor, resulta, leído desde una perspectiva menos parcial, un mecanismo eficaz para exceder los límites de la representación y aproximarse a la "verdadera realidad" sin disipar su consistencia misteriosa y dilemática. Aunque Borges quisiese olvidarlo, la aguda conciencia artística de Bianco, su preocupación por las distintas posibilidades estéticas que brindan las formas literarias, estuvo siempre ligada a su irrenunciable compromiso espiritual con la verdad. La "poética de la ambigüedad", que agota la mayoría de las veces la descripción que la crítica hace de su narrativa, es indisociable de ese "realismo trascendente" que anuncia su primera colaboración en *Sur* y que poco tiempo después manifiestan sus mejores relatos.

Coda:

Bianco fue un hombre de *Sur* desde antes de participar formalmente en la revista. Las notas y reseñas que escribe para la revista *Nosotros*, a fines de la década del veinte, así como también las colaboraciones que publica, por los mismos años, en el diario *La Nación*, dan cuenta por anticipado de las muchas coincidencias que lo acercan a la empresa de Victoria Ocampo. La adhesión a una concepción alta de la cultura, la confianza en los efectos reparadores de la influencia europea sobre nuestra débil cultura vernácula, la visión crítica de la cultura y la literatura nacional, el apego a esa suerte de ideologema filosófico en el que la verdad se define por su concordancia con el espíritu y el espíritu resulta propiedad específica de lo humano, la frecuente apelación a un indefinido "buen gusto" estético, la defensa de un estilo literario sobrio y elegante, son algunos de los valores que Bianco comparte con los miembros más destacados de la revista desde antes de pertenecer a ella. Una suerte de implícito acuerdo previo que justifica, de alguna manera, el reconocimiento oficial que acompañó su ingreso a *Sur* y el hecho de que, más allá de las precisas razones coyunturales que lo determinaron, a pocos años de su bautismo en la revista, él fuese ya su secretario de redacción. Sin embargo, y para no simplificar su imagen, para no desconocer los matices de un escritor más inclinado a dejarse guiar por sus propias convicciones que por la fidelidad definitiva a los acuerdos de grupo, habrá que decir entonces que su modo de pertenecer a *Sur* se aprecia en una dimensión más ajustada si se atiende, antes que al entendimiento ideológico y estético que sostuvo con sus miembros más representativos, a la forma particular en que su perspectiva reunió las posiciones literarias antagónicas que atravesaron la publicación durante su primera década. Fue menos esa adhesión que la eficacia con que su perspectiva supo recuperar la tensión existente entre las morales literarias que allí estaban en juego —el modo en que hizo de esa tensión su perspectiva— lo que singularizó la posición de Bianco en *Sur*.

Notas

[1] "La novela de Leo Ferrero" en *Sur* 10, julio 1935, 76-83.

[2] Roger Caillois, "Sociología de lo novelesco", *Fisiología de Leviatán*, Buenos Aires: Sudamericana, 1946, 265.

[3] "Las últimas obras de Mallea. Al margen de sus temas principales", *Sur* 21, junio 1936, 40-71.

[4] Antonio Prieto Taboada, "Ficción y realidad de José Bianco", *Revista Iberoamericana* 137 (1986), 961.

La topografía de la ambigüedad[1]

La *nouvelle Sombras suele vestir* –que José Bianco publicó en *Sur* en 1941 y reeditó en 1973– es un relato para releer, si los hay, no para contar, porque uno de sus atractivos mayores es su trabajada sintaxis narrativa, especie de mosaico de equívocos. Esa sintaxis –que opera con distintos núcleos narrativos básicos: subestructuras que se comunican tangencialmente, a veces en más de un punto– exige lecturas entrecruzadas o divergentes. De ahí que el dinamismo del relato no se agote al concluir una primera, ni aun una segunda, lectura.

Sombras suele vestir se divide en tres secuencias; en cada una de ellas la relación de los hechos, referida por el narrador, se enfoca desde el punto de vista de uno de los tres personajes principales: Jacinta Vélez, su amante Bernardo Stocker, Julio Sweitzer, socio de Stocker. En las dos primeras secciones los deambulares de Jacinta por las calles de Buenos Aires dibujan trayectorias plausibles y equívocas. El personaje se mueve dentro de un perímetro delimitado por calles o lugares que se nombran o a los que se alude con claridad suficiente, como el cementerio de la Recoleta, que no se menciona pero cuyas adyacencias se caracterizan en forma inconfundible. Son importantes las connotaciones de calles y barrios; el hecho de que Jacinta viva con su madre y su hermano Raúl –un bello adolescente débil mental– en un inquilinato de la calle Paso indica claramente el desplazamiento hacia abajo en la escala social padecido por la familia Vélez. Por otra parte, ese desplazamiento, previo al relato, es uno de los motores de la narración: sin él no habría habido relación clandestina –ni, posiblemente, de ninguna otra especie– entre Jacinta, fijada a prejuicios de su clase de origen precisamente por su condición de venida a menos, y Bernardo Stocker, argentino de primera generación. Por otra parte, la superioridad económica del corredor de bolsa Bernardo Stocker es también motor del relato porque su relación con Jacinta no sólo está secretamente determinada por la atracción que Raúl ejerce sobre ambos amantes: el dinero de Bernardo ha hecho posible su acercamiento a Jacinta. Evidencia de la posición económica de Bernardo es la localización de su departamento: en la zona de la plaza Vicente López sólo vivían familias distinguidas o extranjeros ricos. Una primera lectura de las idas y venidas de Jacinta desde el departamento de Stocker –al que se nos dice explícitamente que Jacinta se había mudado y desde el cual volvía a la calle Paso a visitar a Raúl– parecería indicar que la muchacha había tomado una decisión que implicaría un progreso. En un sentido engañosamente literal, irse del inquilinato y vivir en un departamento confortable ha determinado hábitos de vida despreocupada, antítesis de la sórdida actividad previa de Jacinta, dedicada a la prostitución en una casa próxima al inquilinato, regenteada por una amiga de doña Carmen, la encargada y "protectora" oblicua de la familia Vélez. Esos hábitos se manifiestan ostensiblemente en recorridos rutinarios. Casi a diario, Jacinta se traslada a ver a Raúl desde la plaza Vicente López y al volver se desvía: atraviesa lentamente la ciudad pasando por un "barrio propicio y modesto, de veredas sombreadas" (30). En sentido estricto, ese barrio no podía ser propicio para la Jacinta viva cuya aversión por las "llamadas clases bajas" (22) –expresión que le atribuye el narrador– se concentra en uno de los motivos de la *nouvelle*: su antagonismo hacia doña Carmen. El barrio es propicio por contagio metonímico: el atractivo es el cementerio de la Recoleta, en donde termina la calle por donde vuelve Jacinta. Dice el narrador que Jacinta "se resistía al llamamiento de las bóvedas terminadas en cruces o desaforados ángeles marmóreos" (30). Ésta es una de las claves del relato: esas idas de un lugar concreto –el departamento de Stocker– a otro lugar concreto –el inquilinato– cobran su dimensión ficticia en ese tránsito por una suerte de zona de nadie: el barrio "propicio y modesto" (30) media entre el orden no terrestre y la realidad. Esas calles de veredas sombreadas, que desembocan en una plaza sombría, aluden por cierto al título de la *nouvelle* y a la condición de muerta, ya muerta casi al comienzo del relato. Además, las características de esa zona: anonimato, falta de jerarquía –otra vez, como en los barrios borgeanos, se trata de una zona despojada de señales prestigiosas– establecen la solución de continuidad entre lugar y tiempo, o, mejor dicho, entre lugar geográfico reconocible y más allá indefinible. Una especie de dialéctica entre los detalles que denotan realistamente el espacio y la elocución cuidadosamente ambigua recalcan, al referir las recorridas de Jacinta, la condición fantasmal del personaje. Así, al aproximarse a la casa de Stocker, una penetrante mirada de Jacinta capta las formas de los árboles y todo el ámbito de la plaza Vicente López: "Jacinta hacía suya la plaza con una mirada que abarcaba césped, chicos, ramas, cielo" (30). De inmediato, con notoria ambigüedad, se consignan las acciones de Jacinta: "Cuando Jacinta subía al tercer piso observaba de cerca el dibujo alternado de las hojitas verdes. Entonces abría las ventanas y dejaba que el aire puro enfriara el dormitorio" (30). Enunciado que tiene dos lecturas posibles: "cuando subía" puede significar tanto 'una vez que había subido' como 'mientras subía', como sombra, por el aire.

Otro recorrido realista –u otro destino de recorrido– también forma parte de esos aparentes hábitos de vida despreocupada en el sentido más absoluto. A veces se reúne Jacinta con Stocker a almorzar en un restaurante que no se nombra pero del que se dan datos suficientes como para que quien conoce Buenos Aires reconozca el London Grill (32-33). Significativamente, esos datos se dan al consignar que Jacinta se reunió con Bernardo por última vez. Otro traslado, doble, y no de ella, ocurrirá después de ese movimiento final de Jacinta. Bernardo internará al hermano de la muchacha, Raúl –que se ha quedado solo porque Jacinta se ha suicidado el mismo día de la muerte de la madre– en un sanatorio situado en el extremo opuesto del barrio del cementerio de la

Recoleta y de la plaza Vicente López. El barrio de Flores, donde está el sanatorio, era todavía remoto en la década de 1920, época en que se puede situar el relato. Stocker mismo se instala en el sanatorio a esperar en vano que Jacinta acuda a buscar a Raúl. Físicamente junto al muchacho, Bernardo Stocker está irremediablemente alejado de él: Raúl lo elude. El aquietamiento del fantasma de Jacinta –que se traduce en la desaparición del personaje– corresponde al aquietamiento de la parte activa, diríase, de la obsesión de Stocker. Y a esta altura de la narración se hace claro que los discurrires habituales de Jacinta reclaman una lectura metafórica. Obsesionado con la muchacha y sin duda con su suicidio, Stocker "vive" metafóricamente con ella: en sentido figurado se ha trasladado Jacinta al departamento de la plaza Vicente López. Las claras coordenadas geográficas proporcionan un espacio (una ilusión de espacio) reconocible a un discurrir inespacial, inasible: Jacinta sólo se mueve en la imaginación de Stocker.

El título de esta novela breve de José Bianco es un verso de este terceto de Góngora, que sirve de epígrafe:

> El sueño, autor de representaciones,
> en su teatro sobre el viento armado,
> sombras suele vestir de bulto bello.

La ciudad de Buenos Aires –algunos sectores precisos de la ciudad– funciona como "el teatro sobre el viento armado", escenario para que el sueño de Stocker vistiera sombras. La importancia de las determinaciones topográficas está en que son tangenciales con respecto a los hilos del relato: los mueven, y modifican la narración con un mínimo de presencia, como se rozan apenas todos los actantes de *Sombras suele vestir*, en parcelas de zonas permanentemente ambiguas.

Notas

[1] Ésta es la sección sobre Bianco en el artículo "La topografía de la ambigüedad (Buenos Aires en Borges, Bianco, Bioy Casares)" en María Luisa Bastos, *Relecturas: Estudios de textos hispanoamericanos* (Buenos Aires: Hachette, 1989): 139-54. Las páginas que reproducimos corresponden a las páginas 146 a 149 de esa edición.

José Bianco: El mundo a tientas
(*There are less things*)

Luis Chitarroni

Una serena frase asombrosa se oculta visiblemente en la parte final de *Las ratas*. Dice: "Pero acaso nunca lleguemos a mentir. Acaso la verdad sea tan rica, tan ambigua, y presida de tan lejos nuestras modestas indagaciones humanas, que todas las interpretaciones puedan canjearse y que, en honor a la verdad, lo mejor que podamos hacer es desistir del inocuo propósito de alcanzarla" (cap. XII, 83). Esas discretas oraciones me sirvieron de programa estético más de una década –la del ochenta– y migraron como acápite en las tres novelas que empecé (y por suerte nunca me enteré si terminaron) durante esos años. En el transcurso de los mismos pasaron algunas cosas: conocí a José Bianco, por ejemplo, y recaudé la anécdota para la que este homenaje podría servir de pretexto. Pero creo que no debemos abusar de las anécdotas de Pepe; mejor dicho, debemos, alguna vez, renunciar a ellas, aunque sea la que nos pertenezca, la que nos corresponde, a riesgo de convertir al maestro único, a uno de los estilistas –si es que esta palabra tiene todavía algún sentido– más admirables de la lengua escrita en una mera presencia real o en un desastido Sócrates sin discípulos, con demasiadas visitas.

Acaso nunca lleguemos a mentir... La aseveración, tímida y tremenda, a pesar de su alcance extremo y su falta de estridencia, es digna de un novelista, no de un filósofo. Redefine el embarazoso ejercicio de las letras de José Bianco en un oficio, novelista, oficio que, como la pérdida del reino, *estaba para él* pero que tanto le costó asumir. Y que le corresponde más que a nadie, aunque su demostración conste, con poco ejemplar modestia, de un solo volumen.

El oficio de José Bianco, en buena medida la indefinición de ese oficio –crítico, traductor, narrador, secretario de redacción, novelista–, regimentado a partir de sus admitidas debilidades –pereza, distracción, indolencia– diseña una especie de intelectual impar latinoamericano a quien las páginas que siguen no intentarán capturar, sólo, en un esfuerzo análogo a los mundos que él construyó, seguir a tientas. Porque esos mundos narrativos, críticos no son fáciles de definir, capturar.

Pero acaso nunca lleguemos a mentir. Ezra Pound proponía, con descaro o desgano, llamar a la novela "mentira", ahorrarnos así el superfluo fervor romántico, el bovarismo inherente o implícito, el disimulado alarde de imaginación. A Bianco la caución le parece –o pudo parecerle– un alarde volitivo o, peor, voluntarioso: una advertencia o un escrúpulo inútil, imbécil. ¿Cómo llegaríamos a mentir en un mundo de armonías preestablecidas y conjuntos cuyo orden y jerarquía son imprevisibles? ¿Qué subgéneros o subconjuntos serían el chisme (relato indefendible según Cozarinsky), la detracción, la calumnia, para las cuales sujetos –individuos–, aconteceres y objetos resultan parejamente pasibles, receptivos? *Pero acaso nunca lleguemos a mentir.* Bianco nos tranquiliza para volver a la realidad más amenazadora, se anima a infligirle a esa hipérbole de la facultad del habla –mentir– una herida mortal.

En unos pocos pasos, Bianco o el narrador de *Las ratas* (a mí me da lo mismo) mezcla las pesadillas coyuntadas de Conrad y Henry James, llega a la conclusión más paradójica y más arbitraria acerca del oficio: el novelista, un amanuense sometido a las facultades o debilidades de su percepción, incluye la mayor cantidad de mundos posibles; su versión de los hechos, hechos que sólo pueden haber ocurrido, puesto que la hipótesis o la conjetura representa *per se* a la realidad como cualquiera de los servicios menores de la apariencia –*nunca llegaremos a mentir*–, corresponde con el sigilo de una custodia a la que daremos en llamar, sí, oficio.

Por el silencio sesgado que elige siempre el temblor, la apariencia de un mundo a tientas, Bianco encuentra una respuesta a las preguntas que los existencialistas, contemporáneos de su pesquisa intelectual, buscaron, tal vez con menos posibilidad de éxito porque eran afanosos y enfáticos. Una respuesta justa. La función del novelista es ética porque su conducta tiene dos márgenes: la verdad y la realidad, y la sustancia que manipula es ligeramente espuria: ficción. Cierto es que la política –esa forma lírica o ripiosa de la política que es el slogan– había llegado ya a una respuesta, no necesariamente contraria: *la única verdad es la realidad*. Bianco, opositor consecuente, tránsfuga de a ratos por culpa del lastre impuesto por elegancia del ocio, lo reconoce. Lo reconoce, sí, con desaliento: *Pero acaso nunca lleguemos a mentir.* Mentir es una meta convertida en fracaso por la vastedad de lo real; mentir es un fracaso convertido en meta por algún que otro "loco afán". Mentir, en todo caso, agota hasta el frenesí las razones, nos condena a la repetición y a la anáfora.

El fracaso estético de la mentira había sido proclamado antes por otro cirujano de la decepción, el heterónimo clásico y monárquico de Pessoa, Ricardo Reis, quien, torciendo con empeño y esmero esa limitada licencia, ofreció: "Odio la mentira porque es una imprecisión" (citado por Octavio Paz, "El desconocido de sí mismo", en *Cuadrivio*).[1]

La primera vez que leí *Las ratas*, a los dieciséis años, el hallazgo de la cita me ayudó a olvidar el resto, la ficción industriosa que la hace pertinente. Sin embargo, en estos días, cuando vuelvo al libro para corroborar eso que mi memoria ha empeorado, encuentro antes, justo antes de las palabras citadas, una alarmada mentira: "Por eso estas páginas serán siempre inéditas". Esa evidencia concluyente de los distintos artes y oficios puestos en juego no debería tampoco tranquilizarnos.

Hasta la fecha, por lo que recuerdo, los dos efectos o transformaciones por la lectura habían sido: el párrafo de Borges en "Pierre Menard" que transcribe a Cervantes, "La historia, madre de la verdad...", y la noticia de Bertrand Russell acerca de la deficiencia natural de la realidad para satisfacer con sus clases al hombre isabelino convertida en adversario contemporáneo, *There are less things...*, ejemplo, según Russell, de los paradójicos progresos de la filosofía.

La presencia de José Bianco podrá, fundiéndose con la memoria de quienes lo admiramos, adquirir un carácter un tanto más legendario; la literatura, de una calidad tan pareja que no deja dudas acerca de su vocación *dudosa* –acaso como la de aquellos que nunca se jactaron de una actividad constante, regular, y hasta la evitaron: Coleridge, Pessoa, Cyril Connolly– consigue este raro atractivo indiviso, completa la figura con la única sombra pertinente: el estilo. En la novela, en los relatos, en los ensayos, e incluso en las traducciones, José Bianco protege a toda costa esa vigilia, esa lucidez que permite al lector en trance despertar sobre una pista insospechada.

William Empson dijo que los *Cantares* de Ezra Pound eran observaciones para uso futuro en una novela. José Bianco, para quien el continuo fue, aparte de un problema filosófico, un *principle of gentility*, colecciona con modestia y con pereza observaciones dignas de un largo poema no siempre narrativo, dejando que penetren en la textura de su prosa sin llamar la atención. Como si ese certamen de disimulo tradujera la fruición –Enrique Pezzoni habló de "todas las fruiciones" (*Vuelta Sudamericana* 1 [1986])– de un mundo a tientas, conocido mejor por los favores de la ambigüedad y la penumbra. Es quien percibe el percibido por la vastedad de la verdad, ese jardín de tormentos y delicias que permite al mejor testigo transmitir el fraseo de una experiencia perdurable.

Es en ese mundo, que tiene de los adjetivos rutinarios –propio, privado, parcial– la opacidad indicada –como si de una biografía de Turing rescatáramos del naufragio de los números naturales los cuerpos con vida verdadera que permitieron pensarlos–, donde la comprobación matemática de Russell, su ordalía shakespeariana –"hay menos cosas, Horacio..."– coincide con la borgeana reducción de la literatura a otras disciplinas y rigores –la historia, por ejemplo, madre virtuosa– la afirmación de Pepe alcanza el estatuto novelesco, novelístico que le corresponde.

Sí, *Acaso nunca lleguemos a mentir*. Literalmente: no serán los límites de la imaginación los jueces de nuestra inocencia.

Notas

1 Cfr. Samuel Butler: "Liars I don't mind, but I hate inaccuracy".

Padres, institutriz y hermanas de José Bianco en la casa de la familia.

José Bianco: la filigrana del deseo

Celina Manzoni

Todo porvenir es brutal.
Henry James

En 2004, un año colmado de homenajes: a Cortázar, a Neruda, a Carpentier, a Roberto Bolaño, sentimientos de pérdida, destellos más o menos melancólicos, se cruzan con el a veces oscuro impulso de quienes tratan de separarse de sus homenajeados con la ilusión de que no los arrastre una corriente que puede volverse confusa, y en ocasiones incontrolable, como sucedió cuando los honores dedicados a Borges promovieron en las escuelas, más que lecturas, la construcción de laboriosos laberintos.

Aunque pueda ponerse en duda su efectiva categoría de género, no hay duda que todo homenaje conlleva riesgos; así como puede despertar ansias francamente vindicativas, distracciones, e incluso formas sinceras de reconocimiento, también tolera miradas oblicuas, ladinas, como las que provocaron los fastos del aniversario de Pablo Neruda o como, con sus matices, la que lleva al protagonista de "El gaucho insufrible" de Roberto Bolaño a bautizar su caballo con el nombre de José Bianco.[1] Si, como ha manifestado en diversas ocasiones, Bianco es un escritor al que Bolaño admira, ¿por qué utilizar su nombre para bautizar a un caballo? Entre otras posibilidades, un lector alertado puede imaginar que ese uso atípico del nombrar esté indicando una forma atípica del aprecio; en una narración concebida como utopía negativa en medio de una pampa degradada, sin gauchos, y casi sin caballos, reemplazados sin drama por conejos tan innumerables

71

como peligrosos, la existencia de un casi único caballo, al tiempo que introduce el atributo de la distinción, de cierta manera consigue atenuar la sensación de deterioro de un espacio ya universalizado como mito. Bordado paródicamente sobre un esfumado diseño de "El Sur" de Borges, el relato se constituye así, en la inflexión de un doble homenaje ofrecido a escritores en los que reconoce una maestría.

Los homenajes siempre nos involucran; el más o menos leve desconcierto inicial suele ser seguido por atropelladas imágenes: recuerdos de lecturas, escenas públicas, a veces diálogos compartidos en espacios privados. Lamentablemente poco puedo aportar a ese recuento memorioso y emocionado de José Bianco con quien nunca tuve trato personal, aunque es posible que nos hayamos cruzado muchas veces, mutuamente ajenos, con mayor pérdida de mi parte que de la suya, por los alrededores de San Martín y Viamonte. En mi memoria se impone como restitución, antes que nada, del ambiente de los años setenta cuando algunos nos convertimos en lectores nuevos de una obra que nos había sido hasta entonces desconocida. Lectores falsamente inaugurales, leímos sus reediciones como primicia, lo que no nos impidió advertir en esos textos visibles desplazamientos, un desacomodo entre la sutileza del lenguaje que realizaban y la brutalidad del mundo en el cual se constituía la escena de lectura, nuestra dolorosamente contradictoria Buenos Aires.

Por la misma época también leíamos muchas otras historias hoy difícilmente memorables, y que al revés de las de Bianco, según la lógica del mercado, tenían una circulación considerable. La recuperación ahora del delicado ajuste verbal característico de su escritura, entonces apenas intuido, procura establecer distinciones en lo que fue una desordenada acumulación: *Las ratas* (1943) y *Sombras suele vestir* (1941) que fueron antes, leídas después de *La pérdida del reino* (1972), pero indudablemente a la luz de su inquietante despojamiento de ilusiones.

Como efecto ulterior de relectura, los hilos del tapiz se cruzan; el epígrafe de Darío que sostiene el título de la novela de 1972: "Y el pesar de no ser lo que yo hubiera sido,/ la pérdida del reino que estaba para mí...", establece un diálogo con las palabras, también de Rubén Darío, que anteceden a *La ciudad de los sueños*, novela de Juan José Hernández publicada un año antes.[2] En un segundo cruce, la dedicatoria en *Las ratas*: "A Juan José Hernández, que me instó a reeditar esta breve novela", redescubre en el amistoso estímulo a la aventura de la reedición, junto con las redes de lecturas compartidas, la pulsación estética que otorga sentidos al gesto mínimo, sólo en apariencia trivial; el espíritu de la levedad del que hablaría Calvino mucho después.[3]

Si bien los títulos de ambos libros se sustentan en la palabra de Darío, sus proyecciones difieren; en Hernández, hacia un futuro entusiasta que hoy lamentablemente no se sostiene: "Y la ciudad de los sueños que vienen será Buenos Aires. Tal lo esperan los hijos de la Visión; tal lo aguardan los ausentes de la Esperanza". En Bianco, hacia la melancolía que sobreviene a la privación de aquello a lo que pudimos creernos destinados. En otra modulación, el epígrafe ilustraría también la lucidez única del desencanto, ese sentimiento de lo fatal que exalta a la narradora de *Otra vuelta de tuerca* en el traslado de José Bianco: "A veces me preguntaba [...] en qué forma el brutal porvenir (todo porvenir es brutal) los trataría y quizá los maltrataría".[4] Una manifestación de tan absoluta desesperanza y de tal desconfianza en el futuro puede, siguiendo el juego de dedicatorias, homenajes y memoria, anudarse a la reflexión sobre *Las ratas*, una novela de 1943 que muchos leímos treinta años después de su primera edición y que ahora es objeto de relectura.

Las ratas se abre con el diseño de la relación de complicidad casi especular propia de la comunicación entre un individuo y su sociedad de pertenencia. El escenario del duelo por la muerte de Julio gira entre la locuacidad "un poco frívola" exigida por la cortesía social, y la intimidad, en la que la madre "abrumada y deshecha [...] se restituía a su dolor, entraba en la normalidad" (cap. I, 50). Un espacio de escritura que en la tradición argentina puede identificarse con el "entre nos", practicado y aun teorizado por Lucio V. Mansilla a fines del siglo XIX; un ademán literario que convirtió la lengua conversada de un círculo selecto en una prosa comunicativa en necesario equilibrio para que las alusiones y los gestos privados pudieran mantener una inteligibilidad sin perder por ello el encanto.[5] El mismo gesto a la vez de inclusión y exclusión que se cuela en los cuentos de Cortázar cuando el narrador quiere definir el carácter de las relaciones entre los personajes y para ello utiliza formas del lenguaje que establecen fronteras; en "Circe" por ejemplo, "[Mario] [e]ra siempre una 'visita', y *entre nosotros* la palabra tiene un sentido exacto y divisorio".[6]

El intenso clima del interior de la casa, más que espacio privilegiado de la narración ("Gravita sobre mí como un personaje de esta historia", cap. III, 54-55), se conforma como una construcción a la vez sutil y férrea de ese "entre nos" que juega simultáneamente con la aceptación y el rechazo. Los procedimientos de escritura puestos en juego involucran al lector y comprometen su participación mediante la pertinencia combinada de la sofisticada cita culta y de la información: el ambiente refinado, los comentarios y discusiones sobre cuestiones teóricas vinculadas en general con la música y la pintura, introducen la preocupación por los análisis y los debates estéticos que serán tan característicos años después en *La pérdida del reino*, y que también sostienen aquí una poética.

La ruptura irónica del silencio que revierte de un modo como casual y desapegado sobre las palabras convencionales de duelo: "algunos sensatos lugares comunes sobre la caducidad de las cosas humanas y los designios de la Providencia" (cap. I, 49), impone el tono tensamente reflexivo, que se mantiene casi hasta el final cuando la novela se cierra con el desorden de sonidos, de objetos, de situaciones, de sentimientos y de revelaciones, acumulado en los dos últimos capítulos: "Con el estrépito del piano lograba sofocar el ruido de la casa" (cap. XIV, 86). Silencio y ruido van articulando una coreografía puntuada por los ejercicios de música en la que confluyen el enfrentamiento más o menos disimulado de las dos figuras femeninas dominantes en la novela y formas del deseo que giran alrededor de Julio en un espacio de representación concebido como una escenografía, en ella la intrusión inquietante de Cecilia, simuladora, dueña de un pasado sospechoso y de una voz sigilosa, trae la vulgaridad y el mal gusto de una música con la que pérfidamente halaga a Julio, a una imagen idealizada de un Julio melómano, inteligente y sensible, construida por el deseo ensoñado de Delfín.

Bajo la apariencia del orden y de la civilizada convivencia, como en las películas de Visconti, lo espantoso transcurre por debajo de los manteles, en los pasillos silenciosos por los que el narrador se desliza capturando como un espía las palabras, atento a los matices de la voz y a las informaciones que puede recoger; una escucha fina le permite reflexionar sobre la voluptuosidad del insulto o sobre las formas del desdén disimuladas por la amabilidad excesiva; percibir los matices que se cuelan en la voz de la madre en sociedad y la pena y la culpa cuando se restituye a su dolor en el espacio de lo íntimo; sospechar de la insignificancia de una frase cuando contrasta con un tono demasiado vivo; descubrir que el desafecto simulado en público oculta diálogos sostenidos en privado; y también informarse acerca de los efectos de los venenos con los que Julio experimenta en su laboratorio, en la casa, pero separado de la casa. El narrador, un auténtico simulador, si se permite el oxímoron, se jacta: "Estaba en posesión de muchas circunstancias más o menos pequeñas, y de algún hecho, no tan pequeño, quizá decisivo, cuya importancia escapaba a los demás" (cap. I, 50). Se imagina a sí mismo como un pequeño dios, un director que organiza la trama escénica, el espectáculo de un "drama de familia" (cap. I, 50).

Entre el interior marcado por el suicidio de Julio y la oscuridad de la calle donde se insinúan las sospechas insidiosas de Isabel: "Es un acto que no lo representa" (cap. I, 49), es como si la duda arrojada en medio del tedio y la hipócrita conveniencia de las caminatas nocturnas se constituyera en lo que desata la fluencia de la escritura y que por el mismo acto caracteriza una situación insoportable: "Ahora, mientras escribo [...] la evoco a ella —y también a Julio. Los veo formar una especie de Pietà monstruosa, y a Isabel, malhumorada, perpleja, sin saber qué hacerse del cadáver del sobrino que le han colocado en el regazo" (cap. I, 49). De manera casi abrupta ingresa la figura del doble que, sin énfasis, remite a la escultura clásica, aunque desprovista de compasión, y que prefigura otra imagen plástica fundamental en la articulación del relato: el autorretrato del padre en el que el adolescente reconoce los rasgos del hermano admirado pero en el que no reconoce al padre ni, en principio, a sí mismo.

En un espacio familiar y social en el que "las buenas maneras son una forma de la moral" (cap. VIII, 71), el deseo se esconde, es casi irreconocible entre los disfraces y las máscaras que no sólo ocultan a las personas sino que ocupan su lugar: una noche, Cecilia "[e]staba distraída, muy lejos de la máscara brillante que ocupaba su lugar junto a nosotros" (cap. XI, 80). La comprobación de que la propia apariencia también esconde un disfraz, lo molesta y le provoca rechazo cuando se siente asociado a los gestos de Julio: "Una vez, de sobremesa [...] me sorprendió como la cara de un desconocido mi propia cara, proyectada sobre los vidrios de una puerta, entre las luces del comedor" (cap. XII, 82). Las dos observaciones cruzadas por la imagen de Julio y la de la madre conjugan la forma más dolorosa del deseo, en palabras de Daniel Balderston, "un deseo que el narrador no sabe o no se atreve a llamar por su nombre".[7]

El reconocimiento de la pertenencia a un linaje y la obsesividad casi maniática puesta en la redacción del manuscrito cuyas páginas "serán siempre inéditas" (cap. II, 50), ordena una historia familiar señalada, más allá de módicas traiciones y de vocaciones frustradas, por el juego perverso del disimulo que permite al fundador del linaje recibir la amistad y los consuelos de la Iglesia, mientras su hija oculta las señas de pertenencia al culto masónico. En Isabel se condensa un "mundo afirmativo, temerario, allegado a la magia, donde las cosas parecían auténticas por el solo hecho de hallarse en él incluidas" (cap. II, 52). Una figura dominante que sostiene una autoridad indiscutible y un diletantismo intelectual que le permite sostener simultáneamente una idea y su contraria, y ante la cual casi se diluye la imagen de su hermano Antonio, abogado en Buenos Aires y luego estudiante de pintura en París, cuyo porvenir personal y profesional, Isabel prefigura. Abandonará la pintura, se dedicará al ejercicio de la profesión y se casará con quien será la madre de Delfín, pero regresará con Julio, el hijo nacido en Francia.

La relación entre lo que parece y no es, entre original y copia, el juego de los dobles que revierte como doblez en todas las relaciones, y afecta también la fachada y el interior de la casa, parecería constituirse en el núcleo productor de la doble vida que articula el relato, y que afecta tanto a los personajes como a la conformación del espacio doméstico. Mientras que en la decoración de la casa de Isabel proliferan las copias de cuadros famosos pintados por un abuelo, todos los originales del padre del narrador, están colgados *del revés* en un altillo de la casa, todos "si se exceptúa un autorretrato" (cap. II, 51). En ese contexto, el "fantasma" imperioso de Isabel, su manera afirmativa capaz de otorgar autenticidad a lo falso, domina toda la vida familiar por el poder de las relaciones y del dinero. Julio, que cree escapar a ese dominio, entre otras cuestiones por su condición de bastardo, lo reconoce; la madre se aviene y crea con Julio una relación ambigua que provoca el dolor y reaviva la celosía de Delfín, para quien las palabras de afecto de la madre que en otro tiempo lo hubieran hecho feliz, "llegan demasiado tarde" (cap. II, 55). En su condición de heredero es el único que asume y defiende la autoridad de Isabel al punto que la hace partícipe de la vida secreta de la casa; el reconocimiento le llega a través del reflejo oblicuo en una superficie espejada: "observé que en los cristales de la ventanilla, se reflejaba el vacío rosado de una lámpara, un brazo, la mano, el libro. Entonces armándome de valor, resolví mirarme a la cara. Soy Delfín Heredia, pensé. No lo puedo negar" (cap. XIII, 85).

El autorretrato del padre que preside sus ejercicios de piano, se constituye en desencadenante de la obsesión amorosa y del deseo del narrador anclado en la adolescencia. Reconoce en la pintura, no al padre, sino "la cara tensa y bruñida del modelo que no es sino Julio —el único hombre joven de la casa" (cap. III, 56); una observación con la que, por otros motivos, coincide su madre. Convierte al cuadro en una presencia real; ve en el cuadro los ojos de Julio y en ellos, como fantasía compensatoria, "ese fulgor de simpatía que sólo iluminaba su rostro cuando hablaba con mi madre" (cap. IV, 59). El triángulo amoroso se constituye entonces como una aspiración sublimada que conjuga el amor a la música con la confusa fragilidad de un amor que no sabe nombrarse. En el espacio del vestíbulo, en la soledad ("como si fuera un sonámbulo"), desafía la *Sonata en si menor* de Liszt y, sometido voluntariamente a una práctica que lo extenúa, encuentra a través del lenguaje cifrado de la música la posibilidad del diálogo con la imagen idealizada de Julio: "Yo conocí un momento de gloria, esa tarde, cuando Julio me confesó su admiración" (cap. IV, 60).

Los modos oblicuos de ese diálogo imaginario entre hermanos permiten lo que en la realidad clausurada por las intrigas y la mentira resulta inconcebible, crean otra realidad: "Al evadirnos de la realidad cotidiana, nos encontrábamos, de pronto, en la verdadera realidad" (cap. V, 61); una realidad inventada en la que el deseo no se oculta y en la que se liberan las confidencias que habitualmente se callan: "Las obsesiones de los catorce años subían de las zonas penumbrosas de mi alma, llegaban a la superficie, después me abandonaban, y después, todavía después, las sentía flotar a mi alrededor despojadas de su residuo oscuro, venenoso, del maléfico imperio que ejercían sobre mí" (cap. V, 61).

La transposición al arte de las angustias obsesivas del adolescente oculta un residuo ponzoñoso que, como en "Circe" o en "Los venenos" de Cortázar estallará cuando la cortesía vigilante y el disimulo no logren ocultar de manera suficiente los viejos rencores de la sumisión, la hipocresía, el poder del dinero, la traición de la amistad y del amor. El retrato hace posible la insatisfecha necesidad de diálogo en la forma de una ensoñación amorosa mediada por la imaginación y el deseo, en la que no parece impertinente reconocer elementos de la fábula de Dorian Gray, sobre todo cuando sobre el final de la novela, Delfín percibe una identificación que confirma el inevitable monólogo:

...desde el piano del vestíbulo, levantaba los ojos, me contemplaba en el retrato. Me contemplaba atentamente, admirativamente. [...] El mismo retrato parecía asombrado de su duplicidad, o de nuestra duplicidad, como quieran ustedes llamarla. Porque la identificación que ahora existía entre nosotros había hecho ilusoria cualquier tentativa de diálogo. (cap. XII, 82)

Es cuando se intensifica la ponzoña que destila todo el texto, no sólo porque Delfín le descubre a Isabel los encuentros secretos entre Julio y Cecilia, sino por la minuciosidad con que se refieren los experimentos con las ratas, las menciones a los efectos nocivos de algunos metales sobre los seres humanos, los datos acerca de la aconitina como veneno que actúa con los mismos efectos sobre hombres y animales, los comentarios acerca de las demostraciones de Julio con las serpientes venenosas del instituto. En la disposición de la casa, además, los recorridos nocturnos del narrador por la galería del piso alto desde la que, sin ser visto, puede ver la zona intermedia entre la casa y el departamento de Julio y las plantas del jardín cuyos "efluvios malsanos, narcóticos" (cap. XII, 81) se intensifican con el calor del verano, revelan las conversaciones privadas entre la madre y Julio y los confusos deslizamientos en el sigilo de la noche en los que a las celosías de la habitación de Cecilia que dejan pasar la luz iluminando el perfil de Julio, se suma la silueta de la madre cruzando por "el mismo sitio y a la misma hora en que yo me apostaba todas las noches hasta que Julio cruzaba el jardín" (cap. XIII, 86).

Todo ese clima y toda esa información se condensan en el desenlace de la novela cuando, sorprendido en el laboratorio de Julio, Delfín se esconde para verse enfrentado, sin alternativas, a la repugnante desnudez de su cuerpo y a la escena casi de melodrama en la que la madre, en brazos de Julio, le reprocha sus amoríos con Cecilia; la vulgaridad de unas relaciones, hasta entonces ocultas, introduce de manera insoportable una realidad negada en la que afloran la traición a las propias ilusiones y los celos al punto que le repugna advertir la ternura ficticia de la voz de Julio, los recursos "inescrupulosos, poco viriles" (cap. XV, 89), de quienes como él han hecho del engaño un arma de seducción.

Aprenderá que los efectos de su delación, "los hechos que me atormentaban" (cap. XIV, 88), sólo encontrarían "su propio antídoto, su virtud exorcizante y purgativa" (cap. XIV, 88) en otros hechos, no en una confesión que de antemano le parece ineficaz. Una concatenación de coincidencias y una idiosincrasia, su manera de ser: "soy amigo de las circunstancias" (cap. XIV, 87), provocan la apelación al veneno cuando la afrenta de las ilusiones se vuelve insoportable. La perversión, en el mismo momento en que se entreteje en la levedad de las palabras, consigue mediante ligeros desplazamientos formas de la ambigüedad y una distancia crítica que la poética del texto justifica.

Las referencias a la música y a la pintura sostienen debates que pueden ser leídos además en relación con la cultura de la época. Uno de ellos discute la relación de solidaridad del artista con el espíritu de la época y la caracterización del arte moderno como arte deshumanizado. Mientras que el profesor de música repite las afirmaciones de los influyentes ensayos de José Ortega y Gasset para quien el artista es deudor del espíritu de su tiempo, el padre de Delfín lo contradice para reivindicar la rebeldía del artista y su antagonismo con una sociedad de la que está tan aislado que considera más probable que sobreviva "aquello que parecía más en pugna con la época misma" (cap. VI, 65). Al defender el lugar del artista como el del contradictor, justifica el carácter de las obras modernas y la alegada deshumanización del arte. La discusión, que termina en un desvío irónico, una salida a medias elegante, se había iniciado con una conversación que prefigura desde otro lugar la oposición de dos poéticas: la que enfrenta la libertad de lo apenas insinuado, a la seguridad y la clausura de la obra definitiva. Una oposición en la que Isabel justifica el abandono de la pintura por parte de su hermano: "En sus cuadros intentaba decirlo todo: cuando un artista intenta decirlo todo, acaba muy a menudo por omitir lo fundamental; no toma partido, corre el peligro de diluirse, de perderse" (cap. II, 54).

Según esta hipótesis, como una manera de evitar el fracaso, el texto realiza la elección de un modelo estético que rehuye la ambición de totalidad, no porque su poética sea la del fragmento sino porque opta por la nitidez del lenguaje, la pureza de las líneas, como estrategia de construcción de la opacidad que caracteriza las relaciones familiares. El deseo sostiene la fragilidad de una filigrana, que como las marcas transparentes hechas en el papel, lo que en otro tiempo llamábamos las marcas de agua, sin dejar de ser algo delicado y pulido, tiene la cualidad de lo permanente. En la cautela y la reserva de su escritura interviene, en consonancia con sus elecciones estéticas, una pulsación ética que juega además sobre los dos sentidos excluyentes de la palabra pudor; la honestidad y el mal olor, según cual sea su origen latino.[8] Una escritura pudorosa de la cual se infiere que esa sensación de fuera de lugar que una lectura errada podía atribuir a los textos de Bianco en los setenta no lo era tanto; su prosa elegante y cuidada termina diciendo más y por más tiempo que muchos de los discursos más encendidos de la época. El develamiento de las relaciones perversas en el interior de la familia que también fue un tema de debate en esos años encuentra un vigor que es posible vincular a la contundencia con que los deseos frustrados, dioses de la peste, conforman la vida social creando por debajo de la superficie, lo inconfesable.

Notas

[1] Roberto Bolaño, "El gaucho insufrible", *El gaucho insufrible*, Barcelona, Anagrama, 2003.

[2] Juan José Hernández, *La ciudad de los sueños*, Buenos Aires, Sudamericana, 1971.

[3] Italo Calvino, *Seis propuestas para el próximo milenio*, Madrid, Ediciones Siruela, 1989. Traducción de Aurora Bernárdez.

[4] Henry James, *Otra vuelta de tuerca*, Buenos Aires, Compañía General Fabril Editora, 1960, 33. Traducción de José Bianco.

[5] Lucio V. Mansilla, *Entre-nos (Causeries del jueves)* [1889-1890], Buenos Aires, Hachette, 1963.

[6] Julio Cortázar, "Circe", *Bestiario*, Buenos Aires, Sudamericana, 1951, 95. El subrayado es mío.

[7] Daniel Balderston, "'Siempre habrá de interponerse algo entre nosotros': la función del deseo en la obra de José Bianco", *El deseo, enorme cicatriz luminosa: Ensayos sobre homosexualidades latinoamericanas*, Rosario: Beatriz Viterbo Editora, 2004, 80.

[8] Pudor. 1 (*pudor, -oris*). Honestidad, modestia, recato. Pudor. 2 (*putor, -oris*). Mal olor, hedor. *Diccionario de la Real Academia Española*, Madrid, 1992. Vigésima primera edición.

Una relectura de *Las ratas*

Juan José Hernández

A menudo, cuando un novelista es entrevistado por radio o televisión debe resignarse a contestar preguntas que poco o nada tienen que ver con su oficio, ni con la literatura, como por ejemplo: ¿En qué siglo te hubiera gustado nacer? Entre los personajes de tu novela ¿cuál es tu preferido? Y esta otra, no menos lamentable: ¿Tus personajes son todos inventados, o hay algunos reales? Preguntas formuladas casi siempre en tono canchero y acompañadas de un tuteo confianzudo, no exento de agresividad.

Es conocida la respuesta de Flaubert cuando le preguntaron en qué mujer real se había inspirado para crear a Emma Bovary, la heroína de su famosa novela. En forma contundente, respondió: Madame Bovary soy yo. De esta manera, Flaubert descalificaba las conjeturas y averiguaciones chismosas destinadas a dar mayor verosimilitud a una narración esencialmente imaginaria. (La misma pregunta sería irrelevante, desde luego, para los autores de novelas históricas y biografías noveladas.)

Quizás el auge de la novela en el XIX, en tanto género predilecto de la burguesía europea, obedeció, en gran parte, a esos fascinantes y vívidos personajes que pueblan las obras de los mejores novelistas de la época (Dickens, Balzac, Stendhal, Tolstoy y Pérez Galdós, para citar algunos de ellos). Personajes literarios que fueron, para muchos lectores, tanto o más verdaderos que los de su entorno cotidiano. No deja de ser misterioso que en un mun-

83

do demasiado poblado de personas concretas, los novelistas se dediquen a inventar otras criaturas de naturaleza verbal, capaces de competir con las de la llamada –valga la redundancia– realidad real.

La novela moderna, a diferencia de la del siglo XIX, no busca crear héroes paradigmáticos a través de los cuales el lector pueda identificarse o contemplarse como en un espejo benigno. Por el contrario, los seres comunes o marginales, y las innovaciones técnicas en el arte de narrar, parecerían caracterizarla. En vez de la *tranche de vie*, que definía al género, importan en la novela moderna el andamiaje formal que la sustenta, la riqueza de su lenguaje y su apertura metafísica o simbólica. En *A la recherche du temps perdu*, Marcel Proust sacrifica a todos sus personajes en función de una escalofriante metáfora escatológica: el gran baile mundano del capítulo final, donde marquesas y sodomitas intercambian frivolidades antes de hundirse en el abismo del tiempo.

Al abrirse a una pluralidad de sentidos, la novela moderna, cuyo ilustre antecedente quizá sea el *Quijote*, nos dice que ni los hombres ni las cosas son realmente lo que parecen. Los molinos de viento se transforman de pronto en gigantes amenazadores; el barón de Charlus es un aristócrata francés y al mismo tiempo una dama del siglo XVIII llena de lunares y remilgos; el oficinista Gregorio Samsa lleva una vida opaca y rutinaria hasta que una mañana despierta convertido en un insecto monstruoso. Estamos en el terreno de la ficción, que significa fingimiento, en el de la fabulación quimérica y la mentira creadora, es decir, en la literatura.

Estas premisas (limitadas y discutibles, por cierto) me parecen necesarias para una relectura de *Las ratas*, la inquietante novela de José Bianco, editada por primera vez en 1943. Se trata de una novela atípica en la narrativa argentina de aquellos años, alejada por igual de la indagación de nuestra identidad nacional, que propiciaban Manuel Gálvez, Eduardo Mallea y Leopoldo Marechal; del lenguaje coloquial y los temas de la mala vida de Buenos Aires, gratos a Roberto Arlt y a sus discípulos, y de las lúdicas invenciones científicas, o metafísicas, de la llamada literatura fantástica.

Delfín Heredia, el joven héroe y narrador de la novela *Las ratas*, empieza por contarnos, sin ningún dramatismo, que Julio, su medio hermano por parte de padre, se ha suicidado; tiene catorce años y además de cursar su bachillerato, estudia piano, instrumento que toca admirablemente bien. Isabel, hermana de su padre, tampoco se muestra demasiado dolida por el reciente suicidio de su sobrino. La más afectada por el drama es la madre de Delfín Heredia y madrastra del suicida, como el narrador lo hace notar: "En una ocasión, al sorprender a solas a mi madre, después de la muerte de Julio, la encontré tan abrumada y deshecha, con esa expresión de falsa dulzura que la tristeza pone en los rostros. Ya se habían ido los extraños. Mi madre, que ya no precisaba observar una cortesía meticulosa, se restituía a su dolor, entraba en la normalidad" (cap. I, *Ficción y reflexión*, 50).

Este fragmento del primer capítulo de la novela anticipa, o mejor dicho sugiere, el desenlace de una historia de amor incestuoso entre la madre de Delfín Heredia y su hijastro Julio, sin los elocuentes arrebatos pasionales de Fedra, ni la monótona castidad de Hipólito en la tragedia clásica.

En los capítulos siguientes, Delfín Heredia asume el papel de narrador testigo de los hechos y pide, para empezar a relatarlos, la colaboración de un hipotético lector que se interese en ellos. Pero antes —así lo declara— necesita tomar las cosas desde el principio y contar brevemente su historia familiar. "Me llamo Delfín Heredia. En mí, como en todos los hombres, se acumulan tendencias heredadas. Por eso, al hacer una historia sucinta de mi familia, hablaré de otros Heredia que han nacido y muerto antes que yo, pero que aún subsisten en mí, puede decirse, bajo su forma más negativa y embarazosa..." (cap. II, 50). Estas palabras constituyen una estrategia del narrador, que ha anticipado el hecho principal de la historia (el suicidio de Julio) y confía en que el lector habrá de mantener su curiosidad por conocer los motivos que llevaron a su medio hermano a esa extrema determinación.

La historia familiar de Delfín Heredia nos permite a la vez ubicar el relato en el contexto de la burguesía liberal porteña de fines del siglo pasado, afrancesada y progresista, partidaria del matrimonio civil y de la educación laica. (En tal sentido, fue un error del director de cine Luis Saslavsky, en su película "Las ratas", cambiar ese contexto social por el de la clase de los hacendados, desvirtuando con ello la novela.)

Delfín Heredia carece de snobismo y no oculta los orígenes modestos de su familia: el primer Heredia –un inmigrante español llegado al país en tiempos de Rosas– fue portero del convento de San Francisco, pero sus descendientes pronto ocuparon un sitio destacado en la sociedad porteña. Su abuelo paterno, que se llamaba como él, alcanzó cierta notoriedad en su época por sus artículos periodísticos apoyando las iniciativas anticlericales de Roca y Juárez Celman. Por último, se refiere a su padre, Antonio Heredia, que al recibirse de abogado viajó a Europa donde permaneció largos años estudiando pintura, y agrega, como al pasar, un dato que esperábamos para completar la imagen del suicida apenas esbozada al principio de la novela: "Mi padre, al volver de Europa, trajo a su hijo natural. Julio tenía diez años cuando se casó mi padre" (cap. II, 51). Si recordamos que Delfín Heredia es un adolescente de catorce años en el momento del suicidio de Julio, éste, al matarse, no debía sobrepasar los veinticinco: era un hombre en la plenitud de su vida.

El abogado Heredia no sólo trajo de Europa a su hijo natural, también cuadros pintados por él y numerosas copias de pintores famosos que fueron a parar al desván, salvo su autorretrato, colgado en el vestíbulo de la casa, enfrente del piano donde Delfín Heredia se sienta por las tardes a trabajar en la *Sonata en si menor* de Liszt. Como la mayoría de los Heredia, posee sensibilidad y dotes artísticas, cualidades que su medio hermano no ha heredado. Julio es biólogo y ha instalado encima del garaje de la casa, junto a su alcoba, un laboratorio donde experimenta con ratas. En la casa se aloja, transitoriamente, Cecilia Guzmán, una mujer madura y todavía atractiva, íntima amiga y protegida de la madre de Delfín Heredia. Cecilia es una especie de cortesana criolla, culta y dotada para el canto, que ha viajado por todo el mundo en compañía de su amante, un embajador que al cortar bruscamente su larga relación con ella, la ha dejado en la calle. Isabel, la tía de Delfín Heredia, la juzga con severidad. "Es muy raro –le comenta en una oportunidad a su sobrino–: No entiendo cómo tu madre se complace en vivir con una puta" (cap. X, 77).

Como he señalado antes, Delfín Heredia, al comienzo de la novela, dice necesitar de un lector hipotético, capaz de interesarse en los hechos que va a relatar. Más que el interés por los hechos mismos, el lector quedará atrapado por la manera en que éste los presenta. Un manera evasiva y ambigua que privilegia la insinuación, los contornos borrosos, las media palabras. El lector se ve obligado a abandonar su actitud pasiva, y adentrarse en esa atmósfera sugerente y equívoca, mientras se pregunta ¿qué siente Delfín Heredia por su medio hermano, diez años mayor y sin ninguna afinidad intelectual con él? ¿Envidia por ese hombre sensual, que a espaldas de sus padres cruza de noche el patio de la casa, sigilosamente, para ir al cuarto de Cecilia Guzmán? ¿Celos de las conversaciones que su madre y Julio mantienen en voz baja, sentados en el jardín? ¿Cierta atracción por el estilo de aquellas que no se atreven a pronunciar su nombre? ¿Por qué razón su medio hermano se muestra reticente con él y apenas le dirige la palabra durante las comidas en familia? ¿Qué aspecto tiene Julio? Como es de esperar, la descripción física que Delfín Heredia hace de su medio hermano no es directa, ni mucho menos real: corresponde al autorretrato de su padre en el vestíbulo, que él contempla arrobado mientras toca el piano, y piensa: "Es un autorretrato de mi padre, lo sé, lo he sabido siempre, pero no se parece a mi padre. El personaje del cuadro, sentado en una silla blanca, lleva sobre la cabeza un sombrero de paja echado hacia atrás. El cuadro está apenas manchado y la pintura sólo adquiere un leve empastamiento al llegar a la cara tensa y bruñida del modelo, que no es sino Julio –el único hombre joven de la casa. Un mechón de pelo rubio le cae sobre la frente y los ojos se destacan dorados. muy risueños, entre una confusión de pestañas y cejas parduscas" (cap. III, 56).

A partir de este descubrimiento, es decir, de la irrupción de Julio en el autorretrato del padre, Delfín Heredia mantiene con su medio hermano un diálogo incesante. ¿De qué conversaban? Su respuesta, en vez de aclarar el misterio, sume al lector en una angustiosa incertidumbre: "Yo hablaba, insisto, con la mayor soltura. Y a veces no dudaba en consultar a Julio sobre ciertas circunstancias que perdían, al enunciarse, todo carácter escabroso, confesional. Dejaban de ser revelaciones impúdicas. Las obsesiones de los catorce años subían de las zonas penumbrosas de mi alma, llegaban a la superficie, después me abandonaban, y después, todavía después, las sentía flotar a mi alrededor, despojadas de su residuo oscuro, venenoso, del maléfico imperio que ejercían sobre mí" (cap. V, 61).

Hacia el final de la novela, por despecho, o hartazgo, Delfín Heredia pierde el don de fabulación que le permitía crear, a través del retrato –especie de icono ritual– y la música, un mundo a la medida de su deseo en el que Julio y él eran amigos entrañables y confidentes.

En vísperas de ausentarse de Buenos Aires, Delfín Heredia sube al laboratorio para despedirse de su medio hermano. Pero él no está, circunstancia que aprovecha para echar un vistazo a su alcoba; hay allí un crucifijo en la pared y sobre la cómoda un retrato de su madre. Desde la ventana del cuarto, advierte la llegada de Julio y corre a esconderse en un rincón del laboratorio, detrás de las jaulas apiladas de las ratas. Puede oír con nitidez el ruido del agua en la bañadera y el de los pasos de Julio, que sale del baño y entra desnudo al laboratorio. Por la descripción que hace de Julio, el lector comprende que el icono imaginario del retrato ha dejado de irradiar y que por eso Delfín Heredia puede contemplar a su medio hermano en forma despiadada, es decir, real: "Julio... estaba desnudo y llevaba en la mano la camisa que se acababa de quitar. Al sentarse, se refregó la camisa por las axilas y la tiró lejos. Así, ante su mesa de trabajo, abstraído, sudado, escultórico, ligeramente obeso, repugnante, se puso a tallar el minúsculo cráneo de una rata" (cap. XIV, 88).

La realidad le impone otra revelación desagradable. No tarda en oír que golpean a la puerta del laboratorio: es su madre que también viene a despedirse de Julio. Ve como él la toma en sus brazos y la besa, mientras ella ladea la cara para evitar sus caricias. Ella se ha enterado de los amoríos de Julio con Cecilia Guzmán (el lector sospecha que Delfín Heredia lo delató), y está indignada. Ha venido a saludarlo y a pedirle que se vaya de la casa. En vano Julio le pide que lo perdone. Luego de un diálogo violento, cargado de reproches, la madre abandona el laboratorio, sin reconciliarse con Julio. Es una tarde de calor agobiante. Julio ha quedado solo y se dispone a beber una limonada con hielo que ha preparado. En ese momento, Delfín Heredia abandona su escondite y aparece ante Julio, que al verlo se enfurece, lo cubre de insultos y termina por derribarlo de un puñetazo sobre el sofá en el que había estado sentada su madre. Sollozando, la cara cubierta con las manos, observa por entre los dedos un frasco de veneno que está encima de la mesa, junto a la limonada. Cuando Julio le vuelve la espalda, aprovecha ese instante para echar en el vaso de limonada la mitad del veneno que contiene el frasco. "Me fui –dice el narrador– dejándolo entregado a la tarea de pesar sus ratas.... Una de estas ratas bajó las escaleras, atravesó el jardín y llegó hasta la cocina. Cuando subieron a encerrarla en el armario, encontraron a Julio de bruces en el suelo, junto a su mesa de trabajo" (cap. XV, 89).

El lector queda desconcertado. El suicidio de Julio, presentado al comienzo de la novela como un hecho verdadero, resulta finalmente un homicidio por envenenamiento. Delfín Heredia ha mentido. ¿Pero qué es la verdad para un personaje literario? Oigamos la opinión del narrador sobre esa importante cuestión: "Acaso la verdad sea tan rica, tan ambigua, y presida de tan lejos nuestras modestas indagaciones humanas, que todas las interpretaciones humanas puedan canjearse, y que, en honor a la verdad lo mejor que podemos hacer es desistir del inocuo propósito de alcanzarla" (cap. XII, 83).

Estas palabras nos permitiría quizás leer la novela como una especie de homenaje al poder creador de la mentira. No de la mentira en el sentido moral, como engaño perjudicial al otro, sino como capacidad para no aceptar pasivamente una realidad exterior, capacidad para falsearla, y en esa proceso cambiar su significación. Si la literatura es una función especializada del lenguaje, debe admitirse que incluye la mentira, pues en el lenguaje no hay verdades; hay convenciones pactadas y metáforas. No sabría decir por qué la muerte de Julio me recuerda la del Minotauro, en manos de Teseo, contada por André Gide en uno de sus relatos. El héroe griego encuentra al monstruo dormido en el laberinto, y no se atreve a matarlo porque es bellísimo. "Pero el Minotauro abrió un ojo –dice Teseo– y me di cuenta de que era estúpido. Entonces, lo maté."

Con motivo de este homenaje he releído *Las ratas* en la primera edición de tapas celestes publicada por Sur en 1943. La edición lleva, a modo de epígrafe, una frase de Voltaire suprimida por el autor en las ediciones posteriores, y que bien podría ser una clave velada de su novela: *Pardonnez moi, dit-il, en lui parlant tout bas / mais je pense, entre nous, que vous n'existez pas.* (Perdóneme, le dijo hablándole por lo bajo / Pero creo, entre nosotros, que usted no existe.)

Finalmente querría agregar unas palabras sobre el autor de *Las ratas*, quien a instancias mías accedió a reeditar su novela treinta años después de haberla escrito, como él mismo lo dice al dedicarme generosamente la nueva edición.

No estoy seguro de que José Bianco, o simplemente Pepe, como lo llamábamos quienes tuvimos la felicidad de conocerlo y compartir su amistad, hubiese dicho, a la manera de Flaubert: Delfín Heredia soy yo. No obstante, y sin que esto me parezca esencial para valorar la novela, los amigos del escritor, al recorrer sus páginas percibimos –no sin nostalgia– ciertas inflexiones de su voz que nos devuelven por momentos el encanto de su conversación, su particular sentido del humor y su diáfana inteligencia.

José Bianco: la literatura menos el cine

David Oubiña

Así empieza José Bianco una crónica sobre los films *La marquesa de O...*, de Eric Rohmer y *Effi Briest*, de Rainer Maria Fassbinder: "¿Tengo derecho a escribir sobre cine yo que suelo pasar tanto tiempo sin entrar en un cine?" ("Fassbinder y Rohmer", *Ficcion y reflexión*, 253). Bianco no ve muchas películas y, a la vez, es cierto que su literatura no es muy visitada por el cine. Un personaje de *La pérdida del reino*, el escritor Carlos Varessi, sostiene incluso que el cinematógrafo es un pasatiempo repleto de crueldades ideado para remozar el fondo de barbarie que anida en todo espectador.

Effi Briest y *La marquesa de O...* son, significativamente, dos adaptaciones. Y aunque Bianco no es insensible al expresionismo de la iluminación o a la versatilidad de los intérpretes, su comentario de los films considera esos rasgos en tanto características suplementarias y elige concentrarse, en cambio, sobre los aspectos más novelescos de la trama. Puesto que Bianco es un hombre de letras, no debería sorprender que sus referencias desemboquen siempre en un paradigma literario; pero lo llamativo es que aun cuando confronta los films con los textos en que se basan, lo hace como si fueran dos versiones de un mismo relato y no como un diálogo entre medios expresivos diferentes.

"El cine —escribe— es de por sí una literatura no inferior ni superior, necesariamente, a la literatura en la cual se inspira"

(253). De manera singular, Bianco define metafóricamente al cine como sub especie literaria. Y es que, en efecto, aunque disfruta de ciertas películas, parecería que sólo puede considerarlas en términos textuales, como si lo cinematográfico produjera sentido en la medida en que logra asignarle un carácter literario. Seguramente por esa razón desistió de participar en la adaptación fílmica que Luis Saslavsky realizó a partir de su *nouvelle Las ratas*. Pero más allá de que el escritor no se sintiera personalmente capacitado para ese trabajo, cabe preguntarse por el vínculo que ese relato podría establecer con la serie cinematográfica. O más bien: ¿qué espacio deja para la creación audivisual un texto de esas características? Y en un sentido más general: ¿de qué manera la literatura de Bianco parecería darle la espalda al cine?

Al confrontar el texto de *Las ratas* (1943) con la adaptación homónima de Saslavsky (1962), puede advertirse hasta qué punto la escritura de Bianco trabaja sobre una tradición puramente libresca y tiende a expulsar el imaginario propio del cine.

La obra de Bianco es una literatura de interpósitas personas. *La pérdida del reino*, por ejemplo, consiste en la novela que el narrador escribe sobre la vida triste de Rufino Velázquez. El protagonista es un mediocre sin imaginación (aunque con la suficiente inteligencia como para advertir su mediocridad) a quien, cuando intenta escribir una novela, sólo se le ocurre contar su propia vida. Pero incluso allí fracasa y termina entregando sus papeles al narrador para que él haga el trabajo. Es decir, alguien escribe por otro la novela que el novelista original no pudo o no supo escribir. En *Sombras suele vestir* es la pertenencia misma al género fantástico lo que confiere a la trama una ambivalencia imposible. En el continuo de la historia, la narración cambia imperceptiblemente su perspectiva de modo que primero acompaña a Jacinta y luego a Sweitzer. Se trata de un relato de doble entrada: debería leerse como si Jacinta se hubiera suicidado el día de la muerte de su madre y como si ese mismo día se hubiera ido a vivir con Stocker, como si estuviera viva y como si fuera un fantasma a la vez. En ambos textos, las situaciones, las cosas, las personas operan por delegación, se desplazan, se sustituyen. Están ahí pero no por sí mismas sino en el lugar de otras.

Eso es también lo que sucede en *Las ratas*. Desde los cobayos que funcionan como un sustituto para poner a prueba experimentos que luego se aplicarán a los humanos hasta el suicidio de Julio que finalmente se revelará como asesinato, los simulacros no hacen más que inocular de manera desplazada un veneno que, recibido directamente, resultaría intolerable. En el espacio endogámico del texto, el amor y el desprecio, el odio y la admiración, el cariño y los celos son sensaciones contiguas. Se pasa de una a otra con inadvertida facilidad. Es un universo un poco teatral (como en *La pérdida del reino*, como en *Sombras suele vestir*), en donde las máscaras revelan aquello que parecerían ocultar. En la familia Heredia, la superficie cristalina de la cordialidad es la expresión profunda del rencor. Como si las cosas se enunciaran de una manera sólo para ser leídas en su reverso. Así, los vínculos que no resultan satisfactorios en un sentido encuentran una armonía enfermiza en otras asociaciones: por un lado, el padre lleva una doble vida amorosa fuera de la casa, una vida irregular de amoríos que todos justifican como una manera de preservar la estabilidad familiar; por otro lado, Cecilia viene a llenar en los afectos de Julio ese lugar de amante que la madrastra no debería ocupar; y por último, Delfín, que es ignorado por su hermanastro, halla en sus diálogos imaginarios (con el autorretrato del padre que en realidad se parece a Julio) una identificación fraternal perfecta.

Todo es iluminado por la luz de la duplicidad. Y esa duplicidad se escande entre lo diurno y lo nocturno. Bajo el reflejo de la luna queda al descubierto ese vínculo invisible y perverso que une de manera oscura lo que en la luz del día parece separado y distante. "Por la noche —escribe el narrador— todas las cosas se aproximaban" (cap. XII, 83). Aunque al día siguiente su hermanastro lo haga objeto de la mayor indiferencia, en esos momentos en que Delfín observa la sombra furtiva de Julio abandonando la habitación de Cecilia, se siente unido a él por un lazo secreto. Dice, entonces: "Es posible que ambos, simultáneamente, cayéramos en la cama, que un minuto común nos cerrara los ojos y nos hundiera en el sueño" (cap. XII, 81). *Las ratas* es una novela sobre el doblez, sobre el revés implicado en todo pliegue. Una novela escrita en el dobladillo de las cosas. En el desenlace, lo que la madre le reprocha a Julio es, precisamente, que se haya revelado como un simulador, un impostor, un farsante: "Si deseo que no estés en la casa cuando nosotros volvamos –le dice–, es porque no quiero verte tal cual eres. En realidad, no me has engañado. Yo misma me he engañado. Desde chico, pensaba que tendrías otros defectos, pero nunca que serías un hipócrita" (cap. XV, 90).

Esa duplicidad, esa doble valencia de las cosas es lo que sostiene el principal dispositivo del discurso en la novela: el punto de vista del narrador. En *Las ratas*, todo es punto de vista. Asistimos al relato de lo que sucedió, tal como nos es comunicado por Delfín. De entrada, se anuncia que no son las cosas lo que vamos a conocer sino una cierta perspectiva sobre ellas. Un punto de vista que siempre muestra pero a la vez oculta. Si deja ver es, también, porque impide ver. Por lo tanto es una mirada que, en el acto mismo de asignar un sentido, permite intuir de manera ineluctable otra posible significación. Dice Delfín: "En ese drama de familia, me imaginaba a mí mismo como un personaje secundario a quien le han confiado funciones de director escénico. Creía ser el único en conocer realmente la pieza. Estaba en posesión de muchas circunstancias más o menos pequeñas, y de algún hecho, no tan pequeño, quizá decisivo, cuya importancia escapaba a los demás" (cap. I, 50).

Este narrador parecería existir en tanto punto de vista; alguien que observa desde afuera los hechos y las conductas de los demás. Pero, como en los narradores de Henry James, la ambigüedad de Delfín impregna lo narrado. Lo que interesa no es una supuesta verdad que podría obtenerse a partir del examen de los hechos sino, precisamente, el diseño que una mirada impone a los materiales en bruto que entrega la realidad. Bianco dijo: "como si en vez de oír un sonido, oyéramos su eco" (entrevista con Hugo Beccacece, *Ficción y reflexión*, 377). No la verdad sino su resonancia. Durante todo el relato leemos lo que ese narrador poco confiable decide contarnos. Cuenta un asesinato como si fuera un suicidio y es sólo gracias a su valoración privada de los hechos que uno se convierte en el otro.

En literatura, el punto de vista de un narrador es lo que dicen sus palabras. Los textos funcionan por distancia con el referente; los films, en cambio, operan a partir del registro. Ese era, entonces, el desafío de Saslavsky. ¿Cómo construir, con las imágenes objetivas del cine, ese particular modo de ver de Delfín? ¿Cómo conferir la idea de duplicidad si las películas parecen operar siempre *at face value*? ¿Cómo introducir la ambigüedad allí donde los planos tienden a mostrarlo todo?

Por lo general, las adaptaciones procuran hallar equivalentes cinematográficos para los procedimentos literarios. Es lo que denunció François Truffaut en un temprano artículo de 1954: la teoría de las equivalencias, escribe Truffaut, "supone que existen en la novela escenas filmables e infilmables, y que en lugar de suprimir estas últimas, es preciso inventar escenas *equivalentes*, es decir, tal y como el autor las hubiera escrito para el cine".[1] Pensar que en un texto hay escenas filmables y escenas infilmables implica una cierta concepción de la literatura en función del cine. Habría así textos más literarios y textos más cinematográficos. ¿Pero qué es, entonces, lo cinematográfico? En esa calificación se da por sentada una cierta idea conductista del cine entendido como cine de acción. Y por otra parte: ¿es posible pensar en un sistema de correspondencias entre lenguajes diferentes? ¿Qué significa ser fiel al espíritu del texto? La noción de fidelidad asume que es posible aislar una hipotética esencia del texto y luego trasladarla sin alteraciones bajo otra forma.

Habría que pensar, más bien, que si un relato literario puede ser el punto de partida para una película es porque indica el lugar del que la película se alejará irremediablemente. El propio Bianco defiende esta libertad interpretativa de los films para separarse de los textos que les dieron origen. Interrogado sobre la adaptación del cuento "La intrusa", de Borges, responde: "Las cosas que aparecían en el film no eran contrarias al argumento. Yo leí el cuento de nuevo y ahí estaban las cosas, es decir, que se podían interpretar como las había interpretado Christensen, el director" (entrevista con Noemí Ulla, *Ficción y reflexión*, 357). También Saslavsky conoce los problemas que se ciernen sobre la vocación de fidelidad en las adaptaciones. Por lo tanto, su película no pretende simplemente traducir el texto a imágenes sino que intenta apropiarse de él y aprovechar sus materiales para construir una obra autónoma. Con ese fin introduce diversas modificaciones en el relato de Bianco. Sin embargo, hay que decir también que en ningún caso consigue los sutiles efectos que alcanza la novela.

Mencionaré tres puntos particularmente conflictivos. Mientras que el texto cultiva el medio tono de una prosa clásica y transparente cuyo secreto consiste en dejar entrever lo ruin bajo una superficie tranquila, el film, en cambio, muestra todo. En las imágenes, el relato de Bianco, pleno de insinuaciones y sugerencias sórdidas, se convierte en un desbordado melodrama de celos y venganzas en donde la relación incestuosa entre María, la madre de Delfín, y su hijastro Julio es reiteradamente explicitada y ocupa el centro de la trama. Por otro lado, Saslavsky traslada la acción desde comienzos de siglo al presente del film, de modo que el clima asfixiante y el espacio de clausura en que transcurre el texto es reemplazado por un ritmo más abierto y más mundano. Ya no es una familia corrompida desde sus propias raíces e imposibilitada de cambios, sino un microcosmos cuyo antiguo equilibrio se ve alterado por la incorporación del hermanastro que llega desde el exterior. Y en tercer lugar, la película no adopta el punto de vista de Delfín, con lo cual la narración de los hechos pierde toda la ambigüedad moral que tenían los enunciados en la novela. Desde el comienzo del film, resulta difícil creer en la hipótesis del suicidio: nada en la actitud de Julio permite considerar esa posibilidad. Esto es un hecho; podemos constatarlo porque no nos es referido por nadie. Lo vemos. A la vez, en el final, Saslavsky introduce una duda estéril respecto del asesino: Julio y María hablan y se confiesan cosas inconfesables mientras Delfín escucha todo desde su escondite. Luego, ella sale y mientras Julio se prepara un licuado, una mano vierte veneno en la bebida. Podría ser tanto Delfín (a quien Julio le ha enseñado los efectos del veneno en las ratas y que acaba de escuchar las terribles revelaciones de la conversación), como María (que en la escena anterior encontró a Julio con Cristina justo cuando entró a avisarle que había llegado el veneno para las ratas y que, ahora, al salir de la habitación, lo observa mientras se prepara el licuado) o la tía Isabel (que ha descubierto los amoríos entre María y Julio y que, desde la puerta de la habitación, echa una mirada sugestiva al frasco de veneno).

Curiosamente, frente a estas tres opciones, el film no subraya la hipótesis de que el asesino haya sido Delfín. Al principio, las sospechas de Cristina parecen apuntar a María: al enterarse de la muerte de Julio, la joven recuerda el momento en que la madrastra los encontró en la cama y en la escena siguiente, en el cementerio, denuncia ante la familia su convicción de que no ha habido un suicidio sino un asesinato. Sin embargo, las sospechas más firmes terminan por recaer, quizás involuntariamente, sobre Isabel. Cuando descubre a Julio y a María saliendo del hotel, mantiene con el joven el siguiente diálogo: "A las alimañas como tú se las debería matar sin piedad", dice la anciana. "En mi laboratorio hay veneno", replica él. Y la mujer concluye: "Está escrito por la mano de Dios. El que tomase la mujer de su padre será maldito". Isabel considera que su misión es garantizar la cohesión familiar. Y si es cierto que resulta la primera sospechosa del crimen, entonces ya no se trata de un relato cruel sobre la hipocresía sino de una historia de venganza y de amor imposible.

¿Qué es lo que le interesó a Saslavsky de la novela? Probablemente esa historia de una doble moral familiar que sostiene al texto. Pero al apropiarse de ella, al narrarla en su estilo, vira las situaciones hacia el melodrama. En alguna ocasión, el cineasta declaró: "me gusta el melodrama de *Cumbres borrascosas*. Su clima es el del melodrama por excelencia, con la escena final en donde Laurence Olivier levanta a Cathy muerta en sus brazos. Una obra en donde las pasiones y la naturaleza se encuentran desbocadas. Me gusta *Senso* de Visconti y también Orson Welles porque tenía el don del melodrama".[2] Con Saslavsky, el melodrama argentino pasa del arrabal candoroso de los films del Negro Ferreyra a los ambientes refinados de la alta burguesía. Y en efecto, un film como *Las ratas* debería inscribirse en la línea que el director ya había trabajado en *Puerta cerrada* (1938), *Los ojos más lindos del mundo* (1943) o *Historia de una noche* (1961). Sin embargo, el melodrama es precisamente aquello que la novela de Bianco mantenía a raya. Todo era allí, justamente, sentimientos contenidos. Por lo tanto, cuando Saslavksy lee *Las ratas* como irrefrenable melodrama, hace evidente eso que en el texto funcionaba sólo como un oprobioso *understatement*. En cierto sentido, vuelve la *nouvelle* al derecho, descosiendo sin querer el ignominioso dobladillo de la escritura de Bianco y haciendo explícito lo que en ella era un pespunte casi invisible. En la pantalla, todo resulta un poco más trivial: Delfín ya no es un personaje macabro sino un adolescente conflictuado y caprichoso, la madre es una especie de incestuosa Emma Bovary y Julio termina convirtiéndose en un atribulado rompecorazones.

Se recordarán las frases con que Borges comenzaba su reseña del film *La fuga*: "Entrar a un cinematógrafo de la calle Lavalle y encontrarme (no sin sorpresa) en el Golfo de Bengala o en Wabash Avenue me parece muy preferible a entrar en ese mismo cinematógrafo y encontrarme (no sin sorpresa) en la calle Lavalle".[3] Si Borges introducía así su comentario sobre la película de Saslavsky era, justamente, para reivindicar allí la ausencia de color local y de las tautologías en que suele incurrir el realismo cinematográfico: "Buenos Aires –escribe–, pero Saslavsky nos perdona el Congreso, el puerto del Riachuelo y el Obelisco; una estancia entrerriana, pero Saslavsky nos perdona las domas de potros, las yerras, las carreras cuadreras, las payadas de contrapunto y los muy previsibles gauchos ladinos a cargo de italianos auténticos".[4] Borges advierte con precisión un rasgo que también caracteriza a otros films de Saslavsky como *La casa del recuerdo* (1940), las ya mencionadas *Puerta cerrada* e *Historia de una noche* o, incluso, *Vidalita* (1948). No es, sin embargo, el caso de *Las ratas* que parece acercarse peligrosamente a ese cine argentino que Borges, con razón, desprecia. No hay, en este caso, payadas de contrapunto ni gauchos ladinos, pero sí hay una partida de pato, un vals criollo y un asado campero además de un intento estereotipado por caracterizar la cultura moderna de los jóvenes urbanos en oposición a los modos tradicionales de sus mayores.

Se podría celebrar que la película no intente ser fiel a la novela. Saslavsky hace evidentes esfuerzos por leer *Las ratas* en el lenguaje del cine. Pero lo que me interesa aquí es que el director no modifica el texto porque pretenda distanciarse de él sino, justamente, porque se le resiste, es decir, porque no puede filmarlo tal como se le presenta. Las alteraciones que introduce la película procuran volverlo más cinematográfico o, en todo caso, lo que el lugar común define como "cinematográfico". La estructuración narrativa a través de un largo flashback, el viaje en tren de Julio y la madrastra hasta la estancia, la infructuosa persecución automovilística del padre, la brutal confrontación entre Isabel y Julio a la salida del hotel de citas son agregados que aportan intriga y suspenso, que hacen esperar un desenlace trágico allí donde la *nouvelle* se ocupaba de solapar toda inquietud para potenciar la sorpresa final. Saslavsky no se hace cargo de la tensión entre film y novela sino que, más bien, procura disimularla. Obviamente, su fracaso no clausura cualquier posible uso de la novela por parte del cine pero sí pone de manifiesto hasta qué punto Bianco ha construido su texto sobre la exclusión del imaginario cinematográfico.

Es evidente que la literatura del siglo XX no podría ignorar al cine; pero cada escritor ha reaccionado de formas diferentes frente a su influjo. Hay toda una zona de la literatura moderna que ha entablado un diálogo y un intercambio con el nuevo medio. Para tomar sólo el caso de un escritor cercano a Bianco, se puede pensar en Borges. Edgardo Cozarinsky demostró ya que, entre el *Evaristo Carriego* y "Hombre de la esquina rosada", cierta inteligencia cinematográfica resulta fundante en la concepción borgeana del relato. En ese momento en que fraguan las bases de su poética, Borges encuentra en los films de Joseph von Sternberg, de Ernst Lubitsch o de King Vidor un dispositivo de resonancia en donde amplificar sus ideas generales sobre la narración.

La obra de Bianco, en cambio, resulta refractaria al cine. Esa es su respuesta frente al influjo dominante de las imágenes. En sus textos, la velocidad del relato, la articulación narrativa, la forma de la ambigüedad pertenecen a una tradición literaria que no ha sido tocada por el cine. De ahí esa elegancia un poco crepuscular del estilo que define una manera reticente u oblicua para inscribirse en la literatura argentina contemporánea. Si hay aquí alguna huella fílmica es sólo como pura negatividad, como un resto que se elimina: lo cinematográfico es aquello de lo que el relato debe prescindir para constituirse en literatura. Ante el poderío del cine, esta escritura declara sus fidelidades y responde con textos que se repliegan sobre una tradición no audiovisual. "Baroja —escribe Bianco— decía que el cinematógrafo es una combinación de buena fotografía y mala literatura" ("Fassbinder y Rohmer", *Ficcion y reflexión*, 253). Si la pregunta fuera por la literatura, Bianco podría responder que los buenos libros deberían despojarse de la fotografía si es que no quieren acabar sobre una pantalla. Así entendido, el arte de un escritor consiste en la literatura menos el cine.

Notas

[1] François Truffaut, "Una cierta tendencia del cine francés", *Cahiers du cinéma* nº 31, enero de 1954, reproducido en Joaquim Romaguera i Ramió y Homero Alsina Thevenet (eds.), *Textos y manifiestos del cine*, Madrid, Cátedra, 1989, 228.

[2] Citado en Oscar Barney Finn, *Luis Saslavsky*, Buenos Aires, CEAL / INCAA, 1994, 21.

[3] Jorge Luis Borges, "La fuga", *Sur* nº 36, agosto de 1937, reproducido en Edgardo Cozarinsky, *Borges y el cine*, Buenos Aires, Sur, 1974, 54.

[4] *Ibid.*, 54.

Incursiones en un terrritorio hostil:
Las ratas de Luis Saslavsky y José Bianco

Gonzalo Aguilar

I

En 1934, regresaba a Buenos Aires el corresponsal de cine del diario *La Nación* en Hollywood. Su nombre era Luis Saslavsky. Después de haber escrito unas sagaces crónicas por las que desfilaban las *stars* con las que se había cruzado y tras haber sido asesor de costumbres en los estudios hollywoodenses, Saslavsky desembarcaba en Buenos Aires para realizar su primera película: *Crimen a las tres*. Algo menos interesante que su par *Escala en la ciudad* de Alberto de Zavalía, realizada por el mismo equipo y la misma productora, el primer film de Saslavsky fue un fracaso y así lo testimonian las críticas de la época. Según una reseña publicada en una prestigiosa revista, la película de Saslavsky

...no existe independientemente –ésta es su debilidad–. Existe en función de la "película nacional" (todos sabemos lo que este término significa). Existe en función polémica [...] En reacción a la pobreza del argumento de la "película nacional", Luis Saslavsky ha elegido no un argumento sino cuatro, o cinco, o seis en una sola película. Como en esos almacenes norteamericanos en los que se puede comprar absolutamente de todo –elementos románticos, trozos de comedia de salón, canciones populares, pedazos de música clásica, crímenes, intriga policial, etc.–; pero como en los almacenes americanos, todo se torna barato.[1]

Algunas cosas son curiosas en esta crítica demoledora: no sólo fue publicada con el título de "*Crimen a las 3*: Una película de valores desiguales" en el número 11 de *Sur* (hasta entonces una revista renuente a hablar de cine argentino), sino que lleva la única firma que no se hubiera esperado leer: la del propio Luis Saslavsky. Aunque el director entre amigos se refiriera despectivamente a su film como "El crimen de los tres" (y esos tres eran él mismo, el guionista Adén y Zavalía),[2] ¿qué hacía que eligiera la revista *Sur*, de su amiga Victoria Ocampo, para exponer públicamente en tercera persona el descontento con su propio film? ¿A quién se dirigía en este texto que hablaba de un film que quiso ser popular (pero fue un fracaso) y que encontraba una de las censuras más crueles en una revista de la élite? Si el reseñista que escribe en *Sur* puede mirar con cierta sorna y con distancia al director de *Crimen a las tres* es porque en este *desdoblamiento* radica la clave de su carácter. Saslavsky, cabe suponer, escribe para sus amigos cultos del círculo de *Sur* sobre el desliz que había cometido el otro Saslavsky, un cineasta que quería acercarse a las masas que colmaban las salas de cine. No se trata, por supuesto, de una tara personal del director sino del drama que podía vivir, en la década del treinta, un hombre formado en los valores literarios y que quería hacer cine. Y aunque este desdoblamiento es frecuente en artistas y escritores que, durante el modernismo, oscilaron entre la alta cultura y la cultura de masas, en Saslavsky adquirió contornos particulares que signarían toda su obra. Pese a haber sido un hombre de cine en el sentido más integral del término, para Saslavsky el cine siempre fue un territorio hostil en el que sólo se sobrevivía si se sabían hacer las transacciones adecuadas: vulgarizar sin bloquear las lecturas a contrapelo, trabajar con las convenciones sin dejar de mostrar la puesta en escena, hacer un cine argentino sin caer en los defectos de la "película nacional".

La despiadada recepción que la película de Saslavsky tuvo en *Sur*, de todos modos, no impidió que, durante los años treinta, tanto él como Zavalía recibieran un apoyo discreto pero crucial de la revista. Es que, más allá de los dardos que el realizador lanzaba hacia su propia persona, la revista *Sur* compartía tanto el objetivo que se plantea en su texto de hacer un cine "en reacción a la pobreza del argumento de la *película nacional*" como su desdoblamiento: el código de las imágenes de los medios masivos es diferente al de la letra y seguramente menos denso, pero hay que prepararse para dominarlo porque quien posea el secreto de la imagen poseerá también el de las emergentes multitudes. Es necesario recordar que el cine no carecía de interés para Victoria Ocampo, quien se ocupó intensamente de la difusión del neorrealismo italiano en nuestro país y que invitó varias veces a Serguei Eisenstein a Buenos Aires sin conseguir jamás apoyo ("¡por fin! –escribe Eisenstein en sus memorias– Ante mis ojos yace el tan deseado telegrama: una invitación desde Estados Unidos para ir a Argentina y dar un par de conferencias en... Buenos Aires"). Durante los años treinta, Ocampo colaboró activamente en la realización de una de las historias más extrañas del cine argentino: la del film *Tararira*, en 1936, a cargo del poeta rumano Benjamin Fondane que posteriormente moriría en Auschwitz (el film tampoco tuvo un destino mejor y fue destruido por los productores).[3] Finalmente, en 1942, la directora de la revista escribió una elogiosa reseña sobre *La maestrita de los obreros* de Zavalía, porque –se sabe– el cine argentino modera el tenor de nuestras exigencias y el desdoblamiento, en estos casos, es ley: Ocampo elogia al film por "lo que *no es* (si la comparamos con la agobiadora producción nacional)" y lamenta que ir al cine sea "resignarse de antemano a soportar con mansedumbre (muy ajena a nuestro carácter) toda clase de aullidos, ladridos, rebuznos y cacareos".[4] Esta búsqueda de un cine nacional diferente explica el interés de *Sur* en Saslavsky. Además del virulento texto del director sobre su propia película, en 1937 la revista publicó la conocida nota de Borges donde elogia *La fuga* porque "fluye límpidamente como los films americanos".[5] Y, dos años después, una reseña menos conocida pero no menos lúcida: la que María Luisa Bombal escribió a propósito del melodrama *Puerta cerrada* con Libertad Lamarque (la misma Bombal trabajaría entonces activamente con Saslavsky, peleas incluidas, en la adaptación de su novela *La última niebla* bajo el título *La casa del recuerdo*). En una reseña que califica al film de "perfecto", Bombal defendió la cursilería del melodrama de Saslavsky: "Los directores y los guionistas –escribe– son tan ingenuos que aun tratando un asunto ingenuo desdeñan ser enteramente ingenuos, son tan cursis que no se atreven a complacerse en lo cursi de miedo, sin duda, de mostrar hasta qué punto son congénitamente cursis".[6] En esta apología, en la que también parece ironizarse sobre los lectores y colaboradores de la revista, el proyecto de Saslavsky encuentra su justificación crítica allí donde la había buscado de modo paradójico con la reseña de *Crimen a las tres*, en la revista *Sur*. Y la encuentra de manera inmejorable: con el reconocimiento del desdoblamiento y la postulación de un principio que viene a resolver su tensión. El principio que expone Bombal de "que se encare con seriedad y convencionalismo lo convencional" abre un eje de nuestra cultura que tiene uno de sus hitos en *La dama duende* de Saslavsky, realizada en 1945. La puesta en escena de lo cursi por los artistas de la élite con un pliegue irónico que admite las lecturas a contrapelo, fue el modo en que Saslavsky negoció sus pretensiones cinematográficas en el territorio hostil del cine. Hostilidad que, como lo muestra la reseña de Bombal, puede ser productiva si tiene como efecto que se imprima ese desdoblamiento en la imagen misma del film.

II

Los vínculos afectivos e intelectuales con el grupo *Sur* explican que cuando Saslavsky regresó al país en 1962, después de más de diez años de un exilio provocado por desavenencias con el gobierno de Perón, se haya decidido por llevar a la pantalla un libro que lo había tentado desde que apareció en 1943: *Las ratas*, de su amigo José Bianco. Pero los tiempos, por supuesto, ya no eran lo mismos y el anacronismo de la posición de Saslavsky se trasluce en el film, sobre todo en las actuaciones y en los diálogos. En vez de incorporarse a lo que en ese momento se conocía como el "nuevo cine argentino", Saslavsky seguía apostando a las supuestas virtudes de un cine industrial y lo hacía con una radicalidad que ponía a prueba como nunca la potencialidad del desdoblamiento, porque con este proyecto se proponía, nada menos, que hacer una película de éxito con una novela de la complejidad de *Las ratas*. Para resolver las dificultades que tenía este proyecto,

Saslavsky podría haber recurrido a alguno de los nuevos guionistas-escritores como Beatriz Guido o Augusto Roa Bastos; sin embargo, prefirió inclinarse por un guionista de oficio y bastante convencional como Emilio Villalba Welsh.[7] Algo similar sucedió con los actores: Saslavsky promocionó el film alrededor de la figura de Aurora Batista, una conocida actriz española que hizo en *Las ratas* su única experiencia en nuestro país. Pero su dicción engolada y su exageración gestual contrastaban fuertemente, casi hasta el chirrido, con lo que estaba haciendo en materia de actuación y de entonación de los diálogos el cine de la llamada "generación del 60". Para avivar esta divergencia y demostrar que el desdoblamiento todavía era posible, cuando Saslavsky presentó la película, en el V Festival de Mar del Plata de 1963, no dudó en criticar a los nuevos directores y a despreciar lo que él mismo denominó (despectivamente) "cine intelectual". Aunque el anacronismo del film es evidente, no es mi objetivo hablar de todo lo que Saslavsky no hizo o hizo mal con la *nouvelle* de Bianco sino, más bien, mostrar cómo en el desdoblamiento funciona, también, una zona de productividad. La incursión de Saslavsky en el territorio hostil del cine industrial dota a *Las ratas* de nuevos sentidos.

Verdadera lectura activa, Saslavsky hace una adaptación a partir de dos premisas: la primera es que *Las ratas* es una historia de "autopunición" que reescribe el mito de Fedra y que puede leerse a la luz de la obra de Racine; la segunda es que el personaje de Cristina Guzmán (que en la novela se llama Cecilia) ofrece un punto de vista exterior para contar la tragedia y transformar así la confesión de Delfín en un enigma policial que multiplica la cantidad de sospechosos. Hay otros cambios significativos: Isabel se convierte en una villana clásica como Madame Danvers de *Rebecca* de Hitchcock; Antonio, el padre, que en la novela es un verdadero bribón, se transforma en la película en un hombre de una conducta intachable; la interacción con el retrato desaparece haciendo más real el vínculo afectivo entre Delfín y Julio. Sin embargo, sólo me detendré en las dos premisas de lectura señaladas antes.

Empiezo con la premisa de que *Las ratas* es una adaptación de Fedra. En el guión con el que he trabajado (perteneciente a Aurora Batista), se lee en la portadilla: "adaptación de Simón Fourcade" (un seudónimo de Saslavsky) y un epígrafe tomado de *Phedre* de Jean Racine: "…El cielo puso en mi pecho / una funesta llama". Quien parece hablar en este epígrafe es María Heredia, la madre de Delfín, que, como Fedra, debe lidiar con un deseo funesto: el que siente por Julio, el hijo de su marido. En su ensayo sobre Racine incluido en *A Future for Astyanax*, Leo Bersani sostiene que "en el teatro de Racine, los personajes se convierten en culpables como resultado de haber renunciado a sus deseos incestuosos […] así, cada renuncia acrecienta su necesidad de ser castigados".[8] En efecto, deseo y autopunición van juntos, y si el primero tiende a hacer estallar la estructura familiar, el segundo viene, a menudo inútilmente, a reinstalarla. Pero frente a la triangulación raciniana con la que Saslavsky insistió en que debía leerse el film (y casi toda la publicidad apuntaba a la historia de amor de Aurora Batista con Alfredo Alcón), no es difícil advertir que el mismo film sugiere una lectura a contrapelo por el hecho de privilegiar a un personaje que no encuentra equivalente en el mito de Fedra: se trata de Delfín, quien cierra la historia y termina practicando la autopunición más extrema:

Delfín: No, no iremos a Europa…
María: ¿Por qué?
Delfín: Porque no voy a tocar más el piano.
Isabel: ¿Qué dices?
Delfín: Que nunca más voy a tocar el piano.

En la novela esta autopunición no llega a ser tan completa y al personaje le es dado la redención de convertirse en escritor adquiriendo una mirada distanciada, aunque algo sádica y tramposa, y una nueva potencialidad creativa que en la película le está vedada. En la película, en cambio, el niño prodigio termina por renunciar a todo.

"Seres que se castigan a sí mismos en lo que más les duele, en lo que más les hace sufrir", dijo Saslavsky a la prensa en los días de estreno de la película. ¿Pero por qué Delfín Heredia se castiga en aquello que más ama, tocar el piano? ¿Por qué alimenta la culpa de aquella que lo protege, su madre? ¿Por qué mata aquello que más quiere, a Julio? Sobre las causas no del todo dichas que lo llevan a la autopunición, algunas escenas del film avanzan resueltamente (melodramáticamente podríamos decir[9]) en aquello que para los lectores de la *nouvelle* es una posibilidad de lectura (y así la sostienen algunos críticos, como Daniel Balderston[10]): Delfín se castiga a sí mismo y a todos los que lo rodean porque desea a Julio. "Mis deseos eran sus deseos", escribe Delfín a propósito de Julio en una frase en espejo (cap. IX, 74). En la película, cuando la madre le dice a Julio que vayan a conocer muchachas, Delfín se entromete y responde: "No nos interesan, mamá. Estamos bien como estamos".[11] En un momento le confiesa Delfín a Julio: "Toqué pensando que me estabas escuchando... como mamá, como papá, pero toqué para ti...", y en otra escena le dice "te quiero".[12] Estas palabras de amor melodramático quedaron afuera en la versión definitiva que se conforma con una perífrasis, como si en el guión se estuviera tocando algo prohibido. Finalmente lo obliga a elegir entre él y Cristina:

> Delfín: Ella (Cristina) no tiene nada que ver con nosotros dos. ¿O la prefieres a ella o a mí?
> Julio: Escucha, Delfín. La forma como te quiero a ti y como se puede querer a una mujer, son dos cosas distintas.
> Delfín: ¿Por qué distintas? Yo te quiero más que a nadie.
> Julio: Lo entenderás cuando crezcas... sin que nadie te lo explique...
> Delfín: Quiero que me lo expliques ahora.
> Julio: Cuando seas hombre... te casarás... como ha hecho papá... como hace toda la gente. Querrás a tu mujer y a tus hijos, sin por eso dejar de quererme a mí.
> Delfín: Yo no me casaré.[13]

Delfín, entonces, castiga a Julio por haberle sido infiel (o porque, contra la suposición del pequeño pianista, necesita *demasiado* a las mujeres). Delfín no duplicaría la relación incestuosa del hijo con la madre sino que plantearía otro tipo de relación. Quien se *interpone* en la relación amorosa, en este caso, no es Julio sino las mujeres: la propia madre, quien impide que Delfín pueda ver desnudo a Julio o Cristina, quien lo quiere sacar de la casa. Por eso Delfín echa el veneno para las ratas en el "líquido blancuzco" (tomo la descripción del guión) de Julio. Al observarla a través de la lente de la adaptación cinematográfica, la novela de Bianco admite una inclusión en el corpus de lo que Gabriel Giorgi llamó, en su lúcido libro, "narraciones de sueños de exterminio", relatos en los que hay un "nexo entre homosexualidad, exterminio e imaginación del *fin*" y en los que "la homosexualidad es forzada a ejemplificar, una y otra vez, un destino de desaparición".[14] Claro que, a diferencia de los relatos que analiza Giorgi, el relato del sueño de exterminio de esta familia patricia quiere ser privado, secreto, furtivo, *impublicable*.

La segunda premisa que mencioné anteriormente (el pasaje del punto de vista de Delfín al de Cecilia/Cristina) permite otra mirada de esta tragedia de autopunición. La principal función de Cecilia, en la novela de Bianco, es instaurar una oposición de estéticas a partir de la introducción del elemento *plebeyo*. Introduce la opereta interpretando las composiciones de Gilbert & Sullivan y de Offenbach, a quienes Delfín –obviamente– detesta. Delfín, quien termina la novela leyendo *El perfecto wagneriano*, no podía soportar el espíritu bufo, ligero y anti-wagneriano de Offenbach.[15] "La puerilidad, la vulgaridad, el cinismo, el mal gusto –escribe–, se introducían subrepticiamente en nuestra casa y parecían distribuirse como sombras, pérfidas, equívocas, sobre la blanca superficie del mantel" (cap. X, 76).[16] Melancólicamente, el personaje de Delfín concluye: "Todos parecían olvidar que existía otra música, la Música. Sí, yo estaba desconcertado" (cap. XI, 78). Pero no es esto lo que más lo perturba sino que la llegada de Cecilia pone en peligro toda la economía del deseo familiar que Delfín alienta. No sólo es una competencia para su madre sino para él mismo, ya que logra embelesar a Julio, quien se "pasaba las horas junto al piano, soñador, indolente, inmóvil, oriental" (cap. XI, 78), adjetivos no muy adecuados para un hombre de ciencia. Por otro lado, el mismo Delfín casi cae en sus redes si no fuera por la intervención oportuna de su tía Isabel quien, como dice la misma Cecilia, "tiene miedo que te corrompa" (cap. XI, 80). En las fantasías de Delfín, en las que la preservación de la tradición familiar, de la alta cultura y del deseo familiarizado van de la mano, Cecilia es la exterioridad misma, la amenaza a la puesta en escena del narrador.

La exterioridad y peligrosidad del personaje se continúan en la adaptación cinematográfica pero con rasgos más acentuadamente eróticos. Cristina ya no es la amenaza plebeya de los años en los que transcurre la *nouvelle,* sino que introduce el elemento modernizador y disgregador del erotismo. Ya al principio del film, aparece en la cama con Julio; después se la muestra en una "boite", lugar por excelencia de la disipación en otros films de la época (pienso en *La caída* de Leopoldo Torre Nilsson, en *Paula cautiva* de Fernando Ayala), y en el flash-back se presenta a los hermanos disfrazada como cortesana y haciendo bromas de connotaciones eróticas (su capacidad para actuar se opone al morbo romántico de los Heredia).[17] El escenario de esta última escena ya no es la casa familiar sino el Teatro General San Martín que había terminado de construir Mario Roberto Álvarez apenas tres años antes de que se rodara el film y que era todo un símbolo de la modernización de la cultura. Los espacios ultramodernos del teatro se oponen al caserón de los Heredia, así como el histrionismo de Cristina se opone al patetismo de Delfín.[18] Cristina es el principio de la frivolidad y la simulación, el elemento bufo que cuestiona la tragedia que quiere narrar Delfín y con él, toda la familia. Es la "enemiga", tal como la describe María, o una mujer "inconveniente para menores de diez y ocho años", como se define a sí misma. Sin embargo, el hecho de que Cristina también practique la autopunición llamándose a silencio y termine aceptando la versión familiar (fingiendo pero ya no como un juego seductor sino como una prueba de sus límites), viene a mostrar cómo la historia se resiste a ser modernizada. O para decirlo con otras palabras, cómo Saslavsky quiso actualizar la historia de *Las ratas* (y de ahí la elección del personaje de Cecilia y su transfomación) y terminó carcomido por el hieratismo convencional de sus propios actores y sus personajes.[19]

Estos dos ejes (amenaza de la homosexualidad y de la erótica moderna sobre la familia) estructuran la adaptación creativa que Saslavsky hace de *Las ratas* de José Bianco. Seguir pensando que el cine era un territorio hostil, en el que realizadores y actores debían someterse a una serie de reglas de divulgación y de comercialización (esos "almacenes norteamericanos" que él mismo mencionaba en su reseña de *Sur),* en vez de un espacio legítimo de experimentación, lo llevó, de todos modos, a adoptar una serie de elecciones que echaron por tierra lo que, en líneas generales, me parece una adaptación (me refiero al guión) sutil e inteligente. El desdoblamiento, que en 1930 podía ser una estrategia, en 1960 era una defensa inintencional de la "película nacional" contra aquellos que ya trabajaban en el terreno del cine más allá del desdoblamiento. La "doma de potros" que, para alivio de Borges, Saslavsky nos perdonaba en *La fuga*, regresa como castigo en la adaptación de una novela a la que nadie le achacaría color local.[20] Más todavía, ¿por qué no leer también en el fracaso de esta adaptación un nuevo ensamble entre el deseo y el castigo? De hecho, después de *Las ratas* (su último film interesante, en realidad), el mismo Saslavsky se castiga en aquello que más ama (el cine) y, a partir de entonces, abandona sus ambiciones de cineasta y realiza una serie de películas que afortunadamente han quedado en el olvido (*Placeres conyugales* en 1963, *La industria del matrimonio* en 1965, *Vení conmigo* de 1972 y el *Fausto criollo* de 1979). Como si, de alguna manera, Luis Saslavsky perdiera la productividad de la hostilidad y depusiera armas, por aquello que en *Las ratas* había sido insinuado y que jamás se animó a filmar: la obra hermética, el gusto puramente literario, la transgresión del deseo (homosexual) en la sociedad del cine. Una historia de autopunición que, según su interpretación, enhebra *Las ratas*, y que nosotros podemos rastrear en el artículo de *Sur* de 1934 y en la trayectoria artística del propio Saslavsky.

Notas

[1] *Crimen a las 3*: Una película de valores desiguales", *Sur*, núm.11, 110.

[2] Debo este testimonio a David Vergara.

[3] Antes de venir al país a rodar *Tararira*, Fondane le había ofrecido a Victoria Ocampo hacer una adaptación cinematográfica de *Don Segundo Sombra* de Ricardo Güiraldes. La oferta fue rechazada cortésmente por la escritora.

[4] Transcribo parte de la reseña: "La mejor manera de explicar por qué nos sorprende agradablemente *La maestrita de los obreros,* dirigida por Alberto de Zavalía, es intentar decir, no lo que es esa película, sino más bien lo que *no es* (si la comparamos con la agobiadora producción nacional). El film de Zavalía no es cursi, ni guarango, ni chabacano, ni pretencioso, ni digno de recibir el premio Nobel del mal gusto. Sin más tardar, felicitemos con alegría al director y a los intérpretes que han sabido, esta vez, ahorrarnos las humillaciones artísticas y patrióticas que venimos padeciendo desde hace tiempo con creciente rebeldía.

Es conveniente agregar que la sala en que nos tocó ver el estreno de *La maestrita de los obreros* no contribuía, gracias al público que la llenaba, a ponernos en un estado de ánimo indulgente. Nuestro juicio no se debe al buen humor.

En efecto: ir al cine en Mar del Plata, a la tarde, durante la llamada 'temporada', es siempre una dura prueba para el sistema nervioso, por impávido que sea. Hay que resignarse de antemano a soportar con mansedumbre (muy ajena a nuestro carácter) toda clase de aullidos, ladridos, rebuznos y cacareos. No. A nadie se le ha ocurrido llevar consigo animales domésticos al cine. El fenómeno es de otra índole. Parece ser que la 'jeunesse' más o menos 'dorée' del balneario no puede gozar del espectáculo (sea comedia o noticiario, sea la conferencia panamericana de Río o la del pato Donald con el perro Pluto) sin silbar, aplaudir, chillar y patear sin ton ni son, por afición a la chacota y a 'armar escándalo'".

[5] *Borges en Sur (1931-1980)*, Buenos Aires, Emecé, 1999, 191.

[6] María Luisa Bombal: *"Puerta cerrada"*, *Sur*, 53, febrero de 1939.

[7] De todos modos, hay que decir que Villalba Welsh publicó un libro un año después de *Las ratas* con el título *Del arte de escribir para el cine y la televisión* (Buenos Aires, Schapire, 1964) y que lleva un elogioso prólogo de Borges: "Villalba Welsh, en este admirable tratado, analiza con penetración los problemas de las diversas artes que la técnica de nuestro tiempo ha dado a la estética [...] Emilio Villalba Welsh, como Stevenson, quiere que el artista no olvide sus deberes morales y observa que en el caso del cinematógrafo la responsabilidad es más grave, ya que si los lectores de un libro pueden ser miles, el número de espectadores de un film se cuenta por millones, diseminados en todos los ámbitos del planeta" (14).

[8] Leo Bersani: *A Future for Astyanax (Character and Desire in Literature)*, Boston-Toronto, Little, Brown and Company, 1976, 21.

[9] Saslavsky se quejaba de que lo acusaran de melodramático en el Festival de Mar del Plata de 1963 en el que pasaron la película. "Si uno ha tenido la desgracia de hacer un melodrama hace muchos años, ya no podrá evitar que le descu-

113

bran toques melodramáticos en todo lo que haga" (*La Nación*, 21 de agosto de 1963).

[10] Daniel Balderston, "'Siempre habrá de interponerse algo entre nosotros': la función del deseo en la obra de Bianco", *El deseo, enorme cicatriz luminosa: Ensayos sobre homosexualidades latinoamericanas*, Rosario: Beatriz Viterbo Editora, 2004. 79-84.

[11] En la versión fílmica, el personaje de Alcón habla de la "plaga de las mujeres que azota a la humanidad", una supuesta cita de Herodoto según sus palabras. Otro ejemplo de esta sociedad exclusivamente masculina está cuando, al principio del film, se dice que hay que "inocular a las ratas hembras".

[12] El diálogo del guión es el siguiente:
"Por qué?, le pregunta Julio.
Delfín: Porque te quiero.
Julio: Yo también te quiero".

[13] El "yo no me casaré" es eliminado en la versión fílmica del guión: otra vez es como si hubiera algo que, por efecto de la supresión, sugiere lo prohibido, o lo que no se puede decir.

[14] Gabriel Giorgi: *Sueños de exterminio (Homosexualidad y representación en la literatura argentina)*, Rosario, Beatriz Viterbo, 2004, 10, 23.

[15] Sobre esta oposición ver Sigfried Kracauer: *Orpheus in Paris (Offenbach and the Paris of his time)*, New York, Alfred Knopf, 1938, 198-202.

[16] Y también "¿Escucharíamos noche tras noche, hasta el día del juicio, operetas y tonadillas de café concert?" (cap. XI, 78).

[17] En el guión, Cecilia aparece representando una obra dramática de "La escuela del escándalo" de Richard Sheridan, el dramaturgo irlandés (1751-1816). Esta obra se representaba con mucha frecuencia en los escenarios porteños durante esos años.

[18] En la novela, Delfín habla del "desprecio por el histrionismo" (cap. IX, 73) que siente Julio, pero eso está en flagrante contradicción con las actitudes de éste frente a Cecilia.

[19] Algunas acotaciones del guión sobre los actores son interesantes porque muestran su potencial erótico. Del personaje de Alcón se dice, cuando está en su cuarto con Cristina (Bárbara Mugica): "(Él puede estar con el torso desnudo)", 7. Y en la misma escena, del personaje encarnado por Mugica: "Cristina se cubre, no muy pudorosa", 7.

[20] Ver reseña de Borges sobre *La fuga* en *Sur*, 191.

Con su institutriz inglesa en una quinta.

Breve ontología de Bianco

Reinaldo Laddaga

En 1944, Borges publicó en *Sur* una reseña de *Las ratas*. Para José Bianco, esto tiene que haber sido una dudosa bendición. Es que el texto, siendo de Borges, es agudo, elegante, en todos los sentidos excelente. Pero, por otra parte, el ángulo de lectura, la perspectiva que Borges establece no parece ser particularmente fiel al texto que está reseñando. La intención de Borges es, por así decirlo (como en el conocido prefacio a *La invención de Morel*) militante: se trata de establecer un pequeño programa para una narrativa argentina deseable, narrativa que se quisiera que fuera todo lo distante que es posible de la manera realista, y que exhibiera las huellas del impacto de la novela inglesa más que de la francesa. Unos años antes, en "El arte narrativo y la magia", esto se traducía como una defensa de narraciones donde se fuera fiel al principio según el cual aquello que gobierna las buenas ficciones es una "peligrosa armonía", una "frenética y precisa causalidad", de relatos que expusieran, cada vez, el despliegue de un orden "infalible, sigiloso y creciente, que solo se revela al final".[1] Supongo que en esta clave se leería el comienzo de la reseña, que es éste:

Referida en pocas palabras, esta novela de ingenioso argumento corre el albur de parecer un ejemplo más de esas ficciones policiales (*The murder of Roger Ackroyd*, *The second shot*, *Hombre de la esquina rosada*) cuyo narrador, luego de enumerar las circunstancias de un misterioso crimen, declara o insinúa en la última páginas que el criminal es él. Esta novela excede los límites de ese uniforme género; no ha sido elaborada por el autor para obtener una módica sorpresa final; su tema es la prehistoria de un crimen, las delicadas circunstancias graduales que paran en la muerte de un hombre.[2]

Si no me equivoco (si el Borges que escribe este pasaje es el mismo que escribía "El arte narrativo y la magia"), lo que se sugiere aquí es que el valor de la narración de Bianco reside en que consigue que el lector, llegado al final de la historia, el lector no pueda sino reconstruir su desarrollo como el pausado despliegue de un decurso fatal, que, desde la perspectiva del final, pueda verse que todo debía ser lo que fue, que todo conducía a lo que acabaría sucediendo. El tejido está perfectamente apretado, cada punto apoyando a los otros, de modo que en conjunto constituyen una trama sin fallas, sin hilos sueltos, pasos indecisos, fragmentos inexactos. El relato es la exposición de un destino. Pero si éste es el caso, Bianco puede haberse sentido algo desconcertado. Es que no podía no ver que su manera es la que Barthes, hacia el final de su vida, llamaba "rapsódica". Lo que no era lo mismo, para él, que fragmentaria. Rapsódica es la voluntad de coser, de dar continuidad, a partes que provienen de diversos lugares y que se quiere integrar en un tejido que tiene siempre algo del arrebato. *Las ratas* —en efecto— es más bien una secuencia de arrebatos que una trama fatal.

Y Bianco también puede haberse sentido desconcertado (como uno lo está cuando recibe un elogio que no merece, y que no sabe si quisiera merecer) al leer otra observación de Borges: la de que "el estilo manejado por Bianco para referir su trágica fábula es engañosamente tranquilo, hábilmente simple".[3] Es que el estilo de Bianco es usualmente intrincado, y virtualmente nunca simple. Tómese esta descripción de Isabel: "Para dar una idea de su físico necesito describir su carácter, porque si bien el rostro de las personas que conocemos está formado de expresiones sucesivas que modifican los rasgos en donde por un instante se hospedan y los convierten en vehículo de algo que está detrás de ellos, haciéndolos invisibles en razón de la misma intensidad con que se los mira, hasta que no percibimos el brillo de unos ojos, la curva de una nariz, el rictus de una boca, sino candor, amargura, maldad, sensualidad, inteligencia, en Isabel aparecían reducidos al extremo estos soportes materiales que nos alientan a reconstruir trabajosamente una fisonomía en la memoria" (cap. II, *Ficción y reflexión*, 51-52). La frase es interesante en su sinuosidad, pero en absoluto es "hábilmente simple". Más aún, uno podría suponer que el escritor que la formula encuentra su placer en torcer y estirar la materia con la que trabaja hasta el límite, de modo de llevar la imaginación del lector en variables direcciones, incluso hasta el punto en que no consiga construir en su mente la escena que el texto le propone. Porque, ¿qué quiere decir que los soportes materiales, en el rostro de Isabel, "aparecían reducidos al extremo"? Yo diría que, en relación a la taxonomía de Borges que por entonces oponía los escritores que llamaba "clásicos" (los que prefería, y entre los que sugería que había que contar al Bianco de *Las ratas*) a los que llamaba "románticos", habría que situar a Bianco en otro sitio. Digamos, por comodidad, en el campo de los *manieristas*.

Es que esta propensión a sutilizar la expresión hasta lo inimaginable no tiene lugar solamente en *Las ratas*. Así, en *Sombras suele vestir*, cuando "el narcótico empezaba a operar sobre los nervios de Jacinta", cuando ha vuelto de la casa de María Reinoso, en el inquilinato. "Jacinta sentía el cansancio apoderarse de ella, borrar los vestigios del hombre con quien estuvo dos horas antes en casa de María Reinoso, nublar el pasado inmediato con sus mil imágenes, sus gestos, sus olores, sus palabras, y empezaba a no distinguir la línea de demarcación entre ese cansancio al cual se entregaba un poco solemnemente y el descanso supremo" (cap. I, *Ficción y reflexión*, 23). Cuando está en esta condición, "había entrado en un ámbito que la encargada del inquilinato no podía franquear. Y la paz se hacía por momentos más íntima, más aguda, más punzante. En plena beatitud, con la cabeza echada para atrás hasta tocar con la nuca en el respaldo, los ojos ausentes, las comisuras de los labios distendidos hacia arriba, Jacinta mostraba la expresión de un enfermo quemado, purificado por la fiebre, en el preciso instante en que la fiebre lo abandona y deja de sufrir" (cap. I, 23). ¿Cómo es esta expresión? Tal vez se trata de una limitación personal, pero me resulta difícil representármela. De todos modos, pareciera claro que lo que aquí es la imagen del placer es una imagen de ausentamiento, donde la expresión es de abandono: algo, que proviene de un cierto, no situado, más allá y que está destinado a perderse, le quita la sustancialidad a los rasgos y los convierte en líneas flotantes, suspendidas en una corriente inaprehensible. Y, cuando lo hace, provoca una dinámica ambigua, de espiritualización y destrucción: la paz aquieta y punza, la fiebre quema y purifica.

Volveremos a esta estructura (si una "estructura" es un *pattern* de relaciones que tiende a retornar), que es constante en Bianco. Pero vale la pena antes retener que el propio Bianco era consciente de su propensión a una expresión que no sólo es hipercompleja, sino que tiende a una cierta forma de la insignificancia, a la que se llega más por acumulación que por sustracción. Incluso esbozaba una justificación. "Ya sabemos —escribía en *La pérdida del reino*— que cuanto más compleja es la realidad que deseamos interpretar, mayor dificultad oponen las palabras a dejarse aniquilar en la fluencia de la prosa. Cuesta trabajo reducirlas a conceptos, sujetarlas a un sentido estricto que a veces rehuye toda formulación" (Introducción, cap. II, pág. 22 de la edición de 1972). Por cierto que, incluso en esta frase clara, hay zonas de oscuridad. ¿Qué es lo que cuesta trabajo reducir a conceptos? ¿La realidad? ¿O las palabras? Pareciera que estas últimas: que son las palabras las que no se dejan articular enteramente en las frases en las que vienen a aparecer, y permanecen como bloques flotantes, autónomos, no sujetos, en el curso de la prosa que debieran integrar, y que no integran. Pero la palabra que usa Bianco es más fuerte: dice que las palabras oponen una dificultad a "dejarse aniquilar en la fluencia de la prosa", un poco como si la incorporación a esa fluencia, a su tranquilidad, a su secuencia, fuera equivalente a su disolución. Como si la fluencia fuera un poco como la fiebre que toma a Jacinta en *Sombras suele vestir*. Como si la expresión rotunda y acabada fuera un final, que se quisiera que no llegara, y que no llega, porque las palabras siempre permanecen en estado de cuasi-articulación. Y uno diría que algo semejante sucede en las tramas de Bianco, donde las cosas no se profundizan enteramente ni permanecen sin desarrollo, y que por eso parecen responder menos a un ideal de sencillez que a un ideal de *gracia*. Uso la palabra en el sentido del autor, que, en otro pasaje de *La pérdida del reino*, dice de Rufino Velázquez que, cuando pensaba en Néstor Sagasta, "encontraba en Sagasta eso que llamamos encanto o gracia en las personas, sin acertar a definirlo, y que también nos cautiva en los paisajes, en el arte, en las ideas. Es, acaso, el resultado feliz de cualidades diferentes, por no decir contradictorias. Ninguna, destacándose en el conjunto, se ofrece por sí sola a nuestra admiración, que atribuimos a sucesivas razones de orden espiritual, íntimo, cuando no a méritos físicos, puramente exteriores, y nos queda siempre la duda de haberlas inventado" (Primera parte, cap. I, pág. 64 de la edición de 1972).

Lo que se celebra aquí es una estructura de apariciones que no se armonizan, de turbulencias que no se resuelven, y que muchas veces parecen (pero sólo parecen, porque de lo que vemos nunca habremos sabido si es invención nuestra) gobernadas por una instancia distante, remota, retirada de la aparición. Esta estructura aparece descrita del modo más preciso en un pasaje de, precisamente, *Las ratas*. El narrador habla de su madre: "Veo a mi madre levantarse, dejar las sales sobre la mesa, y evoco, a pesar mío, este frasco tallado en facetas, conteniendo cubos blancos que nadaban en un líquido ambarino. Mi madre, al moverse, agitaba las mangas de su bata de mañana. Pero la soltura del vestido era aparente. Al cuerpo, aislado de cualquier contacto exterior, se lo adivinaba oprimido por un largo corsé de ballenas que no se quitaba durante todo el día, ni siquiera para descansar un rato después del almuerzo. El género encontraba apoyo en los hombros y en el busto y de allí colgaba, como de una percha, en pliegues abundantes y gratuitos. Su cómoda vestidura de entre casa no le daba la menor comodidad. Y es curioso que la vida de mi madre estuviera llena de pliegues sueltos y lánguidos flotando sobre las ballenas, de gestos espontáneos, atrevidos, que disimulaban un fondo de rigor" (cap. VII, 69). Esta es la definición misma de la forma que imanta el universo imaginario de Bianco, universo en dos dimensiones o niveles que ni están del todo separados ni encuentran una acabada unidad. Está el interior (el cuerpo encorsetado) que lleva su vida en el rigor, "aislado de cualquier contacto exterior" y están los "pliegues sueltos y lánguidos" que realizan su juego sobre él sin expresarlo, los "gestos espontáneos, atrevidos" que son menos de la persona de la madre que de la materia con la que se cubre.

Es posible, por supuesto, formular esta dualidad o duplicidad como dualidad de la verdad y las apariencias. Y en un momento de *Las ratas* (un momento particularmente ambiguo) el propio narrador lo hace. Está acompañando a Isabel; mientras camina, piensa que "acaso nunca lleguemos a mentir. Acaso la verdad sea tan rica, tan ambigua, y presida de tan lejos nuestras modestas indagaciones humanas, que todas las interpretaciones puedan canjearse y que, en honor de verdad, lo mejor que podamos hacer es desistir del inocuo propósito de alcanzarla. En fin, ignoro si hablé distraída o deliberadamente, pero en un momento dado, al reincidir Isabel en su tema favorito y observar, con cierta acritud, el alejamiento de Julio por el canto, yo me encontré haciendo unas consideraciones bastante confusas sobre los árboles de la plaza Lavalle (en ese momento la cruzábamos)" (cap. XII, 83). En ese momento, es un poco como si creyera que, a lo que dice Isabel (a lo que sea que dice esa figura de autoridad que es Isabel) se puede contestar cualquier cosa, porque todas las palabras son equivalentes, igualmente distantes de la verdad. Pero aun si éste no fuera el caso, hay algo que aparta la atención, que la lleva consigo y que, allí donde se habla de lo que importa (de lo que debiera importar), de repente la incita a fijarse en los árboles de la plaza Lavalle. Y ni siquiera se sabe si esta distracción no es deliberada, y en verdad hay alguna conexión oscura entre el alejamiento de Julio por el canto y los movimientos anárquicos que se observan en la plaza, conexión que, de todos modos, se encontraría a tal profundidad y distancia de las cosas del mundo, que presidiría los actos humanos de tan lejos, que para todos los efectos prácticos bien podría suponerse que las cosas de estos humanos se deben a la más estricta contingencia, que se habla de los árboles por nada.

Pero ¿qué relación podría haber entre los árboles de la plaza Lavalle y las acciones de Julio? Uno diría que ninguna. Pero es difícil siempre decir dónde acaban y comienzan las cadenas de conexiones. Esta es una lección que el narrador recibe del retrato sobre el piano. En una fase del relato en la que al narrador le parece todavía que el retrato fuera de Julio (luego no será tan evidente), dice que "esfumando imperceptiblemente su sonrisa, Julio me hizo comprender que de una acción cualquiera es difícil hacer responsable a una sola persona. Y tantas personas intervenían más o menos directamente en ella, por comisión u omisión, que nadie podía sentirse ajeno a la culpa expuesta así; por momentos, adquiría la textura propia e intrincada de un tapiz; por momentos, la diafanidad envolvente de una nube" (cap. IV, 61). Los eventos del mundo bien pueden deberse a la acción remota de una dimensión ausente, pero bien pueden ser también lo que llamamos *emergencias*: resultados que dependen de una acumulación grande de pequeños hechos, tal vez banales, ninguno de los cuales es suficiente para causarlos (pero todos los cuales son, de diferentes maneras, necesarios), que hacen que lo que sucede se solidifique en una figura clara, pero que al mismo tiempo tienda a dispersarse en "la diafanidad envolvente de una nube".

Cuando llegamos al final de *Las ratas*, es lícito preguntarnos si lo que precede se ha mostrado a nosotros como si tuviera "la textura propia e intrincada de un tapiz" o "la diafanidad envolvente de una nube". Borges diría, supongo, que lo primero; me inclino, por mi parte, a lo segundo. Y creo que en esta dirección se orienta también el narrador. Eso es lo que nos deja presumir el final, precisamente. El narrador, en el penúltimo capítulo, está en el cuarto de Julio. Había entrado a curiosear. Julio vuelve. "Me resigné, pues, a esperar que Julio se fuera para irme yo también. Digo mal me resigné: la verdad es que me adapté jovialmente a la nueva situación. Así como algunas personas emplean todas sus energías a resistirse a las circunstancias, yo estoy siempre dispuesto a facilitarles la tarea. Me abandono a ellas, me dejo vencer por ellas —con entusiasmo, con lirismo. Soy amigo de las circunstancias" (cap. XIV, 87). Claro que el precio de esta disposición es una inestabilidad particular, una propensión a oscilar: "...como me sucede siempre que acato el ritmo de las cosas, paso de un estado de ánimo al opuesto y abandono sin nostalgia el proyecto acariciado en largas horas de meditación, comprendí que obedecía a razones más profundas que a encontrar ese gesto inadecuado en quien ha permanecido escondido durante cinco minutos y sale vergonzosamente, por temor a que lo descubran, tras de dos grandes armarios llenos de ratas" (cap. XIV, 88).

Por supuesto que esas "razones más profundas" están localizadas, precisamente, en esa otra profundidad abismal que hace que de ellas no pueda decirse virtualmente nada. Porque lo que es característico de este relato en particular (y que parece adecuado a la forma de la *nouvelle*, más que a la brevedad cuentística de *Sombras suele vestir*, o a la extensión novelesca de *La pérdida del reino*) es que la ambigüedad mayor consiste en la renuencia a decidir si hay algo de fatal en la muerte de Julio, algo que permitiría describir esta muerte como el resultado de una serie de pasos graduales, o si esto se debe al capricho momentáneo, a las circunstancias, a la voluntad del narrador de "hacerse amigo de ellas".

Léase el último capítulo, el capítulo del asesinato. La madre ha entrado en el cuarto de Julio. El narrador está escondido. Tiene lugar la escena de la expulsión. El narrador (que ha entrado allí un poco sin saber por qué) observa. Así se describe en el texto esta escena:

Reflexionaba en medio de una gran exaltación. Y la exaltación, que me permitía discernir con acuidad mis sentimientos, me descorazonaba ante la idea de formularlos. Entonces, como sucede en esos casos en que parecemos ceder la palabra a un enemigo cuyo único objeto es expresar exactamente lo contrario de lo que sentimos, escuchaba la voz de Julio, más que nunca mi propia voz y, a la vez, tan indiferente, tan ajena a mi estado de ánimo como las ratas que oía removerse en los armarios, arañar las mallas de alambre o golpear con sus gruesas colas los estantes de madera. (cap. XV, 90)

Confieso que hay cosas en este pasaje que se me escapan. La experiencia de "ceder la palabra a un enemigo cuyo único objeto es expresar exactamente lo contrario de lo que sentimos" me resulta tan extraña que tengo la sensación de que la frase se organizara en torno a un núcleo mudo. Pero tal vez no sea inadecuado que así sea, porque lo que se describe aquí es una escena que se organiza, precisamente, en torno a un núcleo mudo. No sólo porque el narrador, frente al que se despliega la escena, está escondido y callado, sino porque este narrador mismo nos dice que en sí, en su propio núcleo, hay una exaltación que lo descorazona a la hora de formular los sentimientos: "sé lo que siento, y por eso no lo digo", de modo que lo que digo son una serie de movimientos que tienen lugar allí, en la superficie, a distancia del corsé, y que por eso son equivalentes a las ondulaciones del vestido de la madre, movimientos insubstanciales provocados por vaya a saberse qué impulsiones.

Por eso lo que se nos comunica en esta última escena son noticias remotas. Porque el narrador se nos presenta como si estuviera lejos de sí, observándose desde una cierta distancia. Así en el instante de la culminación, que debería ser el momento en que la serie gradual de los eventos sea coronada por el término al que secretamente tendía. El narrador se ha presentado en escena. Julio se enfurece y esta furia fascina al narrador. Recordemos el pasaje completo:

> Julio me observaba. Poco a poco, el estupor de los primeros segundos fue cediendo ante una furia que iluminaba todo su rostro. Nunca he visto un rostro a tal punto inspirado por la furia. A veces lo tenía muy cerca del mío, y cuando una metralla de insultos, al cegarme, me privaba de su resplandor, con una mano me tomaban del cuello de la camisa y el rostro se acercaba de nuevo. Y a la par que mi abyección, yo sentía su grandeza, su terrible grandeza, su brillo sobrenatural, y le iba dictando, uno tras otro, los mismos insultos que me dirigía. Al fin me tumbaron de un puñetazo en el sillón donde estuvo sentada mi madre. El rostro pareció alejarse. Julio lanzó una carcajada insolente:
> —Ahora puedes irte a tocar el piano, y a contárselo a Isabel.
> Se aproximó el vaso a los labios, pero vaciló, lo volvió a dejar sobre la mesa y me dio la espalda. Yo me cubría la cara con las manos, gimiendo. Me sentía castigado a la vez que apaciguado, y recuerdo que tuve la sensación de apaciguarme del todo cuando tomé un frasco (lo había observado por entre los dedos, un momento antes, mientras me cubría la cara con las manos), levanté el tapón y eché en el vaso la mitad de su contenido. Después me volví a cubrir la cara, continué gimiendo. (cap. XV, 90)

Bruscamente, aquí el texto nos habla como alguien que nos entredice mensajes confusos: más allá, a una distancia enorme de la expresión, suceden cosas que ni siquiera se ensaya narrar. Este gesto es característico del primer Bianco. En eso, *Las ratas* o *Sombras suele vestir* desarrollan un principio que es común a ese entorno que también habitan Borges, Bioy o Silvina Ocampo: el de que la literatura es un trabajo sistemático sobre la distancia que media e interrumpe los transportes y comunicaciones entre las palabras y las cosas. Pero tal vez ninguno de ellos conciba esta distancia a la manera de Bianco. O sí: Virgilio Piñera, que profesaba una poética de la frialdad, es decir, de la inexpresividad. Porque el mundo de *Las ratas*, el mundo tal como Bianco lo describe es peculiar. Es sabido que la gran idea del epicureísmo antiguo, en lo que concierne al problema de los dioses, es afirmar que ellos existen, pero que eso debería importarnos poco, porque nuestras acciones no les interesan. De modo semejante, Bianco postula un universo donde hay verdad, pero una verdad que es indiferente, sin relación con las cosas que suceden en el mundo, que no se muestra en las cosas que aparecen, como el cuerpo encorsetado de la madre no se muestra en los pliegues de su vestido. Este mundo es un mundo de volados, de ondulaciones sin principio ni fin determinados, de arrebatos de a dos, o de a tres, o de a cinco... El manierismo de la frase y la narración que apunta a detallar la formación y disipación de los *caprichos* que son, como los de Goya, siempre colectivos, fenómenos (escenas, encadenamientos, atmósferas) que resultan de las acciones de colectividades de personas, espacios y cosas que nadie preside: éstos son los núcleos a partir de los que se organiza el tramado de *Las ratas*, o, mejor, lo que impulsa la expansión y el movimiento de su nube.

Notas

[1] Borges, *Obras completas* (Buenos Aires: Emecé, 1989), T. I, 231.

[2] *Borges en Sur (1931-1980)* (Buenos Aires: Emecé, 2001), 271.

[3] *Ibid.*, 272.

José Bianco y el proyecto inconcluso (Ensayo de interpretación a partir de *La pérdida del reino*)

José Amícola

Es ya un lugar común entre los que se han ocupado de la obra de José Bianco el sostener que su narrativa tiene puntos en común con la pluma de Henry James, a quien el escritor argentino habría traducido magistralmente. En estas reflexiones el nombre de Henry James aparece más bien como el epítome de un modo de narrar común a la narrativa inglesa de alrededor de 1900. En este sentido, la investigación de Patricia Willson al respecto no sólo es iluminadora, sino que viene a suministrar argumentos para ver a José Bianco lo que podríamos llamar un "operador cultural", cuyo proyecto creador se ubicaría en muchos sentidos entre los de Borges y Mallea dentro de esa "comunidad interpretativa" que fue la revista *Sur*. Así, si el embate borgeano culminó en un triunfo rotundo a favor de un proyecto de repercusión internacional, es evidente que ello no se produjo sin destronamientos o sin un juego de alzas y bajas de valores dentro del campo literario. Y, como lo ha sostenido Bourdieu, el juego de fuerzas dentro de un campo produce necesariamente el predominio de unas sobre las otras, dejando fuera de combate a las posiciones perdedoras. Llevando un paso más adelante las ideas de Patricia Willson, podríamos aventurar la hipótesis de que José Bianco, por su parte, habría encarado la traducción de Henry James, con el propósito de formarse un público lector afín a su propio proyecto narrativo, así como otros autores llevaban a cabo la empresa de aclimatar entre los lectores argentinos a Kafka o a Faulkner. No es un secreto, sin embargo, que la labor de introducir la ambigüedad narrativa de James no encontró demasiado asidero en el Río de la Plata, aunque sí tuvo amplia cabida en las letras rioplatenses la reproducción del clima de misterio que Cortázar vio como una ciudadanización del "gótico" ocurrida en nuestra literatura por lo menos a partir de 1940. Tampoco estuvo ausente de la literatura de esta área del mundo la perfidia y el ocultamiento burgueses en salones abarrotados de bibelots o cursilería "belle époque". Y aquí podemos pensar hasta cierto punto en los relatos inquietantes de Silvina Ocampo. Sin embargo, la sombra de Borges impuso cierto veto a la evolución de la novela (como galería extensa de personajes) en esta área del mundo, por lo menos hasta 1960, a partir de cuando se hizo sentir con más impacto el alcance de los proyectos de Joyce y Faulkner.

Uno de los primeros críticos en definir cabalmente las claves para una lectura de la narrativa de José Bianco ha sido Enrique Pezzoni, quien en 1970 señalaba certeramente en las primeras obras de este autor el "falaz diseño con que los hechos expuestos se ordenan ante el lector", y en qué medida "la realidad nunca es un don gratuito, sino un objeto de interpretación que admite, con engañosa exactitud, claves muy opuestas".[1]

En la obra literaria de Bianco, entonces, se libra la batalla de la constitución de la verdad, mientras la instancia narradora se declara en una frontera ambigua, pues existen dudas de quién es el que narra y qué interés tiene en la verdad de lo narrado. Por ello, como en una obra clave de Henry James, *Portrait of a Lady* (1881), el progreso narrativo marcha hacia la revelación de lo que ya se sabe. En esta novela de Henry James, la dama retratada, Isabel Archer, se halla prisionera de su propia toma de conciencia, a la que ha arribado a través de angustiosos recorridos interiores. Si en novelas posteriores, Henry James perfeccionó un punto de vista narrativo como producto de un narrador interno a las situaciones y que tiene una visión limitada de los hechos –lo que proponía al lector un clima de misterio y ambigüedad–, José Bianco no se quedó a la zaga e hizo de ese principio ambiguo de la narración un emblema donde se luce la reproducción de las fluctuaciones de la conciencia y una realidad fragmentada o de contornos imprecisos.

Lo interesante de este proyecto es que, mientras Henry James tenía que luchar en el campo literario inglés contra autores socialistas (como George Bernard Shaw o H. G. Wells), quienes le echaban en cara su falta de atención frente a los problemas sociales, sin embargo, nadie ponía en entredicho el núcleo de su obra, que tenía la virtud de indagar en las profundidades de la mente humana sobre la que teorizaba su propio hermano, William James, de forma absolutamente pionera en la nuevas ramas de la psicología. En la Argentina, en cambio, nada menos que Borges –un compañero de ruta de Bianco– pregonaba la inutilidad de la novela psicológica, estigmatizando cualquier desarrollo narrativo que implicara una gran cantidad de personajes y oscureciera la claridad de la trama.

En este clima contrario al proyecto de José Bianco, este autor publica a comienzos de una década particularmente politizada y sangrienta, en 1972, la novela intempestiva *La pérdida del reino*. Como muchas obras antes de ella, esta novela se apoya sobre el artificio del manuscrito encontrado, o más exactamente en este caso, cedido. Este procedimiento narrativo hace posible que el comienzo del texto sirva de marco a lo que sigue, pero sea, en rigor, posterior al cuaderno de notas que forma la parte segunda y principal del relato. Así, mientras la introducción a cargo de un narrador testigo relata experiencias vividas en una ciudad de Buenos Aires del mundo hasta cierto punto *snob* de las galerías de arte y de empresas editoriales en una época más cercana a la fecha de publicación de la obra –es decir durante la década del 60–, el texto clave que habría sido dejado como legado para su edición en manos de un editor influyente ubica la acción en un período más amplio que va de 1920 hasta aproximadamente 1950, llevando la acción desde un campo representado en las estancias de la pampa húmeda y los circuitos de Buenos Aires frecuentados por los estancieros hasta el París de los barrios elegantes y otros centros europeos de gran renombre. Esta inversión en tiempos y espacios no es azarosa, pues describe con justeza las conductas de la burguesía agraria rioplatense que los cambios sociales van a poner en jaque. De este modo, los personajes que vemos envejecidos en la introducción aparecerán en el texto principal en toda su lozanía, como en un *playback*, y ejerciendo los poderes de seducción que la alta burguesía adoptaba como derecho propio. Al mismo tiempo, ese cuaderno de la biografía del estanciero/periodista Rufino Velázquez que cierra la novela –y que podría condensar las experiencias vacuas de cualquiera de esos individuos representativos de la época del auge oligárquico (como la llamó el peronismo)– aparece como un período dorado y un reino perdido, donde las vacilaciones de la adolescencia se mezclan con un erotismo más entrevisto que vivido.

Ahora bien, *La pérdida del reino* es, sin embargo, menos lo que indica su título (como pérdida de la edad dorada de la infancia), que la dificultad de llevar a cabo la redacción de una historia de vida, donde se niega desde el inicio que sea posible cumplir con el cometido de transcribir "una verdad". Esa incapacidad tocará, entonces, la cuerda de la ficción, para poner en el tapete, mediante esta artimaña, las mismas dudosas categorías de verdad y mentira en los territorios de lo biográfico o novelesco. Es evidente, de todos modos, que también el aire de nostalgia que irradia la novela a partir de una realidad perdida se acentúa mediante el uso de la prolepsis que permite al lector conocer primero lo que iría después. También es cierto que el lector más avezado debe volver al principio después de haber llegado al fin, para recomponer el armado de aquello que solamente cobra sentido en virtud de la relación entre el pasado y el presente del relato, que es también la relación entre lo dicho y lo no dicho.

El personaje Rufino Velázquez representa, pues, la aristocracia vacuna, por su nombre de pila (ligeramente teñido de un toque de patricio romano), y la inclinación artística por su nombre de familia (que alude al pintor español): el conjunto revela una incoherencia, o mejor dicho una vida inconclusa en la incapacidad para seguir el modelo paterno del estanciero, donde se une también la negativa a la continuación de la estirpe (el protagonista muere sin haberse casado y sin dejar descendientes). No es por azar que su cuaderno de notas autobiográficas –transcripto luego en tercera persona por el editor intermediario– haya sido ofrecido en París para una lectura intermitente y fragmentaria, es decir, por partes, sin ningún propósito de perspectiva global a una de sus amantes ideales. Esta manera de exhibición fragmentaria de la propia vida de Rufino Velázquez vendrá a sostener, en rigor, que no existe la posibilidad de una totalidad, así como no hay una finalidad en los destinos humanos y ningún recorrido vital sigue un *telos* que estuviera determinado por un ser superior.

Como en una fantasmagoría gótica el espectro que recorre el texto tiene que ver con el miedo al incesto de una clase social en decadencia. Esto se documenta en el juego de identidades que representan las dos medio hermanas entre sí que podrían haber sido engendradas por el padre de Rufino: Inés Hurtado (bajo otro nombre, luego, Inés Venturelli) y Laura Estévez. Estas dos figuras femeninas están no sólo vinculadas por un pasado común que la novela finge ocultar –la madre de ambas figuras ha sido una cazadora de fortunas–, sino también por el hecho de que son personajes dobles que sirven de anzuelo del deseo en el protagonista. En efecto, Rufino Velázquez, enamorado toda su vida, sin confesárselo, de un antiguo compañero de colegio, Néstor Sagasta, sólo puede sentir pasión por las mujeres que su héroe modélico ha llevado al lecho. En este sentido, como afirma René Girard, el ser humano parecería responder a la incitación amorosa mediante lo que el crítico francés ha denominado "ilusión romántica" y que se produce mediante una triángulo de los afectos: amaríamos aquello que un ser Otro elige como investidura de objeto. Sin embargo, si esto coincide tanto con el esquema sentado por Girard y también parece propio del ambiente perverso de las clases burguesas pintadas por Henry James, Bianco le da otra vuelta de tuerca a la figura triádica, en tanto agrega una carga homoerótica que el crítico francés también analiza cuando habla del tema de la rivalidad entre dos hombres que se encuentran doblemente ligados por el objeto de su deseo y por sí mismos. Girard critica en este punto a Freud, de manera acertada, al indicar que el maestro del psicoanálisis no comprendió que el deseo del mediador es el factor esencial en la deseabilidad de la mujer implicada en el triángulo.[2] En el caso de la relación Rufino-Néstor se puede hablar de una homosexualidad latente entre los personajes, especialmente porque los implicados no comprenden el mecanismo de su rivalidad,[3] es decir es un "gender trouble", al decir de Judith Butler. En efecto, en ese clima ligeramente decadente y depravado de las *élites* agropecuarias argentinas previas a los años sesenta, Rufino y Néstor usan, dos veces diferentes, a la misma mujer como puente de una relación erótica inexpresable.

La sutileza y ambigüedad del texto de Bianco va pautando ante el lector un "déjà-vu", a medida en que se descubre (lo que le sucede también a los personajes) que el esquema se repite en tiempos y lugares distintos, como si un determinista darwiniano se estuviera burlando de la biografía que el "editor" comisionado por el protagonista debe escribir, pues las dos mujeres de Buenos Aires y París han tenido la misma progenitora. La autobiografía pasa, en proceso de construcción, bajo nuestros ojos a ser una biografía en tercera persona y de allí una novela psicológica, es decir, este es el texto completo llamado *La pérdida del reino* que tenemos entre manos, después de varios avatares que muestran, como en una escultura de Rodin, las figuras a medio tallar emergiendo del mármol natural. El título ha sido puesto, en definitiva, por el "editor", una figura más del proceso de poner por escrito una historia y que tiene la particularidad de dejar fijado en un eje inamovible el pivote del punto de vista único. Este mediador será así el ejecutor de un testamento artístico erigido en una "fuente sagrada" en la que el arte vence a la vida, como propiciaban los "décadents" finiseculares. En el mismo sentido, hay que anotar que a diferencia de autores claves de la novelística de vanguardia, como Kafka o Faulkner, también traducidos al español por los mismos años que James, el autor modelo para José Bianco es un escritor "bisagra" a principios del siglo XX, como lo pudo haber sido, por ejemplo, Jane Austen cien años antes; es decir, son autores que sirven de pasaje a las huestes de avanzada de los años posteriores. Es, por ello, que, hasta cierto punto, la empresa de Bianco parece no sólo una obra de traducción y aclimatación, sino también de rescate.

La duda que surge aquí es, sin embargo, si ese operativo de rescate podría medir fuerzas con proyectos más modernizadores de la narrativa como los habían cundido en el Río de la Plata, desde hacía varias décadas. La impresión, entonces, es que el proyecto Bianco se hallaba en peligro de pasar inadvertido. Piénsese ahora que los años 60 habían traído la avasalladora presencia de los experimentos de Cortázar con *Rayuela* y, luego, el proyecto faulkneriano de Puig en sus dos primera novelas (*La traición de Rita Hayworth* y *Boquitas pintadas*), donde se le cede la palabra a la gente común y, sobre todo, donde se renuncia a la instrospección psicológica a favor de una observación conductista en una amplia galería de personajes típicos de un medio pueblerino, donde lo que prima es la multiplicidad de los puntos de vista. Otro elemento que aleja el proyecto de Bianco del de Cortázar y Puig es su cumplimiento del decoro, algo que ya Joyce había quebrado —como representante clave del huracán devastador de las vanguardias históricas— en el segundo capítulo de su *Ulysses*, cuando el protagonista se limpia el trasero con el cuento premiado en la revista que ha estado leyendo en el retrete. Nadie podría imaginarse tampoco que tal episodio figurara en una novela de Henry James, quien seguía siendo un victoriano hasta su muerte ocurrida en 1916 (como, por otra parte, por motivos de rara coincidencia onomástica —o no tanto—, también lo era Bianco).

No es azaroso decir aquí que justamente José Bianco, quien ya habiendo roto con Victoria Ocampo cuando publica *La pérdida del reino* en 1972, no deja de rendirle tributo a la directora de *Sur* mencionando en su novela que: "Después de la liberación, cuando una argentina reunió víveres y artículos de primera necesidad para los intelectuales, le encomendó a Mlle Moreau que los distribuyera" (la dama argentina era naturalmente Victoria Ocampo, y la francesa Adrienne Monnier). Pero Bianco igualmente, como gran conocedor de lo que *Sur* todavía parecía sancionar, se pliega a un pudor narrativo típico de su generación, evitando: 1. la aparición de escenas directamente escabrosas (aunque la perversión recorra el texto por lo bajo, así como el fantasma del incesto); 2. la mención de cualquier elemento que implique el surgimiento del peronismo; y 3. el tratamiento explícito de una relación homosexual.

Para ceñirnos exclusivamente a estos tres tipos de silencios, se podría decir que, en principio, el tratamiento de la sexualidad en Bianco se parece demasiado a un pudor "victoriano", especialmente si se piensa que Puig habría de publicar al año siguiente una novela como *The Buenos Aires Affair*, que se atreve a mucho más, porque su autor ha percibido ya el derrotero de lo que hay que derribar en cuanto a tabúes discursivos, pensando en términos lacanianos.

La inexistencia del peronismo en el texto de Bianco parece un malabarismo todavía más extraño, pero podría ser considerado también como una virtud de la novela, si se lo ve como el revés de la trama: aquello que los personajes burgueses callan aviesamente. En cuanto a la relación homoerótica de Rufino y Néstor, es cierto que Bianco no ha necesitado más de lo que pone evidencia, en tanto el misterio de una sexualidad no declarada condice con la franja de misterio que la pluma del autor asume para dejar en la sombra lo inexpresado o inexpresable. También esa relación entre los dos hombres es un acto inconcluso.

Sin embargo, para terminar, retomemos la idea de inconclusividad que juega un papel tan importante en esta novela. El narrador-editor se ve compelido a llenar los espacios indefinidos del cuaderno de notas, asumiendo que esa falta es la que acerca el texto a una condición más plena. El resultado, como el propio proyecto creador de José Bianco, se entorpece justamente porque el texto fragmentario e irresuelto se topa con una época que desmorona los puntos de partida: la propia década del 70, donde nada de lo anterior tendrá vigencia sin una cruda revisión. Esta misma inconclusión en obra creativa y en el proyecto de Bianco parece haber sido un artificio estético y una humildad artística. Hoy tal vez sea el momento para releerlos.

Notas

[1] Enrique Pezzoni, "José Bianco", *Enciclopedia de la literatura argentina*, Buenos Aires: Sudamericana, 1970. 88-89.

[2] René Girard, *Mensonge romantique et vérité romanesque*, Paris: Bernard Grasset, 1961. 35.

[3] René Girard, *To Double Business Bound*. Baltimore: Johns Hopkins University Press, 1988. 3.

J. B. en letras de molde

Héctor Libertella

De cuantas aventuras puede tener un editor, tal vez la más representativa en mi caso haya sido haber publicado, en distintos momentos, casi el 100% de la obra de José Bianco en lugares tan distantes como en Monte Avila de Venezuela, la Universidad Nacional Autónoma de México y el Fondo de Cultura Económica en Argentina.

Esa peripecia comienza en 1976, cuando le pedí a Bianco una recopilación lo más amplia posible de sus ensayos y conferencias. Tantos capítulos incluía él por semana como siete días después los volvería a quitar, y en ese deambular anduvimos juntos hacia atrás y adelante durante varios meses, sin avanzar un palmo. El libro apareció, al fin, como un fantasma inesperado.[1] Para esa época, nosotros ya estábamos en otra cosa. Trabajábamos, de hecho, en una nueva edición de *La pérdida del reino*.[2] Como una práctica del más allá, llegamos a tirar siete (7) pruebas lentas y sucesivas de página, enredados en la intriga de las nuevas correcciones de Pepe Bianco, las fantásticas interpretaciones caligráficas de Hermán Mario Cueva (que hacía las veces de revisor) y mis indagaciones como súbito intermediario de ellos dos. Fue una gran época de relaciones públicas.

En 1981 le pedí a Pepe, ahora desde México, otra recopilación de ensayos para difundir su obra en un país que lo amaba en secreto y en cofradías. El diálogo de ida y vuelta se prolongó mucho más de lo que ya duraba el largo título del manuscrito que me envió, *Homenaje a Marcel Proust seguido de otros artículos*. Pero esta vez sería una discusión, en realidad, genérica. Insistía yo con la gruesa palabra "ensayos" y la picardía de Pepe me recomendaba algo como *light*: "artículos". De manera que la cuestión finalmente tuvo que ser dirimida por uno de sus más obstinados discípulos, Alejandro Rossi, a la sazón Director de Publicaciones de la UNAM. La distancia entre México y Buenos Aires me eximió aquella vez de mostrarle galeras o pruebas de página, pero la transgresión y la culpa jamás me permitieron leer después la versión impresa,[3] ni él me comentó nada sobre las posibles erratas o fallas (aunque en realidad sí lo hizo, a su manera, porque ya de vuelta en Buenos Aires lo encontré más sabio y precavido que nunca: "Mi querido, ¡todavía no tuve tiempo de leer ese librito *tuyo!*").

La siguiente experiencia fue la fundamental, definitiva para mí. Se trataba de compilar para el Fondo de Cultura Económica algo parecido a sus Obras Completas. Esto iba más lejos de lo que un Escritor Omnímodo podía dictarle a su secretario. Pepe reconoció que debió ACEPTARLO TODO y eso se me hizo, por fin, humano. Revolvimos entonces durante días en los baúles de aquel inefable departamento suyo de Juncal y Larrea, conseguimos recortes amarillentos que comenzaban en el "Casanova" de 1929, publicado en *La Prensa*, y terminaban en el "Borges", de 1986. Es decir, ¡por Dios!, todo lo que fuera apareciendo, *lo más*, sin censuras mutuas, como una clave callada para no perder tiempo en la habladuría de las interpretaciones. ALGUIEN ALLÍ YA NO PODÍA PERDER TIEMPO.

El trabajo se cumplió según ese milagro que produce una urgencia de vida. Armamos el volumen en pocas semanas y hoy por hoy es el monumento de José Bianco que podemos exhibir con orgullo al mundo.[4] Desde aquel cuento de *La pequeña Gyaros*, que publicó en 1932 y corrigió en 1983, hasta *Las ratas, Sombras suele vestir*, buena parte de *La pérdida del reino* y muchas de las entrevistas y conversaciones que dispensó a los medios, aquí y allá: su poética evasiva (la del lector civil que era él, no la de un escritor militante); y todos, todos sus "artículos" –los papelitos pegados y las correcciones a mano de Pepe hoy serían un botín para la crítica genética.

Lo visité en el Sanatorio Otamendi un día antes de su muerte. Mi afición de aquellos años por los juegos fonéticos lo ponía de muy mal humor. Así que le dije, temblando, pero con el empaque que en esos casos provoca el miedo de ser joven: "Pepe, ¡ya tengo el título del libro! ¿Te suena bien *Ficción y reflexión?*" Detrás del vidrio de su máscara de oxígeno se me apareció la sonrisa más transparente que haya visto en este mundo. Ni siquiera sé si fue de aprobación. Me perdí una vez más en el éter Bianco...

Bianco murió un 24 de abril de 1986 y el libro apareció casi dos años después. El tiempo que pasó desde entonces me absuelve de todo posible crimen editorial. Hice que *no* incluyeran mi nombre en la forma de ningún crédito, y hasta el día de hoy creo que esa decisión tuvo un motivo más siniestro o familiar que cualquier aspiración momentánea de prestigio para un editor en ciernes. Yo sólo quería hacerle un homenaje, sí, pero un homenaje al estilo de él: una ofrenda, digamos, mimética. Quise parecerme a Pepe Bianco, aunque sólo fuera por un rato. A él, que ahí estuvo una vida, transparente, fantasmal, anónimo, en las cientos y cientos de páginas corregidas, cuidadas, revisadas que le publicó a tanta gente en la revista *Sur* durante más de veinte años.

Así es como siempre y siempre regreso a él y me vuelve a alucinar la oportunidad de haber podido ser yo —alguna vez en mi vida— su tipógrafo personal, su nadie o, cómo decirlo, su N.N. privado.

Notas

[1] *Ficción y realidad (1946-1976)*, Buenos Aires: Monte Avila, 1977.
[2] *La pérdida del reino*, 2a ed., Buenos Aires: Monte Avila, 1978.
[3] *Homenaje a Marcel Proust seguido de otros artículos*, México: UNAM, 1984.
[4] *Ficción y reflexión*, México: Fondo de Cultura Económica, 1988.

Estimado amigo;

Trataré de contestar lo mejor posible a sus preguntas.

He nacido el 21 de noviembre de 1910. 1911 es un error que debe provenir del librito de Anderson Imbert ~~(no lo tengo a mano, así que no puedo verificar)~~. Ahora que pienso (hace muchos años) Anderson me escribió y preguntándome si había nacido en 1910 o 1911. No le contesté? Si le contesté 1911, resulta que me he quitado un año. Lo siento mucho.

Fui a una escuela primaria del estado. De sexto grado a cuarto año es- *(media)* tuve pupilo en un colegio de curas. En cuarto año me pasé a un nacional del estado para ir al colegio solamente de mañana ~~en vez de mañana y tar-~~ ~~de.~~ *No me gustaba el derecho.* Estudié abogacía, ~~pero con mucha lentitud, me aburría el derecho.~~ En casa intervenían ~~muy poco~~ en mis estudios. Mi padre solía decirme, son- riendo: "Cuarenta materias; dos materias por año: veinte años." En mi épo- ca, la carrera de abogacía constaba de veintiséis materias, *cuando yo* y me faltan *único* ~~cuatro~~ para graduarme ~~(o cinco: no estoy seguro). Recuerdo que~~ Cuando Vic- *0.* toria ~~siempre~~ me ofreció el puesto de Sur - hacía rato que había muerto mi padre - le contesté que empezaría a trabajar dentro de quince días porque tenía que rendir derecho marítimo, el último de los comerciales. Ella, que es muy impaciente, me llamaba por teléfono: "Ché, todavía no ha dado exá- men?" Di exámen, aprobé, pero desde entonces no ~~se me pasó por la cabeza~~ *rendir* ~~rendir~~ ningún otro. Insensiblemente, abandoné una carrera que no me inte- resaba. El Nº 47 de Sur (dedicado a Sarmiento) ya está preparado por mí.

Desde chico me ha gustado la lectura. Cuando me pasé al nacional Bel- grano solía hacerme la rabona, o la rata, como decimos nosotros (los espa- ñoles dicen "hacer novillos") ~~la hago esta aclaración por si usted no en- tiende los argentinismos)~~, escondido en la biblioteca de mi padre, ~~don- de nadie entraba, (mi~~ *(el)* padre salía desde temprano.) ~~En aquella época, la bibliotoca quedaba en el subsuelo de la casa.~~ Cuando mi padre murió (ya nos habíamos mudado a otra casa) doné su biblioteca al Museo Social.

Mi padre es el José Bianco que usted menciona. Fue profesor, ~~no sólo de~~

José Bianco corregía obsesivamente sus textos como se aprecia
en estos fragmentos de una carta.

Bianco en Eudeba

Susana Zanetti

"Afrancesado", apenas chismoso, afectuoso e irónico, Pepe todavía me protege del encierro académico y de todo regodeo en la soberbia aldeana tanto como de las traiciones del olvido. Extraño nuestra amistad, ese cariño delicado y franco, trasfondo entrañable de sus lecciones de literatura y de modestia. Conocí por su intermedio a muchos escritores extranjeros, especialmente franceses, y asimismo a otros tantos latinoamericanos, de los cuales fue amigo –Xavier Villaurrutia, Virgilio Piñera... Nos contaba también muchas cosas interesantes sobre algunos de ellos, como por ejemplo, que había recomendado a Sudamericana la edición de *Nadie encendía las lámparas*, cuyo título, además, había sugerido a Felisberto Hernández. "Fue una de las personas que más he querido", dije en una entrevista publicada en el libro de Delia Maunás sobre la historia intelectual de Boris Spivacow.[1]

Esta referencia breve intenta solamente aclarar desde qué lugar hilvano materiales que pueden ser útiles para encarar la historia intelectual de una importante figura de nuestra cultura como fue Bianco, tanto por su papel en la modernización de la industria cultural como en cuanto promotor de nuevas propuestas estéticas, o de autores hispanoamericanos y extranjeros en el campo intelectual porteño, dado su rol en la revista *Sur* y en Eudeba (Editorial Universitaria de Buenos Aires), cuyos efectos se multiplicaban por su difusión en los distintos centros de América

Latina. Este eje, elegido para estas pocas páginas, explica que deje de lado la narrativa y los ensayos críticos de José Bianco, los cuales, afortunadamente, interesan hoy cada vez más a los estudiosos de la literatura. A partir de estos últimos sin embargo, planteo la introducción a mi tema.

"El yo que produce las obras está oculto, para los amigos del artista, por el yo interior, y acaso ese yo exterior valga menos que el de muchas personas" (*Ficción y reflexión*, 172). Esta afirmación recorre un buen número de los artículos compilados en *Ficción y realidad*, la primera antología de los ensayos de Bianco, en los que, haciendo causa común con los ataques de Proust a la preponderancia de lo biográfico en Sainte-Beuve, expone Bianco su desacuerdo con las biografías o las revelaciones sobre la vida privada del mismo Marcel, como si oblicuamente reflexionara acerca de su resistencia a simplificar las referencias a la suya propia, a rechazar la lectura "en clave" o la trivialización de los secretos procesos de la creación literaria. Para respaldar estas ideas Bianco acude a la cita de textos de Franz Kafka y Roland Barthes, en los cuales ambos introducen la distancia insobornable que impone la muerte en la comprensión de los enigmáticos lazos entre vida y obra: "'La muerte irrealiza la firma del autor –dice Roland Barthes en *Critique et verité*– y hace de la obra un mito: la verdad de las anécdotas se agota en vano tratando de alcanzar la verdad de los símbolos.' Barthes cita al pie de página una reflexión de Kafka: 'Lo que hace que el juicio de la posteridad sobre el individuo sea más justo que el de sus contemporáneos reside en la muerte. Uno no se desarrolla a su manera sino después de muerto'." (*Ficción y reflexión*, 174).

Me detengo entonces en esta atracción conflictiva por los géneros autobiográficos[2] con el fin de que opere como preámbulo y contexto de estas notas, pues cuando Bianco ya se entrega a *La pérdida del reino* (1972), para nada ajena a los desplazamientos de lo autobiográfico a la escritura, dirige en Eudeba la colección *Genio y figura*, pensada desde el autor, y desde la relación estrecha entre vida y obra.

El propósito de la colección era introducir a un público lector muy amplio y con competencias disímiles respecto del conocimiento sobre escritores latinoamericanos. Los libros se organizaban a partir de una antología de textos que se iban tramando según episodios de la vida del autor elegido, atendiendo especialmente a sus intereses, problemas, discusiones, estéticos e ideológicos, vinculados al contexto literario, cultural y social de la época, ilustrados con abundante material gráfico –fotografías, dibujos, pinturas, etc., que incluían retratos del escritor, de familiares o de personajes del ámbito intelectual, artístico o político, así como de los espacios en que había vivido. El modelo era *Les Ecrivains d'aujourd'hui* de la editorial francesa Du Seuil, como aclara Spivacow en las entrevistas recién mencionada con Delia Maunás.[3]

Al hacerse cargo de esa tarea Bianco aceptaba la "razón biográfica" de la colección planeada por Boris Spivacow, gerente general de Eudeba, cuando en 1961 le encomendó la dirección de *Genio y figura*. Hasta ese momento venía colaborando en la editorial con trabajos de revisión del estilo de las traducciones de Platón, hechas por especialistas, bajo la dirección del filósofo italiano Rodolfo Mondolfo, exiliado en Argentina durante el gobierno de Mussolini. Con el nuevo cargo, Bianco pasaba a integrar el personal estable de la editorial,[4] hecho que colaboraba en reparar las dificultades económicas ocasionadas por la renuncia a *Sur*, luego de veintitrés años de trabajo en ella. Pero, sobre todo, esta colocación lo reinsertaba en el campo intelectual de Buenos Aires, enrolado en un proyecto cultural de envergadura de los años sesenta, muy distanciado del llevado adelante en *Sur* por Victoria Ocampo desde la década de 1930, secundada por Bianco como secretario de redacción de la revista, desde la formalización de su nombramiento en 1938. Diferían ambos por el carácter institucional, los intelectuales involucrados y los programas editoriales. A pesar de estas discrepancias, ambos proyectos coincidían en el rechazo a todo encierro en un nacionalismo estrecho.

Comprendida en los planes de actualización del conocimiento, del interés puesto en el mejoramiento de las herramientas y las condiciones de funcionamiento de las instituciones educativas del país, y en el marco de la política desarrollista triunfante, Eudeba había sido fundada en 1958 por el rector de la Universidad de Buenos Aires, Risieri Frondizi, hermano del presidente de la república, Arturo Frondizi, como una sociedad de economía mixta, estatuto que aseguraba a su directorio (constituido por profesores de la universidad) independencia para la elección de los libros a editar, de las tiradas y de los modos de venta. En suma, aseguraba la toma de resoluciones en la administración de los recursos sin la obligación de supeditarse a la burocracia universitaria.

Luego de la intervención de la universidad a la caída del presidente Juan Domingo Perón en 1955, este proyecto editorial surgía ligado a las ideas de grupos dirigentes de las facultades de Ciencias Exactas y Filosofía y Letras, quienes tuvieron además un rol importante en otras instituciones culturales creadas entonces, como José Luis Romero, Manuel Sadovsky o José Babini. Concretado el diseño general de Eudeba, confiado por las autoridades de la universidad al gerente del Fondo de Cultura Económica de México, el argentino Arnaldo Orfila Reynal, el ingeniero José Babini fue designado presidente del directorio y gerente general el profesor de análisis matemático de la Facultad de Ciencias Exactas, José Boris Spivacow.

Eudeba comenzó enseguida a funcionar en un edificio de la universidad en la calle Florida, también sede de las nuevas carreras de Psicología y Sociología. El ambiente cultural de ese tramo de la calle Florida, verdaderamente notable y del cual hoy no quedan rastros, concentraba en unas pocas cuadras el Instituto Di Tella, varias importantes galerías de arte, teatros, cafés y bares a los que concurrían artistas plásticos, escritores y estudiantes, pues a pocos metros estaba la Facultad de Filosofía y Letras, y muy cerca de ésta, el edificio de la revista *Sur*. Un entorno por cierto que contribuía a volver menos extraño al nuevo grupo de trabajo en el que se insertaba Bianco, diferente, tanto por la pertenencia social, las concepciones acerca de las élites y las funciones del arte y de la cultura, como por sus posiciones ideológicas de izquierda o cercanas a ella.

Nucleado por sus competencias profesionales y por la proyección de muchos de ellos en el campo intelectual, formaban el equipo de Eudeba, entre otros, Rodolfo Mondolfo, ya mencionado, Gregorio Selser (periodista reconocido sobre todo por su biografía de

Sandino), la pedagoga Olga Cossettini, el diseñador Oscar Díaz (responsable de la moderna imagen gráfica de la editorial), poetas como Máximo Simpson o Luisa Futoransky, o novelistas como Pedro Orgambide, a los que se sumaban algunos jóvenes aún estudiantes o recién egresados de la universidad, como Aníbal Ford, Beatriz Sarlo y yo misma.

Este equipo (ha alcanzado con el tiempo dimensiones míticas, a causa también de su continuidad en el Centro Editor de América Latina) se caracterizó por un notable espíritu de cuerpo bajo la dirección de Spivacow. El resultado de su actividad, la producción editorial de Eudeba, se ensambla con la de otras instituciones muy importantes del momento, creadas también en los fines de los cincuenta, responsables en buena medida de los intensos impulsos modernizadores que singularizaron la actividad cultural de la década del sesenta y aún más tarde.[5] Es necesario recordar entre ellos la fundación del Instituto Di Tella en 1958, la inauguración ese año del Fondo Nacional de las Artes, tanto como el surgimiento de nuevas editoriales y de la irrupción de la modalidad periodística del semanario. Unas y otros respondían a las expectativas y exigencias de "estar al día", de completa información sobre la actualidad nacional, latinoamericana y extranjera, de un nuevo público lector generalmente muy politizado, así como muy interesado en lo que ocurría en el mundo del espectáculo, de las artes y de la literatura. Tanto los libros de las editoriales ya canónicas (Losada o Emecé), como los de Fabril Editorial, Jorge Alvarez o Eudeba, junto a las revistas culturales o los semanarios recién aparecidos –*Primera Plana* (1962), *Análisis* o *Confirmado*–, todos ellos en mayor o menor medida se preocupaban por cubrir las demandas, favorecidas por el desarrollo creciente de la industria cultural, de circuitos diferenciados en el consumo masivo.

Al mismo tiempo, la preocupación de Eudeba por incluir en su catálogo un importante número de libros que cubrieran los requerimientos de la modernización emprendida en el campo de las ciencias, estaba comprendida en el interés más general del Estado por el desarrollo de la investigación científica y tecnológica, perceptible, entre otros eventos, en la fundación de centros tales como CONICET (Consejo Nacional de Investigaciones Científicas y Técnicas), INTI (Instituto Nacional de Tecnología Industrial) e INTA (Instituto Nacional de Tecnología Agropecuaria).

El lema "Libros para todos" de la editorial se insertaba claramente en un ámbito de expectativas sobre lectores y mercado, sobre las funciones culturales y sociales del libro que, en el caso de EUDEBA se basaba, por una parte, en la producción de libros en rústica, generalmente de formato de bolsillo, cuyas tiradas permitían mantener precios muy bajos y, por otra, en una comercialización según las nuevas modalidades de circulación que puso en práctica.

En tanto empresa con una fuerte apuesta a la divulgación en muy diferentes niveles, el número de ejemplares por impresión variaba de 30.000 ejemplares (mayores en algunos casos) a 10.000, aun si se trataba de un libro destinado a graduados universitarios, a estudiantes o a un público más especializado.[6] Librerías instaladas en las diversas facultades dependientes de la Universidad de Buenos Aires y en otras universidades del país, y especialmente la venta a través de quioscos callejeros de Eudeba, inmediatamente reconocidos por su diseño, aseguraban un fácil acceso a sus libros, y por ende, el alcance de la difusión cultural deseada.[7]

Bianco mostró su plasticidad para aceptar sin problemas la orientación pensada para *Genio y figura* y para integrarse a sus compañeros de trabajo, siempre conservando un perfil bajo y con un cariño hacia Spivacow que seguramente lo ayudaba a soportar algunos de sus exabruptos. También Pepe se ganaba rápidamente el afecto con ese aire modesto que atenuaba la significación que le había dado su actuación en *Sur*, amparado además en la discreción de sus trajes grises y la suavidad de su trato, que se hacía notar sólo por sus ironías y el humor con que narraba anécdotas o hilvanaba recuerdos de experiencias propias o de los personajes de sus lecturas.

En *Genio y figura* buscó equilibrar la presencia de escritores canónicos del pasado con los del presente, presentados por críticos dispuestos a ampliar las perspectivas académicas a intereses más generales, valiéndose de un lenguaje accesible a un lector no especializado. Trató también de que fueran buenos colaboradores para obtener el material ilustrativo que la colección requería, problema no menor, sobre todo porque un buen número de los escritores escogidos eran hispanoamericanos del siglo XIX. Se trataba de ejemplares de pequeño formato (10 por 18 cm), en papel ilustración e ilustrados en blanco y negro, en ediciones normalmente de 10.000 ejemplares.

Bianco cuidó minuciosamente todos los pasos del proceso de edición de una colección de suyo compleja. Por una parte, como es habitual en esta profesión, debió sortear y resolver con éxito las preferencias –o las antipatías– de los parientes de los autores a comentar, cuando eran todavía herederos de derechos o poseían los materiales gráficos más importantes, de los cuales dependía la edición del libro. Por otra, la elaboración de los textos críticos, en su mayoría realizada fuera de la Argentina, su revisión y compaginación con las ilustraciones, demoró la aparición de la colección, que se inició en 1964 con tres volúmenes, dedicados a Rubén Darío, Jorge Luis Borges y Pablo Neruda, cuyos autores fueron Roberto Ledesma, Alicia Jurado y Margarita Aguirre respectivamente. La presencia de escritores prestigiosos contemporáneos como los dos últimos, se alternó con autores ya clásicos, para cuyo tratamiento Bianco eligió, coincidiendo con las modalidades de Eudeba en este terreno, tanto a profesores, críticos o escritores ya consagrados como a figuras que empezaban a destacarse en el campo intelectual de sus respectivos países, según puede apreciarse en la breve enumeración que consigno.

El poeta José Luis González Lanuza escribió *Genio y figura de Roberto J. Payró* (1965), Conrado Nalé Roxlo y Mabel Mármol fueron los autores de *Genio y figura de Alfonsina Storni* (1964), en tanto Jorge Cruz tuvo a su cargo *Genio y figura de Florencio Sánchez* (1966) y Germán Arciniegas, *Genio y figura de Jorge Isaacs* (1967); Ramón Xirau fue responsable de *Genio y figura de Sor Juana Inés de la Cruz* (1967), Fernando Alegría, del volumen sobre Gabriela Mistral (1966) y Hernán Poblete Varas, del dedicado a otro escritor chileno, Alberto Blest Gana, aparecido en 1968. Entre los críticos más jóvenes podemos mencionar a José Miguel Oviedo con *Genio y figura de Ricardo Palma* (1965) o a Ivonne Bordelois con *Genio y figura de Ricardo Güiraldes* (1967), entre algunos otros.

El golpe de estado del general Onganía a mediados de 1966 clausuró los avances en la modernización y democratización de la universidad, especialmente el 28 de julio de ese año con la toma del rectorado, conocida como "la noche de los bastones largos", episodio inicial de la intervención de las universidades del país, en este caso de la Universidad de Buenos Aires. Estos hechos provocaron las renuncias masivas de sus cuerpos docentes y de la mayoría del personal de Eudeba, el 3 de agosto, entre ellas, la de José Bianco. Hasta ese momento, Bianco había dirigido la producción de unos 20 volúmenes, de los cuales la mitad, ya lista para ser editada, se publicó en los años siguientes al golpe de estado y bajo las nuevas autoridades de Eudeba. A partir de entonces se concentró en las traducciones, con las cuales ya había logrado prestigio profesional, y en la escritura de *La pérdida del reino*.

He intentado proporcionar una información escueta, breve, con los datos indispensables para conocer la actividad de José Bianco en Eudeba. Me pareció prudente mantenerme en ese marco, que respeta sus convicciones acerca de la "verdad" de un autor, al referirse a los textos biográficos sobre Proust, de las cuales transcribo un fragmento de la página 43, que aclara los límites en que he encuadrado esta nota: "El yo exterior de Proust... aparece en su casi infinita correspondencia, en los ensayos de carácter biográfico que han escrito sus amigos y en los libros de aquellos que no lo conocieron pero que se han basado en esos documentos para reconstruir su vida privada con mayor o menor fortuna. Hoy, que Proust cumpliría cien años, el lector reflexiona sobre su vida real y su obra literaria... y se pregunta '¿La vida real? ¿Cuál es la vida real?'"

Notas

[1] Delia Maunás, *Boris Spivacow. Memorias de un argentino*, Buenos Aires, Colihue, 1995, 208.

[2] Pueden verse al respecto, en los artículos de *Ficción y realidad*, además de sus críticas a trabajos biográficos sobre Proust, las largas reflexiones sobre el diario de Léautaud.

[3] Delia Maunás, 54.

[4] "La señora de Mantovani fue a hablarme para ver si le podíamos dar trabajo en Eudeba." Recuerda Spivacow en Delia Maunás, *op. cit.*, 57.

[5] Véase Oscar Terán, *Nuestros años sesentas*, Buenos Aires, Puntosur, 1991.

[6] Entre las tiradas de más de 30.000 ejemplares, el caso más notable quizás sea la edición de *Martín Fierro*, con ilustraciones del conocido pintor Juan Carlos Castagnino, a cuya primera edición de 50.000 ejemplares, agotada en menos de un mes, siguió una segunda de 70.000 ejemplares, también vendida rápidamente, y una tercera de 50.000, a la que se agregaron muchas otras, que señalaron su continuado éxito y fama.

[7] "Hicimos más de mil títulos hasta que nos fuimos de Eudeba" resume Spivacow en Delia Maunás, 45.

La edad de la discreción

María Moreno (Cristina Forero)

A fines de los setenta, José Bianco vivía como un hombre raptado mientras otros desaparecían. En su departamento de la calle Juncal, entregado con negligencia estudiada al polvo y las goteras, no fui bienvenida. Mi cabellera frisada que aumentaba mi altura unos diez centímetros, el nombre de la revista en que trabajaba –*Pluma y pincel*– mi cortedad de palurda, parecían ser la rúbrica de lo que él parecía experimentar como la certeza de su eclipse, de la que se quejaba sin ser del todo explícito. Le pregunté sobre unos ensayos que estaba por publicar. Me contestó con hostilidad: "¿para qué pregunta sobre unos autores que ni siquiera conoce?". No tenía motivos: mi modesta iconoclastia había llegado, al menos a la *Moira* de Julien Green, uno de los autores que él me reprochaba desconocer. El tema de sus traducciones le permitió descargar sus críticas a Violette Leduc, a quien yo admiraba en gran medida debido a la pluma de Bianco y cuya obra él consideraba una burda réplica de la de Genet. No advertí entonces que su contagioso malestar tal vez no me estuviera dedicado y que éste no debía ser ajeno a la situación política, aunque yo, en una suerte de huída de mi propio entorno "vanguardista" y politizado, no hubiera ido a entrevistar precisamente a alguien que se encontraba en el corazón de los acontecimientos. Torpe y con la evidencia de que mi torpeza me era subrayada de mil modos, aun sin nombrarla, me volví más torpe. Bianco no me había ofrecido nada para tomar. Hablaba sin estar presente como quien arrepentido por haber aceptado una situación a disgusto la atraviesa sin disimular su impaciencia, con una resignación que raya en la descortesía. Cuando yo lo halagaba me cortaba con un "¿Sí?" indiferente, propio de la modestia afectada. Comencé a sentirme mal. Se me nubló la vista y sentí ese zumbido en los oídos que, yo sabía, precede la lipotimia. —Me voy a desmayar –dije con un hilo de voz. Me miró con una mezcla de incredulidad y alarma. Luego: fundido a negro. Cuando volví en mí tenía sobre la mesa un vaso de whisky bien servido. —¡Querida, usted es tímida! –Bianco parecía aliviado. Su voz cambió para discurrir en anécdotas literarias de una picardía casi obscena, de una maldad feroz, recreada en una suerte de teatro donde preponderaban los tonos bajos, meliflúos y que, a menudo, imitaba el estilo de Sacha Guitry. Entonces, sólo entonces, la entrevista *sucedió*.

—Usted no sabe lo que es haber sido un escritor no acorde con su tiempo y, encima, de la misma generación de Borges –se desplomó casi con un ademán de amistad.

Pero su mutación se produjo con el grabador apagado. Además Bianco era de los que exigían leer los originales de la entrevista antes de que ésta fuera publicada. Yo era, *in situ*, bastante obsecuente y decía menos lo que pensaba que aquello destinado a probar al entrevistado que conocía su obra. Daba un examen que nadie me pedía y sobre todo, que nadie valoraba. En el caso de Bianco, el resultado es una entrevista previsible –apenas la corrigió– donde él carece del encanto que exhibe en algunos videos como el que hizo Julio Jaimes, con Daniel Balderston como entrevistador. Pero en ese momento fue la única entrevista que sacaba a Bianco del closet, en un sentido más literal de lo que la palabra "closet" adquiriría más tarde. En ese breve texto me sobresalta tanto mi cautela como el hecho de que lo haya firmado con mi nombre "verdadero". Y esa pregunta donde parezco creer en algo a lo que denomino *técnica* literaria.[1]

—Empecé a escribir hace tantos años que me he olvidado cuándo. Lo primero que publiqué era una crítica. Yo era joven; estábamos en el campo y fuimos a la ciudad de Azul. Compré un libro en una librería y se me ocurrió escribir lo que pensaba sobre él. En la casa donde yo estaba había una colección de la revista *Nosotros*, entonces mandé mi nota a esa revista, a Roberto Giusti y salió publicada. También fue reproducida en una revista francesa porque el libro era de un escritor francés, Jean-Jacques Brousson y se llamaba *Itinéraire de Paris à Buenos Aires*. Mi nota era muy favorable al libro cuando, en general, todas las que habían salido en la Argentina no lo eran. Luego, un señor que tenía que ver con unas publicaciones italianas, Lamberti Sorrentino, me pidió que hiciera un artículo desarrollando esa nota. Creo que eso fue lo primero que publiqué.

—¿Nunca había escrito poemas, por ejemplo?

—No, nunca pude, ni lo intenté.

—¿Cuándo comienza su verdadera relación con la literatura, su acceso al ambiente literario, a una publicación más asidua?

—Bueno, yo en ese momento, cuando envié mi nota a *Nosotros*, no conocía a nadie que tuviera revistas, que estuviera vinculado al ambiente literario. Luego publiqué un cuento en *La Nación* que tuvo algún éxito. Ese cuento volvió a salir publicado hace poco, en una colección de la editorial Orión: *Así escriben los argentinos*. En *La Nación* no estaba todavía Eduardo Mallea, estaba Enrique Méndez Calzada. Envié el cuento a través de un amigo, Álvaro Melián Lafinur. Yo iba a una casa en Tigre, adonde Melián iba los sábados porque era un amigo de las dueñas. Entonces, una vez, hablando de literatura, yo le dije que escribía. Melián me dijo que cuando tuviera alguna cosa que me pareciera bien, que se la mandara. Yo le di ese cuento y Melián lo llevó al director del Suplemento Literario de *La Nación* que era Méndez Calzada, y éste lo publicó.

—¿Cuál fue su primer libro?

—Bueno... eran cuentos...

—¿Reniega de él?

—No, no sé, no lo he vuelto a releer...

—¿Cómo se llamaba?

—Mire, mejor olvidémoslo.

—Luego publica *Sombras suele vestir*.

—Sí, me lo pidieron para una antología de cuentos fantásticos que hicieron Jorge Luis Borges, Adolfo Bioy y Silvina Ocampo; pero cuando yo terminé el cuento ya la antología estaba en pruebas. Entonces, en la primera edición no apareció sino en la segunda. Lo publiqué en *Sur* donde yo trabajaba, y en una colección de cuentos que se llamaba *Cuentos de la quimera*, que dirigía Eduardo Mallea.

—¿Cuáles eran, entonces, sus modelos literarios?

—No he tenido modelos literarios...

—Pero, habría habido escritores que influyeron en usted técnicamente...

—No, creo que no.

—Escritores que por haberle causado mucho placer, hayan provocado en usted alguna identificación...

—Escritores que me causaron placer hay muchos. Ahora, justamente, estoy leyendo un libro que me gustaba cuando era chico y que son *Las aventuras de Sherlock Holmes*. Cuando estuve, el año pasado, en los Estados Unidos, las compré. Recién ahora estoy leyendo los libros que traje de allí. En el primer paquete que me enviaron estaban *Las aventuras de Sherlock Holmes*. Me puse a leerlas de nuevo y me parecieron muy aburridas. ¡Pensar que me habían gustado tanto!

—*Las aventuras de Sherlock Holmes* es el único libro que tiene Julio, el personaje de *Las ratas*, en su laboratorio.

—¿Sí? Pero ahora han aparecido en un solo tomo y con las ilustraciones con que salieron originariamente en *The Strand Magazine*. Me pregunto cómo me pueden haber fascinado tanto.

—¿Qué otra cosa está leyendo? ¿Lee o relee?

—Más bien releo y todo lo que me cae en manos. Por ejemplo, ahora estoy leyendo un libro de Nabokov que se llama *Speak Memory: Habla, memoria*. Está muy bien...

—¿Le interesa Nabokov?

—Me interesa *ese* libro de Nabokov. En general me gustan mucho los libros de memorias, los diarios íntimos. Me gustan y me divierten mucho.

—Usted tradujo las memorias de Violette Leduc.

—Sí, traduje un libro de ella que se llamaba *La cacería del amor*. No, no me gusta; lo traduje porque me pidieron que lo tradujera. Es un libro póstumo. Ella ya se había vuelto loca. Allí cuenta que, para restablecerse, se internó en una clínica de los alrededores de París, que seguramente debe ser carísima. La que se portó muy bien con ella fue Simone de Beauvoir, le pagó todos los gastos. El sanatorio queda en la Vallée-aux-Loups y es la casa en que vivió Chateaubriand; creo que fue allí donde escribió sus *Memorias de ultratumba*. Hay muchos escritores que se han asistido en esa clínica, por ejemplo Benda y Léautaud. A Violette Leduc le hicieron una cura de sueño y pasó su convalecencia en la Vallée-aux-Loups. Me parece una mujer curiosa, una mujer muy inteligente, pero hay autores que me interesan más.

—¿Lee textos recientes de autores argentinos?

—No, leo muy pocos libros nuevos. Leo los libros que me envían, esos sí que los leo. Por ejemplo ahora estoy leyendo un libro que se llama *Cuatro puertos* de un poeta de gran talento, Jorge Andrés Payta.

—¿Qué lugar ocupa la teoría en su obra de escritor?

—¿La crítica estructuralista y todas esas cosas, quiere usted decir? Conozco poco. He leído el libro de Roland Barthes sobre Racine, que estaba muy bien. Yo he traducido uno de los primeros libros de Barthes: *Crítica y verdad*. Recuerdo que estábamos en París con Héctor Schmucler y fui a oír una conferencia de Barthes. Schmucler era discípulo de él y después me dio ese libro para traducir. Yo pienso que si se escribe una novela es preferible no leer novelas. Sí, en cambio, leer poesía o ensayos (pero no con una intención informativa, sino simplemente trabajos críticos sobre autores que me interesan). Porque pienso que ponerse a leer novelas cuando se está escribiendo una novela es meterse con historias que poco tienen que ver con la que uno está imaginando.

—Existen nuevas promociones de escritores que le dan una especial importancia a la disciplina teórica.

—¿Sí? ¿Y eso es bueno? Yo creo que cuando se hace una obra de imaginación mejor es no saber ciertas cosas, salvo que, de una manera poco espontánea o por casualidad, el autor utilice elementos de tipo teórico. Pero ya hacer una novela pensando en esas cosas me parece muy peligroso. Yo pienso que cuando hay una cierta complicación, un cierto esfuerzo detrás de la realización de una novela, el lector lo nota y eso es malo. Escribir bien es tan malo como escribir mal. Escribir bien es escribir con calidad, con la menor cantidad de preocupaciones de tipo formal, tratar de atraer la atención del lector, de divertirlo...

—Eso dice Borges en la contratapa de *Las ratas* y que usted es uno de los pocos escritores capaz de tener en cuenta fundamentalmente la existencia del lector.

—¿Sí? Cuando pienso en un lector, pienso en un lector como yo, pienso en las cosas que a mí me divierten. No puedo divertir al lector con cosas que me son ajenas. Por ejemplo, el fútbol a mí no me divierte, entonces no puedo imaginarme gente que esté pendiente del fútbol, las carreras o un match de box. En general los deportes no me divierten; por eso no puedo imaginarme un lector que se divierta con esas cosas. En realidad uno es su propio lector.

—Luego de la publicación de *Las ratas*, usted pasó mucho tiempo sin volver a publicar. ¿En qué trabajó durante ese período?

—Escribí muchos ensayos que luego no reuní. También algunos fragmentos de *La pérdida del reino* que luego no utilicé.

—Actualmente se habla a menudo de una abolición de las fronteras entre los géneros. Esto llevaría también a pensar en una traducción o en un trabajo crítico como en un género literario no menos jerarquizado, como ha sido hasta ahora, que la llamada "obra de ficción".

—Bueno, en cierto modo creo que todo es literatura. Ahora una obra que sea original de uno es más interesante, exige otro tipo de trabajo, uno se divierte más.

—¿Quiénes le interesan en la literatura argentina?

—Borges, Bioy, Silvina Ocampo. También me interesan los más jóvenes.

—¿Quiénes?

—Creo que dar algunos nombres sería dejar otros de lado. Me interesa Juan José Hernández que va a publicar un excelente libro de cuentos: *La favorita*.

—¿Está trabajando en algo ahora?

—Estoy haciendo la traducción de un cuento infantil y un

prólogo. Y pensando además en una novela, pero todavía tengo solamente la anécdota, lo que no tengo es el tema. Encontré la anécdota, el principio y el final, pero yo diría que me falta el *sujet*. Está inspirada en dos hermanos que he conocido y que ahora han muerto. A mí la realidad me molesta, me limita, tengo que olvidarla; yo no puedo hacer cosas inspiradas en la realidad.

—¿También *La pérdida del reino* está basada en hechos reales?

—No. *La pérdida del reino* es una obra de pura imaginación.

—*La pérdida del reino* remite en cierto modo a Proust.

—Pero en Proust yo no creo que haya ningún reino perdido...

—Pero hay un tiempo perdido (el de la escritura) que luego es recobrada. El reino en cambio, es una pérdida definitiva. Rufino Velázquez no escribirá jamás y el protagonista escribe la obra de otro.

—No pensé en Proust cuando elegí el nombre. Tuve muchas vacilaciones hasta que encontré esos versos de Darío: "Y el pesar de no ser lo que yo hubiera sido / la pérdida del reino que estaba para mí". Es difícil recordar una obra una vez que ya se la ha escrito. El otro día me llamó un amigo y me preguntó cómo eran esos versos de Góngora que había citado en *Sombras suele vestir*. Yo apenas recordaba esa última estrofa: "El sueño autor de representaciones, / en su teatro sobre el viento armado / sombras suele vestir de bulto bello". Ahora, hace unos pocos días, me llegó la edición que El Círculo de Lectores de Barcelona hizo de *La pérdida del reino*. La estuve hojeando; no pude pasar de las primeras páginas.

—¿Le encontraba defectos?

—No, me aburría.

—Usted habla a menudo del aburrimiento o de la diversión. Son cosas que le preocupan...

—Ya le he dicho que me preocupa no aburrir al lector, a un lector como yo.

—Sus respuestas se parecen a las de Silvina Ocampo. Son imprecisas, irónicas, desconfiadas.

—¿Desconfiadas? No.

—¿De qué le gusta hablar?

—De nada.

—No le gustan, por lo visto, los reportajes...

—Me gusta conversar con una persona agradable, pero eso de contestar sobre tantas cosas... no sé: me parece excesivo, pedante, hablar tanto de uno mismo.

—Una última pregunta: ¿Qué arruina a un lector?

—¿Arruinarlo? No sé. ¿Usted qué piensa?

—¿...La vanidad?

—La vanidad es un defecto de carácter. Lo que creo que sí es importante para un escritor es haber estado de algún modo de acuerdo a su tiempo. Haber escrito una obra oportuna. Ser, como dicen los ingleses, *well-timed*.

—¿Y usted?

—¿Yo? No hablemos más de mí. Uno escribe y luego se olvida.

Notas

[1] Lo que viene a continuación se publicó originalmente en *Pluma y pincel* el 15 de marzo de 1977.

En Villa Ocampo: Angélica Ocampo, Vera Stravinsky, Victoria Ocampo, Robert Craft, Igor Stravinsky y José Bianco.

Pepe Bianco en *Sur*

Eugenio Guasta

En la década del cincuenta, *Sur* estaba todavía en los altos de la vieja casa de Viamonte y San Martín. En los bajos había una farmacia. A la revista se entraba por San Martín 689. Una escalera de amplio diseño llevaba al primer piso y allí sobre un corredor ancho, que hacía las veces de vestíbulo, daban los diferentes cuartos de la redacción. Del lado de San Martín, en un primer cuarto, los libros editados por *Sur*. En otro, los ejemplares de la revista marcados por la flecha indicadora. Seguía la administración, luego el cuarto de Victoria, que era el de la esquina, con un balcón en la ochava, y contiguo, el escritorio del secretario de redacción, asomado ya sobre Viamonte. Toda la casa tenía la neta sencillez de un estilo que el apenas iniciado luego habría de identificar con el estilo VO.

Quien llegaba a esa planta alta enfrentaba, al fondo del corredor, las puertas blancas del reducto donde imperaba Pepe Bianco. Solían estar entreabiertas. La voz inconfundible, apenas nasal, recibía al visitante. Pepe había llegado en torno a las tres de la tarde, y sentado frente a un escritorio de maderas claras, leía textos, preparaba el sumario de la próxima entrega de *Sur*, volcaba por teléfono comentarios, recibía la visita de unos y otros, hacía *Sur*.

Recuerdo haber llegado una tarde, sin previo aviso, y al entrar al corredor-vestíbulo me topé con Juan José Hernández. Las puertas blancas del fondo estaban cerradas. Y Juanjo me dijo: No entres. Está Borges confesándole un soneto a Pepe. Debió ser "Un soldado de Urbina", o "Una llave en Salónica". Alguno de aquellos poemas que señalan el regreso de Borges al endecasílabo.

Sobre el escritorio de Pepe, entre los papeles, solía perderse un lápiz grande, colorado y azul. Por medio de aquel lápiz ejercía Pepe su tarea de esclarecedor de textos, fuesen de quien fueren. Tachaba, corregía, cambiaba un epíteto (palabra que le gustaba usar). Y era siempre certero. Buceador de otras revistas y de mil textos diversos sabía encontrar aquel ensayo o cuento o artículo que convenía traducir, para completar lo que iba agrupándose sobre el escritorio, las colaboraciones de los infaltables de *Sur*, lo que VO de pronto irrumpiendo, como fuerza de la naturaleza, le entregaba o le hacía llegar, ausente. Era Pepe quien por último decidía, si sí o no.

Lo sucedido con un ensayista y crítico de arte, que, espontáneo, le llevó un poema y Pepe, con muy buenos modos, rechazó.

Hubo algún autor de novelas, reconocido por muchos, a quien Pepe nunca juzgó con méritos para publicarle nada.

En 1957 fuimos juntos a un velorio en Flores. Yo llevaba en un bolsillo un cuento... Quería saber el parecer de Pepe. Confieso que no era otra mi intención. Lo leyó. Y me dijo: "Lo publico". Ahora bien, cuando me presenté a un concurso con el proyecto de un libro, Pepe junto con Lancelotti formaba el jurado. Me llamó un día y me dijo: "Te hemos dado el primer premio. Pero te diré que a Lancelotti le gustaron tus cuentos más que a mí".

Se produjo la mudanza de *Sur*. Estaba en marcha el proyecto de la casa de oficinas que haría Francisco Bullrich. Mientras tanto todo se trasladó a la calle Tucumán, a otra propiedad que allí tenía VO. Pepe una tarde —siempre era la tarde— trajinaba papeles. Abrió un cajón que era una especie de limbo de escritos nunca publicados. Y entre ellos, uno de VO que Pepe juzgó que no era digno de aparecer en la revista. Lo había escrito VO en una peluquería marplatense. Pepe lo encajonó y la misma VO lo habrá considerado impublicable, pues abdicó de sus furias de Juno tonante y jamás lo reclamó. Conservo esos papeles, pues se los pedí entonces a Pepe.

Tan reiterado el nombre, Pepe. En su escritorio también conocí a otro Pepe. Pepe Donoso, apenas llegado por entonces a Buenos Aires. Se alojaba en la sede de la SADE (Sociedad Argentina de Escritores), en la calle México, y traía desde Santiago cartas credenciales, entre otras, una firmada por Hernán Diaz Arrieta, Alone, el crítico todopoderoso de la literatura chilena. Llegado a Buenos Aires acudió a aquella ciudadela de las letras que era *Sur*, y allí, naturalmente, Pepe Bianco era quien ejercía en primer lugar su oficio de canciller del mundo literario. Donoso se integró muy pronto en el Buenos Aires de las letras y frecuentó desde *Sur* hasta *Señales*.

Insoslayable la fractura que de pronto se hizo visible, entre VO y PB. Victoria, a quien faltó en su infancia ese ejercicio que es la integración en un colegio y que prepara para futuras convivencias, siempre hermana mayor, manejaba lo cotidiano de *Sur* como una dependencia más de su casa y no había límites entre San Isidro y Viamonte. Todo esto habría que matizarlo mucho.

Pepe, con su estilo tan propio, en lo que se refiere a horarios y presencia, tampoco establecía diferencias entre su casa de Cerrito y San Martín y Viamonte. El estipendio se hacía insuficiente y el tran tran de muchos años había ido deteriorando su entusiasmo. Ya le habíamos oído decir que tenía ganas de dejar la secretaría de la revista. Y de pronto sobrevino el tropiezo con complicaciones de visos políticos. A distancia podemos decir que había causa suficiente, pero también que allí desembocaba una larga historia previa. Todo se enmarañó y los pros y los contras tejieron una madeja en torno al conflicto que ambas partes hicieron motivo de militancia. Y la exigían. Como todo pasa, aquello también tramontó y la muerte de una de las hermanas Ocampo, Pancha, y su entierro, fueron ocasión para que ambos contrincantes se abrazasen llorando y se reconciliaran. Pepe regresó a Villa Ocampo y siguió frecuentando, como siempre lo había hecho, la casa de Angélica Ocampo, en Rodríguez Peña, frecuente *pied à terre* de Victoria, pero no volvió ya a *Sur*. Había pasado a dirigir una colección de Eudeba y lo hizo como siempre sabía hacerlo, admirablemente.

Pepe y Victoria: pasiones y tensiones de una amistad particular

Leopoldo Brizuela

¿Qué se espera de mí? ¿En qué en qué podría consistir mi aporte a este homenaje a "José Bianco", sino en señalar las huellas de su obra, y sobre todo, de su figura pública, en mi propia ficción, en mi propia idea del oficio de escribir? ¿En qué, digo, sino en los dos "pecados" de los que aprendí a cuidarme durante mi paso por la universidad: la autorreferencialidad, el biografismo? ¿Y qué podría autorizarme a cometerlos, en medio de una audiencia tan calificada, sino los propios –y para mí ejemplares– ensayos del propio Bianco, tan autobiográficos y tan atentos a la biografía de los escritores? Tratar de escribir como él mismo escribía: el mejor homenaje; tal vez eso se espera, y sin duda eso espero, desde hace ya muchísimo tiempo pero ya con poca esperanza, de mi propia escritura.

Una referencia autobiográfica

En 1976, el año en que cumplí doce y empecé a escribir ficciones, en una librería de viejo de una capital de provincia empecé a comprar, lenta pero incesantemente, la colección completa de la revista *Sur*. Me atrajeron, al principio, algunos nombres de escritores célebres que la dictadura, por lo menos, dejaba brillar por sobre los millares de autores prohibidos, desterrados, exiliados, desaparecidos; sobre todo, claro, el de Jorge Luis Borges. (Estoy tratando de describir esa época hoy inconcebible en que se formó mi generación, la mayoría en una soledad casi absoluta, sin guías ni maestros. Una vez Germán García señaló que la ausencia de marcas de la generación anterior –Piglia, Saer, Walsh– en nuestros textos era en sí misma la marca del consabido intento de "matar al padre"; estoy tratando de describir que ya otros se habían encargado de matarlos, y que crecimos así, haciendo lo que podíamos. Que somos esos huérfanos, para bien o para mal; y que con nuestros antecesores inmediatos mantenemos las turbulentas y devotas relaciones de los hijos adoptivos.) Lo cierto es que si el contenido ensayístico de *Sur* me dejaba afuera, por obvias razones, *Sur* me conquistó para siempre por la muy particular selección de textos de ficción de autores argentinos, autores nada canónicos por cierto (recuerdo especialmente los cuentos inquietantes de Silvina Ocampo y los de Juan José Hernández, que establecían un misterioso diálogo entre sí), y por las reseñas de libros de ficción, inteligentísimas y ajenas a toda jerga (recuerdo especialmente un comentario de Rosa Chacel sobre *Dos veranos* de Elvira Orphée, y otro generosísimo de María Elena Walsh sobre el *Enero,* de Sara Gallardo: Orphée y Gallardo siguen siendo dos de mis escritores favoritos). Hacia el final de su vida, José Bianco rechazó críticas diciendo que "cualquiera que escribiese bien" y se acercase a *Sur* podía publicar allí; hoy compruebo que esa idea suya de "escribir bien", que Bianco postulaba como un universal, la hice mía ya en aquellos tiempos, y sugiero también que es la de autores tan disímiles como el Alan Pauls de *Wasabi* y el Guillermo Martínez de *Acerca de Roderer.*

Al mismo tiempo, estas ficciones "bien escritas", aun cuando rozaran lo fantástico, mostraban siempre, por decirlo de algún modo, una "preocupación social" de un modo extremadamente más complejo que cualquier estética que yo conociese; digamos: que la de Bernardo Kordon o Haroldo Conti, cuyos libros prohibidos, encontrados en librerías de viejo, me regalaban mis primos mayores, militantes de izquierda. Algo me atraía particularmente: la cantidad de textos de *Sur,* revista y editorial, que tocaban el tema de la homosexualidad; esa cantidad era quizás, en proporción al resto de material de la revista, menor, pero muy notable, única en los medios gráficos argentinos de la época y por supuesto del pasado argentino. Cuando pienso en la veta *gay* pienso en textos para mí imborrables como *La Viuda* de Juan José Hernández, o en novelas como *Olivia*, el libro de revelaciones de Olivia Strachey todavía escondidas bajo un seudónimo. A medida que me fui acercando a la vida literaria porteña, fui descubriendo qué cantidad de autores *gays* y lesbianas habían colaborado en *Sur*, sugiriéndome la existencia de un discreto pero fuerte foco de resistencia que, creo, todavía no ha sido suficientemente reconocido.

Por supuesto, el nombre de José Bianco pasaba una y otra vez bajo mis ojos, pero creo que por ignorancia de lo que fueran las funciones de un Secretario de Redacción, y –según creo entender ahora– por una táctica muy deliberada de Bianco, yo ni sospechaba que él era el verdadero responsable de aquella riqueza tan peculiar. Había leído, en la revista y en la *Antología de la literatura fantástica*, de Borges, Bioy Casares y Silvina Ocampo, sus dos *nouvelles*, que no recuerdo haber distinguido del resto de relatos de esa misma estética. Se comprenderá que desde el 82, cuando muchos de mi generación murieron en Malvinas y muchos otros comenzamos a trabajar en los movimientos de izquierda, yo me haya sentido muy incómodo, no con mi devoción por *Sur*, sino con el desprecio que muchos de mis compañeros dedicaban a *Sur* y a toda escritura o conducta evidentemente influenciada por el grupo, al que se identificaba sin matices como parte del enemigo. Más aún: cuanto más profundo se hacía mi conocimiento de la oligarquía argentina, su historia y sus políticas, más disidente encontraba la literatura propugnada por *Sur*. Una leyenda me dejaba sin respuesta, sobre todo si algún compañero me la recordaba: Victoria había expulsado al Jefe de Redacción, José Bianco, sólo porque éste había accedido a formar parte del jurado de un Concurso Literario organizado por la Revolución Cubana, agregando a esta arbitrariedad un mucho más inconcebible acto de humillación pública.[1]

Fue una noche de junio de 1985, mientras se celebraba el Juicio a las Juntas, cuando María Elena Walsh me hizo cruzar el salón donde se entregaba un premio literario importantísimo para encontrar "al gran personaje de esta noche", una noche en que me

171

parecía ver a la enciclopedia viva de la literatura argentina: "ese personaje" era Pepe Bianco, ya viejísimo y casi escondido en un rincón. La sensación de complicidad, de gratitud, confraternidad, entre Pepe y María Elena Walsh, el diálogo sin palabras que se estableció entre los dos, fue tan fuerte que me sentí incómodo y al mismo tiempo empecé a pensar en visitarlo; pero yo me fui a España y él murió poco después. Quedé con la impresión de que en la figura de Pepe, esa noche, se cifraba una explicación de mí mismo y de todos nosotros. En los meses, amigos muy admirados por mí, como Blas Matamoro, Oscar Hermes Villordo o maestros como el propio Juan José Hernández me contaron anécdotas que señalaban a Bianco como uno de los protagonistas secretos, no sólo de la historia de *Sur*, sino de la cultura argentina, y uno de los testigos más agudos y confiables sobre la historia *gay*.

He pensado mucho en estos años sobre ese legado, que va mucho más allá de su notable obra narrativa; lo he pensado en relación a un libro de Victoria Ocampo que aprecio más que a cualquier otro texto de amor escrito en la Argentina, *La rama de Salzburgo;* y voy a tratar de definirlo hoy, a ese legado de Bianco, a la luz de dos textos suyos a los que tuve acceso hace relativamente poco tiempo, *La pequeña Gyaros*, (1932, reeditado póstumamente en 1994) y el ensayo "Victoria", recuerdo de la escritora escrito a la muerte de ésta, en 1981, incluido en *Ficción y reflexión*, de 1988.

Un extraño binomio

Hace algunos años, en la Universidad Popular Madres de Plaza de Mayo, donde coordinábamos un curso de literatura argentina junto a Alberto Spunzberg, le pregunté a David Viñas, que acababa de denostar durante hora y media a *Sur* llamándolo "el proyecto cultural emblemático de la oligarquía", cómo explicaba la presencia de José Bianco como Secretario de Redacción –alguien cuyos intereses intelectuales (basta revisar el índice de su libro de ensayos) incluían Proust, es cierto, pero también a Camus, a Sartre, a Mika Etchebehere, una guerrillera anarquista española. Viñas, que entendió muy bien a qué me refería, sólo hizo mención al episodio de la expulsión, que no era sino otra muestra del odio visceral de Victoria por las causas e ideologías que aprobaba Pepe. "Eso muestra los límites del liberalismo de *Sur*", dijo. "Así como esta declaración", pensé yo, "muestra los límites de Viñas". Viñas, cuya inteligencia y honestidad son para mí indiscutibles, no se refirió, en cambio, a los veinte años en que Victoria y Pepe habían trabajado juntos, en diferencia y, para decirlo de alguna manera, en turbulenta armonía. Veinte años, ratifica Bianco, de "frecuentes altercados", pero de no menos frecuentes acuerdos, de progresos, de crecimientos, de hallazgos. Quiero decirlo claramente: creo que la gran obra de José Bianco es el proyecto de *Sur*, vale decir, una obra hecha *en colaboración* con Victoria Ocampo; una obra que crecía paralelamente con la construcción, quizás aún más original y novedosa, de una amistad única, pionera y revolucionaria en muchos sentidos y que, *noblesse oblige*, se debe ante todo *a ella*. Habrá investigadores con más medios y paciencia que yo para rastrear, a través de cartas o testimonios, los vaivenes de esta relación tan productiva; yo les propongo, a partir de los datos que poseemos, hacer un modesto pero riguroso ejercicio de imaginación. Seamos novelistas.

Cuando pensamos en *Sur* como el proyecto que corona la vida de Victoria Ocampo, no sólo porque en ella invirtió toda su fortuna sino porque le confirió, a su singularidad tantas veces vivida como anomalía, la promesa de un *sentido*; cuando pensamos que desde muy joven Victoria se codeaba con intelectuales reconocidos a nivel internacional, desde Ortega y Gasset a Rabindranath Tagore, desde Eduardo Mallea al propio Borges, una pregunta se nos impone y nos llena de perplejidad: ¿por qué elegir a José Bianco, un joven de treinta años que ni siquiera había terminado la carrera de derecho y cuya brevísima trayectoria se limitaba a un ignoto libro de cuentos y a un artículo en *La Nación* llamado significativamente *"De la libertad en las minorías"* –el que, según cuenta Bianco en *Victoria*–, motiva que ella lo llame a su casa y que "simpaticen de inmediato"? Una primera hipótesis se basa en el célebre autoritarismo de Victoria, capaz de llamar "pelotudo" a Borges porque se sentía incapaz de dar una conferencia o de recordar a Bioy los buenos modales diciéndole "no sean mierdas, che, saluden a Lanza del Vasto". Según esta hipótesis, José Bianco habría sido el intelectual de carácter más débil que había encontrado Victoria hasta entonces, al que pudo manejar a su antojo, hacerlo trabajar como Dumas a sus "negros" y echarlo al primer motín. Bioy, en sus deplorables cuadernos íntimos publicados póstumamente, sugiere que esta "debilidad de carácter" de Pepe, propia según él "de todo homosexual", lo impresionó pésimamente al conocerlo; Pepe, dice, le pareció sólo un "secuaz de Victoria y hombrecito del grupo Sur".[2] Si se lee con atención los testimonios sobre la revista, muchas de las críticas dirigidas a ambos provienen de un pensamiento típicamente machista, que ridiculiza tanto la independencia de Victoria como la asunción, por parte de Bianco, de un lugar subalterno en una empresa que tomaba, además, como una de sus principales banderas, el feminismo. Y más allá de los prejuicios, apelando a nuestra propia experiencia vital, cabría preguntarse ¿qué hombre de la época hubiera accedido a ser el "segundo" de una mujer y de soportar, como decía Discépolo, "el gran vicio nacional" de la *cachada*? ¿Qué extraña valentía había debajo de esa aparente debilidad de Pepe?

Tengo para mí que este autoritarismo innegable, insoportable –y frecuentemente injusto, por cierto– de Victoria Ocampo, era inseparable de su fabulosa energía y capacidad de organización; y lo que es mucho más importante para nosotros, coexistía con una conciencia de sus propios límites y carencias que la lleva a delegar en José Bianco al menos la mitad del proyecto: un gesto nada autoritario, por cierto. Pero volviendo a la consigna de nuestro ejercicio de imaginación ¿qué habrá visto Victoria en el joven José Bianco? Seguramente, muchas cualidades que no encontraba en el resto de los hombres, escritores o no, ni en sí misma. El libro que más aprecio de Bianco es *La pequeña Gyaros*, y aunque no haya constancia de que Victoria lo haya leído, los relatos muestran a un jovencísimo varón muy consciente de las disidencias secretas, el deseo de rebelión, y la sensibilidad "impar" de ciertas mujeres de clase alta. Como se lee en "Amarilídeas": "A pesar de su dinero y de su belleza, no ha permanecido inactiva y ha extraído de sí misma, como hacen las arañas, un hilo interminable de desilusiones. Sus once años de matrimonio le brindan materia en abundancia. Imagínate una mujer linda, elegante, caprichosa y aburrida. (...) ¡Qué fuerza extraordinaria! ¡Qué enorme poder disolvente! (...) Julia se conforma sin embargo, con girar alrededor de su descontento de su rebeldía. En el fondo, tiene la inmoralidad de una cantidad de acciones que no se atreve a cometer" (*La pequeña Gyaros*, 1994, 61).

Como verán, la prosa de *La pequeña Gyaros*, está muy cerca de lo que entonces se entendía por "escritura femenina", y a menudo parece retratar a Victoria, a quien Bianco aún no conocía, tal como ésta se había visto a sí misma durante su nefasto matrimonio con Monaco Estrada, descripto brutalmente en *La rama de Salzburgo*. Más aún. Me atrevo a suponer que la condición de homosexual de José Bianco, o mejor dicho, su relación con su propia homosexualidad, no debe de haber sido un dato menor para Victoria –condición homosexual que, como ustedes saben, compartieron varios de los sucesores de Pepe como secretarios de redacción. Cualquiera que haya leído *La rama de Salzburgo* se convence de que, aunque Victoria confiese repetidamente que "la idea del lesbianismo nunca se me cruzó por la cabeza", siempre fue una disidente feroz con la moral sexual que imperaba en su medio, en la Argentina toda. En "Victoria", ese artículo homenaje en que José Bianco repasa la historia de su amistad, también al modo de los cuentos de *La pequeña Gyaros*: sin sombra de juicio ni de condescendencia, pero con una compasión infinita, se cuenta cómo el único examen que le hizo pasar Victoria a Pepe fue escuchar su ensayo *De Francesca a Beatrice*, para ver si él compartía su punto de vista sobre lo que había sido la gran experiencia de su vida: el amor clandestino por Julián Martínez. José Bianco se sintió muy afín a la descripción de ese *amour-passion*, pero sobre todo, a la crítica a una sociedad que obligaba a la negación o a la hipocresía. Bianco, en la vida real, recordemos, era íntimo amigo de otras mujeres cultas y desenfadadas: Silvina Ocampo, María Luisa Bombal, Silvina Bullrich.

En este mismo sentido, el de lo social, es obvio que Victoria, hija emblemática, sí, de ese patriciado provinciano que pocas décadas atrás se había convertido en oligarquía todopoderosa; una oligarquía demasiado pronto acostumbrada a su bienestar, ferozmente conservadora, amordazada todavía por un catolicismo colonial y esencialmente ignorante; es obvio que Victoria, digo, hace alianza con un representante de un estrato muy diferente, si no de la clase media, sí de una burguesía culta y esencialmente democrática, para quien la adhesión a la Constitución Nacional es una convicción y no un mero barniz útil para insertar a una sociedad conservadora en el concierto económico internacional, liberal e imperialista. En términos partidarios –describe Bioy– algunos de los parientes de Victoria eran liberales en teoría, pero todos eran conservadores en la práctica; José Bianco, con uno de esos apellidos italianos que tanto despreciaba Borges, proviene de una tradición laica y radical. Por otro lado, si el proyecto de *Sur* suscitó tantas críticas desde el punto de vista político fue porque, precisamente, tanto Victoria como José Bianco entendían *su trabajo como una forma de la acción política*, una forma de acción que Bioy, por ejemplo, repudiaba por una obvia comodidad que terminó entrampándolo en una infancia perenne, y Borges por una impotencia para la acción social que tiene tanto de castración atávica como de remilgo de señor de medio pelo. Resumiendo: es obvio que Victoria proviene de la oligarquía, pero es altamente dudoso que la oligarquía se haya sentido representada por ella, y mucho menos por *Sur*. Según cuenta el propio Bianco, esta alianza con Victoria tiene, en términos estéticos, consecuencias inmediatas, que alejan a *Sur* de la estética, por ejemplo, de un Bioy Casares; si éste postula una absoluta sencillez de lenguaje para diferenciarse de los *parvenus* de la literatura, que quieren hacer gala de su retórica tal como Catita vuelve ostentosamente barroco su vestuario, Bianco y Victoria rechazan expresamente a "aquellos para quienes el buen gusto debe excluir los riesgos del tono pasional y la opulencia" (491). En términos de diferencia social, varios testimonios dan cuenta del papel de Bianco como cable de comunicación entre Victoria y las clases populares, un cable, por supuesto, (pasaron juntos todo el peronismo y gran parte de los años cincuenta, con sus dictaduras militares y sus gobiernos cercados por lo castrense) en frecuente cortocircuito.

La razón y el mito

El caso es que *Victoria*, aquel artículo de Bianco de 1981, "además de un acuerdo misterioso" (vale decir: *sentido* pero jamás puesto en palabras), ratifica una división de tareas que yo mismo percibía en *Sur*, en mi ingenuísima lectura de adolescencia; una división de tareas, digo, cuya evolución habrán seguido miles de lectores, en su tiempo, casi como quien aprecia un *match* deportivo. A partir de que José Bianco entra a dirigir la redacción en 1938, Victoria sólo se ocupa de los ensayos que publicará la revista, y Bianco de la "literatura de imaginación", como la llama, tanto extranjera como nacional, y por supuesto, de encargar reseñas sobre las novedades literarias. Sobre esta división, dos últimas acotaciones. Según el propio Bianco: "a pesar de conocer tantas cosas, [Victoria] no había recibido una educación formal y estaba al margen de la filosofía. Por eso mismo, acaso, el pensamiento abstracto la fascinaba. Su sensibilidad recurría en primer término a las ideas para ordenar y esclarecer sus emociones. Muy en segundo término le interesaba el mito (exceptuando el de los poetas)" (*Ficción y reflexión*, 235). Desde una perspectiva tradicional obvia alguien podrá señalar que en el curioso binomio la razón, "atributo tradicionalmente masculino", queda a cargo de Victoria; y que el mito, la poesía, queda a cargo de Bianco, dando al binomio la curiosa vuelta de tuerca de la "androginia". Pero las cosas son más complejas. Bianco no idealizaba, como Victoria, a los filósofos, y, poeta él mismo, en un artículo sobre Moravia de 1957, relativizaba esta división en que Victoria sí creía, citando a Oscar Wilde. Escribe Bianco: "'La imaginación imita; el espíritu crítico inventa.' Este aforismo de Wilde que asimila el espíritu crítico a los géneros llamados creadores considera a la crítica literaria y a la literatura de imaginación como dos funciones simultáneas y recíprocas de la inteligencia" (*Ficción y reflexión*, 301). La consecuencia más directa de esta equiparación de Bianco entre crítica y ficción es que, desde su "tribuna de imaginación", polemizará muy a menudo con Victoria, y de manera muy consciente y deliberada; el caso más célebre se da cuando Murena publica lo que a mí, en su momento, me pareció un monstruoso panfleto homofóbico, "La erótica del espejo"; José Bianco le "contesta" en el mismo número con un cuento de Juan José Hernández, "El disfraz", que rebate las tesis de Murena con las herramientas de la propia narración.[3] Por eso mismo, *Sur* es, ante todo, y quizá como todos nosotros, un campo de batalla, en que las contradicciones de una sociedad pugnan por resolverse y generalmente lo hacen, de manera más o menos cruenta. Las contradicciones de esa amistad inédita se trasladan a la revista; su felicidad también.

Por último. Una mirada veloz y prejuiciosa sobre Victoria Ocampo puede equiparar *Sur* a una "obra de beneficencia", pongamos por caso, "El Patronato de la Santa Infancia", con el que por entonces colaboraban todas las señoras *bien* de Buenos Aires; otra mirada prejuiciosa considera que ni Victoria ni Pepe "son verdaderos escritores". Estos dos prejuicios, como casi todos, permiten abrir la discusión sobre temas más profundos, de gran actualidad crítica: ¿qué sería un escritor, qué sería escribir, o más aún, de cuántos modos se escribe? No podremos resolverlos aquí. Pero digamos, por lo menos, que la empresa de Victoria y José Bianco está encarada no como una donación de algo que se conoce –el "beneficio" tradicional porteño– sino como una búsqueda, un viaje en el que se aprende y se transmite lo aprendido. Victoria y Bianco llevan adelante *Sur*, digamos, tal como un narrador lleva adelante una novela, disponiendo tácticas heredadas y palabras de otros –¿no es siempre ajeno el material de la poesía?– según su modo original de ver el mundo y su estructura. La ambigüedad de las maravillosas novelas de Bianco tiene mucho que ver con el modo voluntariamente sutil, amparado en la fortaleza de Victoria, con que contrabandea, en una sociedad tan cerrada, y tan políticamente controlada como la de su época, contenidos ajenos a ella. Es probable que a muchos les pase lo que a mí: que la obra de José Bianco sea una de las primeras que hayan conocido; y que hayan tardado treinta, casi cuarenta años, en considerarlo el maestro. Pero nunca es tarde.

Notas

[1] En un reportaje concedido a *La Nación* el 26 de diciembre de 2004, Juan José Hernández corrige con toda precisión esa leyenda. Bianco renunció a *Sur* cuando Victoria Ocampo le exigió que aclarara públicamente que participaría en uno de los principales eventos culturales del gobierno de la Revolución Cubana a título exclusivamente personal, y no como representante de la revista. Bianco se habría sentido profundamente molesto por esta exigencia, teniendo en cuenta sobre todo que H. A. Murena, uno de los colaboradores más conspicuos y apreciados por Ocampo, había sido invitado por el Departamento de Estado de los Estados Unidos de América, sin que ninguna aclaración le fuera exigida. Uno puede suponer, sin embargo, que el precio por desacatar una exigencia de Victoria habría podido ser, sí, la expulsión definitiva. Como sea, escrita por ella, la aclaración apareció en el primer número de *Sur* no dirigido por Bianco en más de veinte años.

[2] *Descanso de caminantes: Diarios íntimos.* Selección, edición y prólogo de Daniel Martino. Buenos Aires: Editorial Sudamericana, 2001, 491.

[3] Ver H. A. Murena, "La erótica del espejo", y J. J. Hernández, "El disfraz", ambos en *Sur* 256, enero-febrero de 1959.

Con Octavio Paz en París, ca. 1947.

José Bianco y Octavio Paz: un viaje a través de revistas literarias

John King

Por mi parte, creo que la literatura también se parece a una orden de caballería... Para ser escritor hay que pasar por ciertas pruebas que terminan en un reconocimiento; ambos, el reconocimiento y las pruebas, recuerdan las ceremonias en que antes se armaba a los caballeros. Más afortunado que Don Quijote, un día de 1938 yo fui armado escritor, no por un ventero pícaro, sino por José Bianco, que me invitó a colaborar en Sur. *Mi ordalía fue escribir mi primera colaboración.*[1]

Con este artículo, titulado "Profesión de Fe", Octavio Paz presentaba el primer número de la revista cultural *Vuelta Sudamericana*, publicada en Buenos Aires en 1986. Si bien su duración fue corta, *Vuelta Sudamericana*, satélite de la revista *Vuelta*, que Paz editó en México desde 1976 hasta su muerte en 1998, habría de ser la última revista lanzada por él en toda una vida dedicada a dirigir y colaborar en múltiples periódicos culturales. Paz plantea la profesión del escritor en términos de caballería y recuerda que fue José Bianco, el jefe de redacción de *Sur*, quien lo armó caballero en la orden de las letras.

Hacia 1938, a la edad de veinticuatro años, Octavio Paz ya era un escritor reconocido en México. Desde 1931, siendo todavía estudiante, había coeditado su primera revista, *Barandal*, que atrajo colaboraciones de los más distinguidos poetas de la generación de los *Contemporáneos*: Xavier Villaurrutia, Salvador Novo y Carlos Pellicer. Para entonces, también había integrado la delegación mexicana al Segundo Congreso de Escritores en Defensa de la Cultura en 1937, en una Valencia diezmada por la guerra, un viaje que marcaría un punto de inflexión importante en los primeros años de su adultez y que habría de influir en todos sus escritos políticos y poéticos posteriores. De vuelta en México, en diciembre de 1938, Paz emprendió otro periódico literario, *Taller*. Sin embargo, fue su colaboración en *Sur* en agosto de 1938, una reseña de *Nostalgia de la muerte*, de Xavier Villaurrutia, lo que para él significó haber alcanzado la mayoría de edad en el mundo de las letras latinoamericanas e internacionales.

A principio de los cuarenta, mientras se afianzaba su amistad con Bianco, Paz colaboró en *Sur* con varias otras notas sobre letras mexicanas contemporáneas –sobre José Revueltas, Leopoldo Zea y Xavier Villaurrutia–, y publicó allí dos poemas importantes, "Melodía" y "La caída", las versiones revisadas de los cuales habría de incluir en su libro *Libertad bajo palabra*. Cuando dejó México en 1943, para estudiar primero en Berkeley con una beca Guggenheim y luego unirse al servicio diplomático mexicano en los Estados Unidos, Bianco le encomendó entrevistar al poeta Robert Frost en Vermont. Esa entrevista se publicó en *Sur* en noviembre de 1945. A pesar de que años después, en especial desde fines de los sesenta, Paz habría de mostrar un gran interés por la vida intelectual de la Costa Este americana, por ese entonces, a fines de la segunda guerra mundial, la ciudad donde añoraba vivir era París. Allí llegó en noviembre de 1945 para quedarse seis años, en los que ocupó diferentes posiciones en el servicio diplomático.

La París de postguerra congregaba a escritores y artistas de toda América Latina y se había convertido en el lugar de encuentro para muchos de ellos, cuyo único punto de contacto anterior habían sido las páginas de las pequeñas revistas literarias. Fue en París a finales de los cuarenta, por ejemplo, que el pintor peruano Fernando Szyszlo y su esposa, la poeta Blanca Varela, iniciaron una amistad de por vida con Paz, quien los contactó con André Breton. Según el testimonio de Szyszlo: "Octavio era uno de los reyes del mundo cultural en Francia... Una vez a la semana nos reuníamos en los altos del café Flore a planear la revista de Octavio con Cortázar".[2] Los argentinos agrupados alrededor de la revista *Sur* también hacían por esa época los primeros cruces transatlánticos después de la guerra. Sobre esta "invasión" cultural, comenta Paz: "Hace muchos años, a principios del peronismo, coincidí en París con José Bianco, un amigo querido y un notable escritor. Gracias a él conocí a Adolfo Bioy Casares y a Silvina Ocampo. Un poco después, llegó Victoria Ocampo, a la que llamábamos la 'Reina Victoria'".[3] En esta breve noticia puede verse el alto aprecio que Paz tenía por el siempre modesto y un poco retraído Bianco, quien había llegado a París para reestablecer contactos y para preparar, junto con Victoria Ocampo, un volumen especial de *Sur* sobre literatura francesa: los números 147-149, publicados en 1947. El estilo de Victoria, en contraste con el de Bianco, le parecía a Paz autoritario y majestuoso, mientras que Bioy Casares sumaría aún más complicaciones a su ya desavenido matrimonio con Elena Garro.[4] Paz siempre mostró gran interés por los escritores del grupo *Sur* y ponderó la importancia de la revista: "Lo que fue para los europeos la *Nouvelle Revue Française* es, para mí, *Sur*: las letras concebidas como un mundo propio –ni aparte, ni enfrente de los otros mundos– pero jamás sometidas a ellos".[5] El acceso que Paz tuvo al grupo *Sur* y, en un sentido más amplio, a los temas de la cultura argentina estuvo mediado, en gran parte, por su amistad con Bianco.

Paz consideraba que el aporte más significativo que él había hecho en *Sur* fue la publicación, en el número 197 de marzo de 1951, de un dossier del trabajo de David Rousset sobre los campos de concentración en la Unión Soviética, escrito en octubre de 1950. A fines de los años treinta y durante toda la década del cuarenta, Paz había sentido una desilusión cada vez mayor por las políticas soviéticas. Ese distanciamiento había ido tomando forma a partir de su lectura de pensadores revolucionarios independientes como Victor Serge, con quien se había cruzado en varias ocasiones a comienzos de los cuarenta en la Ciudad de México, donde Serge vivió un exilio en condiciones sumamente precarias y riesgosas desde 1940 hasta su muerte en 1947. Guillermo Sheridan, el más sagaz de los historiadores que han escrito sobre este período en la vida de Paz, observa que, mientras a principios de los cuarenta, Serge ya denunciaba la existencia de campos de concentración rusos, contemporáneos de los nazis, "[a] Paz le tomaría todavía seis años reconocer que había campos de concentración en Siberia –cuando lee en París, en 1949, *L'Univers concentrationnaire* de David Rousset. Parecería tarde y, sin embargo, temprano en relación con tantos otros y, desde luego, prematuro en relación con la pausada *intelligentsia* latinoamericana".[6] La publicación del estudio sobre los campos de concentración en la

Unión Soviética había causado ira en París y el semanario pro comunista *Lettres Françaises* había acusado a Rousset de imperialismo y falsificación de documentos.

Cuando Paz decidió incluir este ensayo en las *Obras Completas* a mediados de los noventa, añadió una reveladora nota al pie, en la que da detalles sobre la posterior querella legal entre Rousset y *Lettres Françaises*, que terminaría en una vindicación de Rousset: "El Tribunal condenó al semanario comunista e impuso a dos de sus redactores una multa por el delito de difamación pública. Años después uno de ellos, el escritor Pierre Daix, ha reconocido su error y ha escrito valientes y lúcidos estudios sobre el régimen totalitario soviético. El ejemplo de Daix no ha sido muy seguido ni en México ni en los otros países de América Latina".[7] Esta nota puede ser leída como un comentario bastante manifiesto de Paz sobre su propia relación con la "vieja izquierda" en México y en América Latina, y sobre la incapacidad mostrada por esa misma izquierda a la hora de revisar las posiciones más dogmáticas en las que se atrincheraba. Paz solía decir que había publicado su dossier en *Sur* porque ninguna publicación en México lo habría aceptado. Más aún, se refería al dossier para fechar su fractura con la izquierda pro-soviética, fundamentalmente con Pablo Neruda y con los amigos mexicanos de éste, a quienes consideraba sus más encarnizados y acérrimos enemigos. Paz siempre esgrimió que, en rigor, fue la izquierda la que lo abandonó a él, y no él a la izquierda. Su nota post-liminar, que cerraba el dossier de *Sur* de 1951, hacía un alegato contundente a favor de un socialismo más democrático: "Es inexacto, por lo tanto, decir que la experiencia soviética condena al socialismo... Los crímenes del régimen burocrático son suyos y bien suyos, no del socialismo".[8] Cuando editó la revista cultural *Plural* en los setenta, dedicó un "número extraordinario" a los campos de concentración (número 30, marzo de 1974), en el que acometía una revisión de sus perspectivas sobre los campos, viéndolos ahora no como unidades de explotación económica sino como instituciones de "terror preventivo".

Paz seguiría publicando en *Sur* en la década del cincuenta y también en la del sesenta, pero con menor frecuencia que en los cuarenta. Objetaba el despotismo con que Victoria Ocampo trataba a Bianco, especialmente después del viaje a la Cuba revolucionaria en los sesenta, que habría de forzar su renuncia como jefe de redacción de la revista. A pesar de esto, *Sur* publicó el poema de Paz contra la masacre de estudiantes en la plaza de Tlatelolco el 2 de octubre de 1968 y elogió, también, su alejamiento del servicio diplomático mexicano en protesta por esa sangrienta represión. Su renuncia como Embajador en la India abrió una nueva fase en su carrera, ahora como profesor visitante muy requerido por universidades norteamericanas y como editor de periódicos culturales, primero *Plural*, entre 1971 y 1976, y, luego, *Vuelta*, desde 1976 hasta su muerte.

La amistad entre Paz y Bianco, iniciada en Sur, se continuó en las páginas de *Plural*. Paz publicó un ensayo de Bianco, "En torno a Marcel Proust", en el segundo número de la revista (noviembre de 1971), un ensayo en dos partes sobre Léataud y Proust en 1974 y una larga entrevista a Bianco del crítico uruguayo Danubio Torres Fierro, quien se convertiría en secretario de redacción de *Plural* a partir del número 52, de enero de 1976. Además de estas apariciones en la revista, Bianco fue para Paz un verdadero puente con la cultura argentina. En este período, al mexicano se le hacía difícil convocar colaboradores buenos y confiables de América Latina, como le confesaba a Bianco en una carta fechada el 25 de agosto de 1972:

> ¿Quién se te ocurre que podría escribir una crónica trimestral sobre temas políticos sudamericanos (quiero decir: argentinos, uruguayos y chilenos)? Hasta ahora no hemos podido encontrar una sola persona en todo el Continente. A medida que crece la "politización" de la literatura latinoamericana, disminuye la capacidad crítica –y por tanto: política– de los escritores.[9]

Bianco accedió a organizar un número especial sobre Argentina junto con sus amigos y colegas Enrique Pezzoni y Edgardo Cozarinsky. A Octavio Paz, la vuelta de Perón y el escalamiento de los movimientos de guerrilla le parecían desconcertantes. En una carta del 10 de julio de 1973 dirigida a Enrique Pezzoni, su editor en Sudamericana, a quien había conocido a través de Bianco, declaraba con franqueza:

Te confieso que no puedo entender cómo los argentinos siguen creyendo en Perón y aún más raro me parece que muchos intelectuales que antes lo criticaron –*et par cause*– ahora descubren en él virtudes revolucionarias. Naturalmente que mi observación no implica la menor simpatía por la oligarquía (la antigua y la nueva), y menos aún por los militares. Pero lo más extravagante de todo es la existencia de un grupo "trotskista" terrorista. Trotsky criticó siempre al terrorismo –algo muy distinto al terror revolucionario– y por supuesto se hubiese escandalizado de esta resurrección del blanquismo en América Latina. El arquetipo guevarista se extiende: una revolución proletaria... sin proletarios. Esas revoluciones –o, más bien: insurrecciones– desembocan en el patíbulo o, si tienen éxito, en la dictadura cesárea. (Carta inédita)

Estos sentimientos y reflexiones, que seguramente no habrían sido bien recibidos por muchos sectores en la Argentina de julio de 1973, en pleno apogeo de lecturas populistas, tercermundistas y revolucionarias del peronismo, iban a resultar un presagio de lo que ocurriría años más tarde. En éste, como en otros muchos casos, a Paz no lo amedrentaba que sus opiniones fueran impopulares; creía que ésta era justamente una de las funciones cruciales del intelectual. En el grupo de Bianco en Buenos Aires, él habría de encontrar una recepción favorable a sus ideas e inquietudes.

Quiero terminar este breve recorrido por esa amistad tan íntima y duradera transcribiendo un juicio de Paz sobre la obra de Bianco. En una larga carta, fechada el 8 de diciembre de 1972, Paz incluye un comentario sobre *La pérdida del reino*, publicada ese mismo año. Manifiesta que desearía escribir y publicar un artículo más completo sobre la novela, pero se lamenta de que está con demasiado trabajo para hacerlo en ese momento. Según entiendo, Paz nunca habría de escribir esa nota y, por ende, el extenso fragmento que citaré abajo queda como un valioso testimonio, no sólo de la novela de Bianco, sino, también de la fértil amistad entre ambos escritores y de la perspicacia crítica de Paz. "Tu carta es la *única* satisfacción que me ha deparado mi novela" –respondía Bianco el 18 de enero de 1973. Un mes antes, en renglones muy apretados, como era su costumbre, Paz había escrito:

La pérdida del reino también podría llamarse Las ambigüedades de la transparencia. El juego de las transparencias es el juego de los disfraces, verdadera condenación que, al escamotearnos nuestra propia realidad, la consume, la realiza. La nitidez de tu prosa, su aparente sencillez, parece reflejar con naturalidad lo que pasa del otro lado pero, poco a poco, en su fluir invisible (ese es el milagro de la claridad: transcurre y nos da la sensación de la fijeza), todo cambia y lo que nos parecía simple ahora es un misterio. ¿No es así la vida? ¿Qué sabemos de los demás y de nosotros mismos? Vemos, pero, ¿qué es lo que vemos? Misterios claros pero indescifrables. El juego de las transparencias es el juego de las realidades que se vuelven imágenes y de las imágenes que se disipan. Nos da simultáneamente la imagen de la realidad que secretamente deseamos y, al dárnosla, nos la quita. Rufo se une a Sagasta (sin saberlo o sabiéndolo sin saberlo) a través de Laura/Inés pero esa unión es al mismo tiempo la negación (y más: la ocultación) de su deseo. La transparencia de Inés y Laura (esas "solid vacancies", como dice mi amigo Tomlinson) es en verdad un obstáculo: Rufo no se da cuenta de la naturaleza de su pasión precisamente porque Inés y Laura son imágenes que satisfacen imaginariamente su deseo y así se interponen y lo desvían. Gracias a la transparencia y a sus cristales, Rufo se comunica con el mundo y ve a Sagasta, a su padre, a su madre, ve a los vivos y a los muertos pero no se ve a sí mismo. El que lo ve es el escritor-transcriptor que ordena sus papeles y que es su primer lector: Rufo es visto a través de lo que él mismo ha escrito sobre sí mismo. El lector sabe de Rufo lo que él no supo de sí mismo pero lo sabe solo por Rufo. La duplicidad de Rufo y su sinceridad son el haz y el envés de la misma realidad. Estados condenados a las ambigüedades de la transparencia no por fatalidad social o histórica sino porque la duplicidad está inscrita en la naturaleza humana. El hombre es naturalmente una criatura moral y por eso es doble. Su disfraz es natural, su máscara es su piel. Animal moral, vive entre símbolos, es decir, entre transposiciones y sublimaciones. Laura/Inés es un doble símbolo de Sagasta pero Sagasta, el de carne y hueso, también es un símbolo de Rufo. Estamos condenados a vivir entre símbolos, entre imágenes. Si Rufo hubiese vivido en una sociedad en la que su pasión no hubiese sido vista como una desviación anormal (Grecia o Roma), su duplicidad natural se hubiese manifestado de otra manera. El hombre es misterioso, pero su misterio no es oscuro sino transparente. Por eso, es inasible y vertiginoso: tras la imagen de Laura/Inés está Sagasta y tras Sagasta está el mismo Rufo y tras Rufo está el escritor-transcriptor-lector: tú y yo y todos los lectores –rostros futuros que se despeñan en un abismo translúcido. Tu novela es la congelación momentánea de unos rostros, unos cuerpos y unas frases que, a medida que avanzamos en la lectura fluyen y nunca coinciden consigo mismo –nunca somos lo que somos...

Querido Pepe: algún día, si volvemos a vernos, hablaremos más de tu hermosa novela. Algunos pasajes me conmovieron y me produjeron una melancolía muy grande [...]. (Carta inédita)

Traducido por Nicolás Lucero

Notas

[1] Octavio Paz, *El peregrino en su patria. Obras Completas 8*. México: Fondo de Cultura Económica, 1994, 569.

[2] Citado en Mariella Balbi, *Szyszlo: Travesía*. Lima: Universidad Peruana de Ciencias Aplicadas, 2001, 55.

[3] Entrevista con Sergio Marras, en Octavio Paz, *Ideas y Costumbres 1, La letra y el cetro. Obras Completas 9*. México: Fondo de Cultura Económica, 1995, 144.

[4] Para una versión excesiva y apasionada del triángulo Paz-Garro-Bioy, desde el punto de vista de la hija de Paz y Garro, ver Helena Paz Garro. *Memorias*, México: Oceano, 2004.

[5] Octavio Paz, "De Octavio Paz", *Sur* 346 (Enero-junio 1980): 92.

[6] Sheridan, 407.

[7] Octavio Paz, "Los campos de concentración soviéticos", en *Obras Completas 9*, 167.

[8] *Ibid.*, 170.

[9] Las citas que hago de las cartas en este trabajo fueron autorizadas por Octavio Paz, quien me las facilitó para una investigación sobre la revista *Plural*.

Con Enrique Pezzoni en las sierras de Córdoba, años cincuenta.

La verdad de la anécdota

Luis Gusmán

El título de este trabajo está tomado de una cita que José Bianco hace en su ensayo "Centenario de Proust" (1971) extraída del libro de Roland Barthes, *Crítica y verdad* (*Ficción y reflexión*, 174).
En el texto de Barthes ambos conceptos parecerían resolverse en
una dialéctica en la cual los dos términos en principio podrían con-
siderarse éticamente solidarios. En Bianco, anécdota y verdad le
permiten establecer una especie de punto de vista desde donde va
a situar no solamente la instancia de ficción y realidad sino la posición del lector Bianco respecto a su lectura de la literatura.

Por otro lado, el valor de lo que se podría considerar una anécdota guarda para mí un matiz afectivo, en tanto antes de conocer
personalmente a Bianco ya lo conocía por sus anécdotas. Fue Enrique Pezzoni quien posibilitó ese encuentro. Desde entonces, como cualquier chico que pide que le cuenten una y otra vez la misma historia le pedía o le pedíamos a Pepe que nos contara su encuentro con André Gide. Para recuperar ese placer una y otra vez
era necesario el olvido. Implantada esta mecánica, la misma anécdota, la misma cita, los hechos volvían a renovarse con el descubrimiento de un detalle hasta ese momento desconocido.

Creo que anécdota y cita –esta última viene a sustituir al término verdad– ocupan un lugar de articulación en los ensayos literarios de José Bianco. Con esto quiero decir que a partir de estos dos
términos podemos situar un orden de las razones en su literatura.

En principio tomo como referencia el largo ensayo de Proust, *Contra Sainte-Beuve*, que como sabemos funcionó a la manera de un programa crítico de la literatura del siglo veinte. Con este texto proustiano, Bianco inagura su trabajo crítico sobre el centenario de Proust. Cuando digo crítico me refiero a que el homenaje, felizmente en el caso citado, que Bianco lleva a cabo, es un relevamiento de algunas de las lecturas que se habían hecho de Proust. También es cierto que la crítica de Proust a Sainte-Beuve pone en juego una serie de oposiciones que en el ejemplo se polarizan en dos conceptos: vida/obra. Oposición que ya está presente en Bianco desde su ensayo escrito y titulado "La Argentina y su imagen literaria" (1962), incluido después en *Ficción y reflexión*.

Es en ese artículo donde la polarización vida/obra está desplazada o mejor dicho queda remitida a su origen platónico que en ese caso contraponía la definición de ser/opinión, o lo que modernamente se leyó como lo verdadero y lo verosímil. En esta serie Bianco va a ubicar a lo bello y a lo justo del lado de lo verdadero en contraposición a la opinión, corpus que ubica en una zona mucho más dudosa. En el orden argumental de Bianco la oposición vida/obra va a derivar en símbolo/anécdota. De tal manera que el símbolo va a quedar del lado de lo verdadero mientras que la anécdota va a ir a ubicarse casi como su contrario, del lado de lo superfluo.

Los dos términos: cita y anécdota no llegan a ser una oposición analítica o una disyunción. Podemos afirmar que funciona como una conjunción dialéctica a la manera de *Crítica y verdad*. Bianco rompe con cualquier posibilidad de complementariedad entre ambos términos cuando en el texto sobre la literatura argentina cita el ensayo de Borges: "El escritor argentino y la tradición" (1951). Al referirse al método borgeano, ya tantas veces citado, menciona el procedimiento utilizado para escribir "La muerte y la brújula". Esto es, el distanciamiento que se produce a partir de la sustitución de los toponímicos Rue de Toulon por Paseo Colón. Operación que le permitió, según Borges, el poder de escapar al color local.

La crítica de Proust a Sainte-Beuve es siempre actual, casi de la misma actualidad de la materia criticada y nos plantea el problema entre la realidad y la ficción para llamar lo que en otros tiempos se nombraba como el enfrentamiento entre la vida y la obra. Desde el comienzo, la crítica que hace Proust alude a un comentario de Paul Bourget, donde sitúa el método de Sainte-Beuve en su punto justo: "Multiplica las anécdotas a fin de multiplicar los puntos de vista". Recuerdo acá como Bianco resume la cuestión en términos de una pregunta planteada más o menos así: ¿de qué manera influyen los datos personales o las anécdotas para conocer la obra de un autor?

La primera objeción a Sainte-Beuve es que su método hace de la crítica literaria una dependencia de la biografía. Por ejemplo de nada serviría o agregaría muy poco, para apreciar la obra de Stendhal, conocer la mayor cantidad de datos y anécdotas posibles acerca de su vida y a partir de esto poder entender su obra. El mayor énfasis crítico de los ensayos de Bianco sobre Proust está puesto en esta discusión.

Cabe señalar que cuando Bianco en su ensayo "El ángel de las tinieblas" se refiere a la biografía de Painter sobre Proust, la describe como una suerte de prontuario que se presta a discusiones y conjeturas (199). Su despojamiento se vuelve irónico cuando resume el esquema biográfico de Painter como netamente freudiano; sería más correcto formularlo en términos de una burda aplicación freudiana, ya que como señala Bianco, la interpretación se basa en la aplicación mecánica del complejo de Edipo, la ambivalencia hacia la madre, los celos por el hermano y la posterior resolución positiva de esos conflictos en la obra, con lo cual el final feliz adquiere por momentos los tintes de una novela rosa.

Pero voy a retomar el primero de los dos términos citados anteriormente, me refiero a la función de la anécdota. Para Bianco la transcripción de una anécdota sirve para situar la función de la misma en el régimen de la argumentación crítica. Al respecto me voy a referir a una anécdota que aparece citada en "El ángel de las tinieblas". Bianco cuenta cómo un extranjero en el París de la postguerra, se citó con alguien en un café que entonces se llamaba *Le crocodile* que quedaba en cruz con un establecimiento de baños ubicado en la calle Duret llamado la *"Maison de Jupien"*, para escuchar del dueño del establecimiento revelaciones sensacionales acerca de la vida clandestina de Proust (201). Finalmente, el extranjero y su intermediario, llegaron a los fondos del Jupien donde los aguardaba el confidente que era una especie de sucesor del antiguo dueño del establecimiento. El sucesor contó entonces la anécdota de los retratos –cuando Proust en sus prácticas aleccionaba a un muchacho para que insultara al retrato de la princesa de CH o, como afirma Painter, también a la imagen de su propia madre– y se explayó sobre la visita de Proust a los mataderos, la búsqueda de las ratas que juntaban para él y después perseguían y martirizaban en su presencia. El narrador de la historia cuando finaliza su relato intenta justificar la crueldad de la anécdota en tanto era condición necesaria para la obra. Como se ve, hasta en el alma del ser más simple, en este caso el regenteador, se produce la dicotomía vida/obra.

Bianco, el autor de *Las ratas*, nos dice a continuación que esas anécdotas debían circular entonces en ciertos medios literarios pero que el extranjero las ignoraba y no podía vencer la impresión de estar asistiendo a una comedia. El autor agrega que cuando aparece *Le Sabbat*, todo el mundo conocía las anécdotas y sabían de su veracidad (202). A la salida, el extranjero lamentó haber gastado los mil francos en una información que ya antes de ser revelada le parecía inútil. Quizás podemos suponer en este contexto que la información tenía más valor que la anécdota.

Es entonces que en la lectura de Bianco se agrega el otro término: la cita. La cita encuentra un régimen que casi diría reafirma el argumento a la manera de ejemplo, lo acompaña, lo autoriza pero también se independiza de él, y la cita pasa a ser el argumento, lo que hace progresar la lectura.

Pasemos entonces a fundamentar el orden de las razones enunciadas a partir de la cita de Barthes que utiliza Bianco: "La muerte irrealiza la firma del autor y hace de la obra un mito: la verdad de las anécdotas se agotan en vano tratando de alcanzar la verdad de los símbolos" (174). La cita abre paso a esta interrogación ¿qué valor tiene la anécdota en relación al símbolo? Bianco en el ya citado trabajo sobre el centenario de Proust hace referencia (175) a un libro de J. F. Revel titulado *Sur Proust*, que en ese momento se acababa de reeditar y en el cual el autor hacía mención a las inverosimilitudes de la obra de Proust para declarar que dichas inverosimilitudes y descuidos carecían de importancia. La conclusión de Bianco se sitúa en el mismo registro de lo que formula Barthes como significación de la anécdota: "En efecto, los hechos no son más que metáforas y la acción puramente simbólica" (176). Es decir que para Bianco se trata de alcanzar algo del orden de la verdad por vía de la metáfora. Operación poética por excelencia. Estamos en el corazón de lo verdadero.

El lector proustiano se pregunta ¿cuál es la vida real? El lector Bianco le responde: "¿Qué puede importarnos que Charlus sea Montesquieu, que Swann sea Charles de Hass [...]? En la novela, repito, estos seres han dejado de existir" (174). Pero para Bianco ¿cómo se construye la ficción de la realidad en Proust? Creo que la respuesta está en cómo condensa el proceso de escritura proustiano que define en estos términos: "sensaciones y reminiscencias a la vez simultáneas y apartadas en el espacio y en el tiempo cuyo vínculo necesitamos descubrir" ("Proust y su madre", *Ficción y reflexión*, 160). Quizás esta definición del propio Bianco está más cerca del psicoanálisis que aquella que lo definía como una novela rosa. Un trabajo de la palabra que procediendo por vía metafórica va procurando los eslabones que faltan para lo que necesitamos descubrir. Siempre como metáfora fallida.

Es entonces que Bianco cita a Proust y nuevamenta la cita hace progresar la argumentación: "Podemos hacer que en una descripción se sucedan indefinidamente los objetos que figuraban en el lugar descrito: la verdad no empezará hasta que el escritor tome dos objetos dispares, plantee su relación, análoga en el mundo del arte a la relación única de la ley causal en el mundo de la Ciencia, y los encadene en los anillos necesarios de un hermoso estilo... o bien cuando extraiga la esencia común de dos sensaciones, reuniéndolas en una metáfora para sustraerlas a las contingencias del tiempo" (160). Si la descripción procede o avanza indefinidamente por la metonimia, para Proust es necesaria la metáfora para hacer posible un trabajo del estilo capaz de sustraer las sensaciones a las contigencias del tiempo.

Bianco cita a otro crítico de Proust que le otorga a la metáfora el valor religioso de las metáforas primitivas. Pero para Bianco estos dos objetos dispares, a los que refieren la cita de Proust, no conducen ni a una unidad ni a una identificación absoluta. En la debilidad irreparable de toda metáfora –dice Bianco– se constituye su grandeza. Es el desajuste entre los dos términos de la comparación lo que nos permite verlos unidos y separados al mismo tiempo. A la vez, agrega Bianco, eso le confiere a la metáfora esa cualidad ubicua, sobrenatural que logra conmovernos estéticamente. Como podemos observar, la mejor metáfora es la metáfora fallida.

Si en el ensayo "El ángel de las tinieblas" aparecen citados Barthes, Deleuze o Blanchot –el texto está fechado en 1972– la modernidad del autor reside en sus procedimientos de lectura y no en el uso parasitario de esas mismas referencias. Estamos en condiciones de afirmar que en este contexto, cita equivale a símbolo y ficción, a la vez que anécdota queda situada como más cercana a realidad y opinión. Pero quizás sea más cierto que cita y anécdota en Bianco formen parte de esa disparidad a la que él mismo alude, ese desajuste irreparable a partir del cual cualquier lectura que se precie de tal constituye su debilidad y por lo tanto su grandeza.

El lugar de Bianco

Noé Jitrik

Muy difundido es el sentimiento de que José Bianco ocupa un lugar complementario, por no decir secundario, en la lista de los grandes escritores argentinos. Me parece errónea esa disposición pero la comprendo como ejemplo de lo vicioso de nuestras lecturas. Y la comprendo, además, porque difícilmente se lo hubiera podido ver en su tiempo de otro modo que como fiel secretario de la revista *Sur*, lo que también quería decir de Victoria Ocampo y sus notorios desplantes aunque ya es hora de reconsiderar, también, ese juicio que en realidad era un prejuicio.

Por añadidura, como su tarea casi principal era la traducción, esa actividad que si bien tuvo presencia y jerarquía en las décadas en que las realizó, podía haber sido vista, también equivocadamente, como auxiliar, laboriosa y necesaria pero de valor inferior a las grandes creaciones de algunos de sus contemporáneos, no es extraño que lo rodeara un silencio que él no intentó romper. Se podría decir, pese a que había publicado dos textos de primer orden, *Las ratas y Sombras suele vestir*, que había poco ruido en torno a su obra, el ruido era convocado por otros, ni vale la pena mencionarlos, pero ni siquiera todavía por Borges que, por otra parte, consagró su calidad en el momento inicial. Lo cual también dice algo sobre el alcance de las consagraciones.

Por mi parte, mi atención fue atraída muchos años después de lo que habría sido un disfrute cuando la editorial Siglo XXI publicó *La pérdida del reino*. Eso era ya una revaloración y una invitación a una lectura nueva pero yo no lo entendí del todo bien: me pareció que esa novela era difusa, con excesivo acento puesto en psicologías de personajes y demasiado centrada en esa constante de la literatura argentina que es la descripción de la decadencia de la aristocracia porteña, muy diferente al esquema de *Las ratas*.

Fue gracias a una observación de Augusto Monterroso que regresé a José Bianco. A Monterroso le parecía genial que Bianco hubiera traducido "The Turn of the Screw" que, literalmente, es "La vuelta de la tuerca", por "Otra vuelta de tuerca"; esa alteración es ya una lectura del relato de Henry James que lo transformaba, por la mera acción de la palabra "otra", un cuento sobre fantasmas en una misteriosa y perturbadora profundidad, al menos para lectores en nuestra lengua.

Me sentí mal por esa evocación y, por lo tanto, regresé a las dos *nouvelles*. Leí *Sombras suele vestir* y, por una de esas intuiciones que al parecer tienen los lectores-críticos, pensé que había suficientes elementos como para indagar en ese texto y organizar lo que se podía ver. Por cierto, además de su elegante contención, de su manejo de la estructura, de lo que, reduciendo un poco su alcance, podríamos llamar la trama que, dicho sea de paso, era un poco Henry James por la atmósfera pero mucho más que James por ciertas corrientes secretas que recorren y atraviesan ese relato.

Dicha intuición se desarrolló en innúmeras ocasiones a lo largo de los años: la primera vez debe haber sido en 1976, en México; luego ya no sé dónde hasta que escribí un trabajo que expone lo que pude ver, ese secreto: no sé si lo desentrañé pero, en todo caso, intentarlo me proporcionó una rara felicidad.[1] Creo que lo que lo organiza, y que está en consonancia con el epígrafe gongorino –del que extraje el título–, es una "falta" que sería lo fundamental del acto literario: ¿no es acaso un relato el relato de una carencia o de una ausencia? Por cierto, ver la falta tiene que ver con una mirada psicoanalítica que, por suerte, no implicó una aplicación canónica de lenguajes presuntuosos; la falta es un hecho y, sobre todo, es la falta de una letra, la letra "ce", que, por si fuera poco, es un agujero interrumpido que deja ver un blanco:

¿un Bianco? A un personaje le falta una "c", al otro le sobra. Correlativamente, aquél al que le sobra está investido de sobrantes, tiene dinero, saber, casa, mujer; el otro carece de dinero, sabe menos, no tiene mujer. Pero esto no es más que el comienzo: el rico convive con una muerta, pero le sobra la letra: si la eliminara, Stocker se convertiría en Stoker, autor de *Drácula*, el que reina en la tierra de los muertos, o sea de las sombras que, siguiendo a Góngora, "El sueño, autor de representaciones / sombras suele vestir de bulto bello", serían el depósito de lo que se escribe, de la poesía.

Bianco, me pareció, tocaba zonas muy profundas, también en mí: hablé de felicidad, no de placer de la lectura. Y, por lo tanto, su posición en la literatura argentina cambió por completo: para mí pasó a ocupar un lugar principal si tales lugares se otorgan por la riqueza que ofrecen. Lo único que lamento es que, después de esa experiencia, y antes de escribir mi artículo, no tuve la suerte de continuar una conversación que había iniciado con él poco antes de su muerte. Si la conversación hubiera continuado acaso yo podría haber sabido algo más sobre una poética que no vacilo en reivindicar.

Notas

[1] Noé Jitrik, "La falta y la aduana son sombras", *El ejemplo de la familia: Ensayos y trabajos sobre literatura argentina*, Buenos Aires: Eudeba, 1997, 53-68.

Pepe Bianco: "Pero en lo interior está hecho"

Raúl Ballbé

Cuando me pidieron que colaborase, en calidad de amigo, en el homenaje a José Bianco que tuvo lugar en el Jockey Club al cumplirse un año de su fallecimiento, cobré conciencia de que Pepe me tenía a mí por tal. La reciprocidad del afecto, que no significa *sentir lo mismo que el otro*, es una extraña y conmovedora experiencia, más notable aún si nos percatamos de ella cuando el amigo ha muerto.

La amistad, forma fundamental del ser humano, modalidad del ser uno con otro, relación de correspondencia, de reciprocidad, de nexo esencialmente personal, siempre nace de un encuentro. Pero como el comportarse depende de uno mismo, se puede también evitar el encuentro, que es siempre casual, a diferencia del citarse. Acontece siempre en el ámbito del *entre*, sólo cuando el hombre va hacia el prójimo y es libre tanto para dejar que ocurra como para impedirlo. Esta libertad es un rasgo esencial del encuentro pues decide si yo *doy con* el otro o si *lo tomo para algo o si soy afectado por él y me abro a la comunicación.* El encuentro encierra un riesgo pues lo que empieza en y con el encuentro es destino; además, consiste en ser *casual*, no se desarrolla a partir de algo anterior, pues acaece en forma *instantánea*. Finalmente, los encuentros son siempre cara a cara, frontales; son siempre confrontaciones en las que surge la comunicación, dualidad en la unidad porque cada uno debe ser fiel a sí mismo, sin concesiones y unidad en la dualidad porque toda genuina comunicación surgida del encuentro se da en una atmósfera única que emana de la vida inmanente de quienes dialogan.

En 1954, cuando finalizaba mis estudios de medicina, ya había tenido la suerte de librarme de varias obligaciones gracias a la afiliación política obligatoria y quedar disponible para acometer las más diversas lecturas sin demasiada precipitación. Había escrito un ensayo que Juan Adolfo Vázquez se llevó para leerlo y, al día siguiente, me llamó por teléfono para anunciarme que iba a ser publicado en el próximo número de *Sur*. La noticia me alarmó lo suficiente como para ir a Buenos Aires, a San Martín 689, con el propósito de entregar otra versión, mejorada.

Ese día conocí a Pepe; me recibió sonriente, con su mirada luminosa de ojos tan abiertos, agudamente perceptivos y que, al mismo tiempo se dejaban ver. Irradiaba un atmósfera de simpatía, comprensión y natural afecto; me dijo que el ensayo ya estaba en imprenta y que no había nada que corregir. Sus palabras eran sencillas y directas pero no lograban sacarme del asombro: era un acontecimiento demasiado importante para mí, mejor dicho, inesperado, más afín al mundo de la fantasía que al de la realidad. Me preguntaba si todo no era sino una broma del destino que juega con nosotros y que debía escuchar la voz de la prudencia. Pero Pepe seguía sonriendo y, con tono bondadoso me dijo: "Bueno, ahora escriba otro artículo y tráigamelo. Tiene que seguir publicando con continuidad". Por allí rondaba algún dios, testigo y guardián de una amistad que en ese encuentro se iniciaba.

Solíamos encontrarnos en *Sur* y de allí íbamos a algún restaurante o confitería de la zona. Conversábamos sobre los más variados temas y descubría por la mediación de Pepe un mundo nuevo que, sin sus observaciones agudas, me habría pasado inadvertido. Casi sin darme cuenta, me iba enriqueciendo y hasta los más pequeños detalles se transformaban por obra y gracia de Pepe, en temas de reflexión; así cobré conciencia de que mis meditaciones iniciales me abrían a una más amplia que cobraba fuerza en la psiquiatría. Cuando consideramos al otro en su esencial *otredad*, prosperamos como *consumidores* de su mundo y como *productores* del propio. Esto nos salva de caer en el insensible tránsito que comienza con la admiración, se transforma en envidia y termina en el resentimiento y que surge siempre que se quiere *ser como el otro*. La *mediación* es el fundamento de toda amistad mientras que la *identificación* conduce al fracaso.

En la década del cincuenta un tema ineludible de la psiquiatría era el pasaje de la cuestión filosófica ocupada con el *hombre y la cosa* a la preocupación por el *hombre y su prójimo*. La aceleración de la vida por el despliegue de la técnica se experimenta como un estrechamiento temporal que sacrifica el encuentro humano, lo distorsiona y nos arrastra para continuar su camino de acuerdo con sus propios fines. El término *relaciones humanas* es revelador de una preocupación mayor que comenzó a resonar en la intimidad de las personas y llevó a pensar en esos diferentes modos de ser que corresponden al *ser con otro, ser con el prójimo y ser con nuestro semejante*. Tuvo lugar una superación de la psicología de la primera y la tercera persona por la psicología de la segunda persona: el yo-tú o el nosotros fundamental.[1] Pues si para responder a la pregunta acerca de qué es el hombre debemos dejar el intento para el final de una larga investigación, podemos de entrada sostener que cuando hablamos del hombre nos referimos a un ente que, a diferencia de todos los demás, es nuestro semejante. El prototipo de lo humano es cada uno de "nosotros" y conocer al hombre significa conocernos a nosotros mismos en el encuentro con nuestros semejantes.

Nuestras conversaciones eran para mí esas formas privilegiadas de la comunicación que sólo se dan en el diálogo entre dos personas, sin público que nos sustraiga de la reserva, de la intimidad y nos obligue o tiente a representar un papel. Era la libre elección de una prerrogativa, la de asumirse como persona en un mundo que obstinadamente tendía a acabar con el individuo. Y Pepe, que era un verdadero crítico, no podía ser fácilmente arrastrado por ninguna corriente.

En *Sur* reinaba una atmósfera de libertad que se evidenciaba en una activa comunicación con el resto del mundo de las letras y del pensamiento, como una puerta abierta por la que entraba una brisa que hacía más respirable un aire enrarecido por el encierro y el aislamiento, proclive a la megalomanía. Recuerdo varias conversaciones con Pepe que mantuvimos en el Richmond de Florida que giraban en torno de nuestra incapacidad para saber lo que uno es, para conocer el lugar que uno ocupa en el mundo y alcanzar una visión con el debido sentido de la proporción. Para muchos, nuestro país era el ombligo del mundo. Vienen a mi memoria muchas anécdotas sobre este tema, algunas de ellas con la gracia con que las contaba Pepe: para él la falta de gracia era una verdadera desgracia que compensaba y anulaba generosamente con su chispa, ironía e ingenio, acto de amor, de caridad, que brotaba de su infinita bondad, de su nobleza y de su sentido estético. Si aceptamos la frase de Píndaro según la cual la costumbre es la reina del mundo, era evidente que nuestra real señora comenzaba a desvariar. Había que precaverse, en tanto hombres no exentos de debilidades, del contagio de la demencia universal y local y, para eso, un buen antídoto era el sentido del humor.

Viajé a Europa donde permanecí seis años y, a mi regreso, volví a encontrarme con Pepe. Me mostraba los cambios de Buenos Aires y me decía: "te das cuenta qué provinciana es Buenos Aires", inmensa ciudad con alma de niño. Pepe ya no era más el jefe de redacción de *Sur*, muchos rostros amigos desaparecieron durante esos años mientras surgían caras nuevas. Esto obedecía en parte a una inexorable ley de la vida pero, sobre todo, al olvido, a la indiferencia y a la ingratitud, vicios que pertenecen a la abominable familia que conspira contra el amor humano.

Mi actividad era cada vez más intensa bajo la tiranía del tiempo pero notaba que el rendimiento del esfuerzo era escaso por la diversificación de las tareas que forma parte de nuestra crónica desorganización nacional. Cuando mi vida se hizo más tranquila volví a encontrarme con Pepe, pero eso fue en sus últimos años. De nuestras conversaciones poco puedo revelar pues, aunque quisiera hacerlo, jamás podría hacer una síntesis. Todo lo observaba con alegre curiosidad y, en seguida, disparaba su agudo comentario, sobre todo a partir de una cita o un pasaje de un libro que estaba leyendo y que luego comentábamos. Rara vez se quejaba de la vejez y de sus achaques; tal vez sólo lo hacía para contradecir amablemente mi necia creencia de que la sabiduría del anciano compensa sus padecimientos. Pepe nunca fue un extranjero en ese mundo misterioso que ingenua y confiadamente llamamos realidad, ese exilio lleno de añoranza, es decir, de ignorancia en el sentido de no saber dónde está alguien, no tener noticias de un ausente que bien puede ser uno mismo. Tenía la capacidad de gozar sustentada en su temple estoico y en la virtud que emana de una conformidad racional y afectiva con el orden de las cosas, sabiduría afirmada en el sentido común, acorde con la naturaleza, es decir, con el corazón, con el sentimiento y con el destino.

Era un 23 de abril por la noche cuando pasé por su departamento pues conocía la gravedad de su mal. En el living había muchas personas; alguien me hizo pasar y nos quedamos solos unos minutos. Traté de animarlo pero Pepe rechazó con un gesto de su mano mis palabras. Sonrió, sus ojos volvieron a brillar, quiso saber cómo me iba, si estaba bien y, finalmente, me estrechó la mano como un padre se despide de un hijo. Si el tiempo nos quita todo, nos devora, la amistad, en cambio, tiene al tiempo por un necio porque no pertenece a él. Esa presencia del ausente me hace imaginar qué pensaría Pepe de estos tiempos que corren; y así podemos acordarnos, también, de lo que no fue, sino que debió haber sido. ¿Pero es posible acaso que el diálogo no se nutra, viva y cree de ese y en ese *debió haber sido* que llega a ser en el futuro encuentro o en la carta que luego escribimos con esa convicción del instante en que experimentamos que *en el interior ya está hecho*? Y además ¿acaso nuestra existencia no vive de todo lo que el recuerdo nos aporta como posibilidad germinal del pasado y que constantemente se nos abre al futuro? ¿Y qué decir de la experiencia del arrepentimiento y el renacer que con él sentimos al ofrecernos un verdadero futuro? Nuestras últimas conversaciones giraron en torno a los Diarios de Jünger, por eso quiero terminar estas palabras recordando estas palabras del poeta y pensador alemán que comentan la frase de Goethe *Pero en lo interior está hecho*: "hay una terminación de nuestras acciones en lo absoluto, un complemento que es siempre independiente del éxito o del fracaso. Eso representa un gran consuelo. Nuestras acciones son comparables a disparos que estuvieran animados de una fuerza doble. Por un lado son como flechas disparadas por el arco de la vida; esas flechas están sujetas al azar, a la fuerza de la gravedad, al viento. Dan en el blanco o fallan; no está en nuestras manos la trayectoria que siguen...". Si pensamos en la persona ausente como si estuviera viva, comprobaremos que hay algo maravilloso, sin embargo, en ese *como si.* Y "deberíamos pensar en cada muerto como si estuviera vivo, y en cada vivo, como si estuviera ya separado de nosotros por la muerte. Así nuestros deseos apuntan más alto, a la persona invulnerable. Y si tensamos bien el arco, experimentamos el instante maravilloso en que nos llega la respuesta. *Pues en el interior está hecho* (Kirchhorst, 2, XII, 48)".[2] Ninguna circunstancia cambia el sentido profundo de la muerte.

Notas

[1] Raúl Ballbé, "Llamado y descubrimiento del tú", *Sur*, n° 239, 1956.

[2] Del diario de Ernst Jünger del 2 de diciembre de 1948, *Jahre der Okkupation*, Stuttgart: Ernst Klett Verlag, 1958, 310.

Vestido de marinero para la primera comunión.

Pepe Bianco y la *Sonata en si menor* de Liszt

Felisa Pinto

Conozco y quiero a José Bianco desde recién nacida en Córdoba, cuando él todavía no era escritor o estaba en ciernes y mi padre Hernán Pinto estaba por recibirse de profesor de piano y más tarde director del Conservatorio de aquella ciudad. Como no soy crítica literaria, ni tampoco crítica musical, hablaré sobre Pepe desde mi condición de periodista. Y como tal, prefiero referirme a la trastienda (o *backstage* si se prefiere) de las referencias musicales a las que alude constantemente Delfín Heredia, el protagonista de *Las ratas*. Voy a contar esa trastienda pianística-musical de la que fui testigo privilegiado a los once o doce años, cuando conocí de cerca los entretelones y el momento en que el autor eligió como consejero al músico excepcional y bohemio empedernido que fue mi padre. Pepe lo llamó para que lo asesorara sobre todas las precisiones pianísticas referidas a la *Sonata en si menor* de Liszt, que en el libro *Las ratas* es casi tan protagonista como el propio Heredia con sus dudas constantes. Esa sonata fue elegida, a su vez, por mi padre para recibirse en el conservatorio y ha sido un verdadero caballito de batalla de eximios pianistas desde Backhaus hasta hoy cuando Martha Argerich la pone en sus dedos magistrales. Esa sonata siempre fue un sinónimo de pieza de bravura y destreza. Cualidades que apreciaba un ser excepcionalmente culto y gozador de la música y las palabras, como era José Bianco. José (como lo llamaba mi padre, en lugar de Pepe) iba a nuestra casa, algunas tardes, para interiorizarse de la obra, y mi padre la tocaba para él en el piano Erard vertical que estaba en nuestro living. Allí preguntaba y hacía anotaciones sobre cada pasaje, cada movimiento y cada dificultad de la famosa sonata de Liszt. Esa obra, que conozco nota por nota, de oírla tocar y estudiar hasta el cansancio, fue el lazo para que, muchos años después, me convirtiera en gran amiga de Pepe Bianco, con quien compartía muchos gustos. Hablaré en especial de las veladas musicales donde coincidimos con Pepe en Córdoba, en la sala de música del Palacio Ferreyra, construido por un encargo de la familia más adinerada y cosmopolita de la ciudad al arquitecto francés Sargent y que la comunidad cordobesa, bautizó, con razón, como "palacio". Allí he visto a Pepe gozar con diversas interpretaciones que hacían algunos miembros de esa familia: Nena Ferreyra de Pinto, Jorge Ferreyra y Martín, el más excéntrico de ellos, quien prefería tocar de noche y alquilaba un piano en sus estadías en el hotel Alvear. Pepe festejaba esas travesuras con risas para adentro. Otra figura del clan Ferreyra, Fanny Llambí Campbell de Ferreyra, era la favorita de Pepe, por su elegancia y su belleza, además de su fuerte personalidad. Ella era el centro de las reuniones musicales en Buenos Aires, a las que invitaba a músicos notables como Rubinstein, Arrau o Daniel Ericourt, quienes, en horarios menos mundanos, usaron su piano Steinway para estudiar las obras que luego tocarían en el Colón o en algún recital del teatro Odeón.

En 1943, cuando Pepe publicó *Las ratas*, yo era muy chica pero ya estaba deslumbrada por su exquisitez y sensibilidad. Hoy, al releer el capítulo cuarto, aprecio la textura de su escritura y la difícil responsabilidad de meterse con el lenguaje musical, de por sí extraordinariamente rico, sin traicionarlo ni "tocarlo de oído", como se dice en la jerga de los músicos. Leo algunos párrafos en los que Delfín Heredia se refiere a su piano nuevo y a las dificultades de la obra, con precisiones técnicas que Pepe aprendió de mi padre. Dice Delfín:

No me parece oportuno hablar de mis éxitos en este relato. Contaré, sin embargo, que a los trece años me presenté a examinarme en un conservatorio de música, del cual no era alumno regular, y obtuve un primer premio y un diploma. Isabel, para celebrar mi triunfo, me regaló un Erard de concierto. La recuerdo observando con los ojos entornados, en un vago gesto de présbita, el efecto que hacía en el vestíbulo esa larga superficie de caoba. Sube al desván, escoge un cuadro entre los muchos que había y lo hace colocar detrás del piano. Durante esa época yo trabajaba en la *Sonata* de Liszt. Había emprendido su estudio cediendo a las instancias de mi profesor, y por una de esas puerilidades que no sabemos cómo ni en qué momento han nacido, asociaba esta obra al piano que acababan de obsequiarme y en cierto sentido a todo mi porvenir artístico. Con gran tristeza de Isabel, había resuelto no abrir el piano nuevo hasta no tocar en él, de manera impecable, la *Sonata* de Liszt. Era una obra superior a mis fuerzas. Yo analizaba sus dificultades desarticulando los pasajes más arduos, que repetía hasta el cansancio; aisladamente lograba tocarlos con limpieza, pero cuando quería ensamblarlos con los otros tenía que disminuir la velocidad o escuchar, pálido de rabia, a un intérprete efectista que arrancaba del teclado acordes turbios y hacía falso sobre falso.

—Toma el *allegro* al movimiento debido y no te ocupes de los falsos –me decía Claudio Núñez, el profesor en cuya charla persuasiva el francés hacía irrupción de vez en cuando. Sus argumentos eran tan especiosos que parecía burlarse de mí.

—¿Qué importancia tienen los falsos? –continuaba–. *Elle a quand même du chic, ta façon de trébucher.* Has aprendido a equivocarte, ya eres un verdadero pianista. Eso es todo. (cap. IV, 57)

Más adelante, en el mismo capítulo, Bianco escribe sobre la misma *Sonata en si menor* de Liszt:

Vuelvo a la *Sonata* de Liszt. Pocas obras me han exigido más trabajo. Había llegado a deprimirme, a desconfiar de mis méritos, a perder la memoria, mi excelente memoria musical A veces me sucedían cosas inverosímiles como quedar encajado en una tonalidad, prisionero de ella para siempre. Buscaba desesperadamente la modulación, pero no podía pasar del *re* al *si* y en el tercer tiempo, al terminar el *più mosso*, me encontraba repitiendo el *allegro* enérgico de la primera parte. Era como si la sonata me hubiera echado un maleficio. Me levantaba del piano. (cap. IV, 58)

Hoy, tantos años después de haber leído a Pepe Bianco en *Las ratas* y haber escuchado tocar a mi padre esa sonata y tantas otras, con el mismo gozo, no puedo menos que agradecer. A Hernán Pinto le debo que me haya trasmitido su sensibilidad para entender y apreciar la música en todos sus aspectos. Y a Pepe le debo haberme enseñado a amar la buena literatura. Me acuerdo siempre de la respuesta que me dio cuando un día le pregunté su opinión sobre algún autor novel. Me dijo: "Mirá che, si es buen lector, escribe bien".

Evocación de José Bianco

Ana María Torres

Ser sobrina de José Bianco –Pepe para sus amigos– fue uno de los privilegios que tuve en la vida. Cuando era chica solía venir muy a menudo a almorzar a casa. Yo lo miraba con temor reverencial: en esa época, tal vez más que ahora, un escritor era para mí un ser casi sobrenatural, un elegido.

También lo asocio con el departamento de la calle Cerrito donde vivía con su madre y una hermana. El escritorio no dejaba de asombrarme: con sus paredes totalmente cubiertas de libros y una escalera para llegar a los estantes más altos, era un lugar sagrado, el lugar de Pepe.

¿Cómo era José Bianco? Físicamente parecía, al decir de Norah Borges, un Greco. Delgado, frágil, de mediana estatura, ojos grandes y negros, manos alargadas. Su voz era característica, inconfundible.

Si con los años nos fuimos haciendo cada vez más amigos, con su muerte comprendí que había perdido un segundo padre, alguien, como dice Pirandello en el último episodio de la película *Kaos*, que pensaba en mí, que se preocupaba por mí, que siempre trató de ayudarme.

Era noble, íntegro, totalmente desinteresado, de una profunda sensibilidad, generoso a pesar de no contar con demasiados recursos. Los problemas económicos lo afligían de tal manera que todo trámite era para él una ansiedad, "une corvée" que lo abatía

213

y lo obsesionaba. "En la vida –solía decirme–, tener dinero es importante porque nos permite no pensar en él".

Su conversación era brillante, recordaba anécdotas que sabía contar con gracia y humor haciendo resaltar el detalle inesperado, curioso.

Estaba rodeado de amigos y de amigas que lo querían entrañablemente.

No voy a hablar de su obra literaria sino del hombre, pero quiero decir que fue un escritor exigente consigo mismo. Y si lo fue con los demás, como Jefe de Redacción de la revista *Sur*, o después, cuando dirigía la colección *Genio y Figura*, de Eudeba, esa misma exigencia se revelaba en su escritura, sutil, perfeccionista.

Jorge Luis Borges escribió que el estilo de José Bianco, como el cristal o como el aire, es invisible, un estilo donde "todo nos parece espontáneo, aunque sin duda no lo es".

No menos responsable era como traductor: buscaba la palabra exacta, no tenía pereza en consultar el diccionario, no continuaba hasta haber encontrado la frase y el tono que a su juicio eran los que correspondían.

Tradujo al castellano *Rojo y negro* de Stendhal, *Otra vuelta de tuerca* de Henry James, *Rosencrantz y Guildenstern han muerto* de Tom Stoppard que obtuvo el premio Talía a la mejor traducción teatral, *Posdata: tu gato ha muerto* de James Kirkwood, *El hombre elefante* de Bernard Pomerance y muchas obras más.

Los traductores literarios saben lo engorroso y lo cansador de esa tarea y el exiguo pago que suelen recibir por ella. Cuántas horas de su vida que hubiera podido emplear escribiendo, le tuvo que dedicar Bianco.

Fue un gran lector. Proust, Baroja, Azorín, Léautaud, Ortega y Gasset, Benda, Julien Green, Gide estaban entre sus escritores preferidos. Cuando yo le pedía algún tomo del *Journal* de Gide invariablemente se negaba. Yo insistía alegando que siempre le devolvía los libros que me prestaba, entonces me contestaba un tanto fastidiado: "No, Gide no. No insistas, lo releo, me gusta tenerlo a mano".

Lo recuerdo ahora en el escritorio de su departamento de la calle Juncal donde se mudó después de la muerte de su madre y de su hermana. Esta nueva versión del escritorio de Cerrito no me intimidaba tanto como la otra: allí, rodeado de libros, ante su mesa de trabajo, la máquina de escribir enfrente, fue creciendo nuestra amistad, nuestro afecto, ciertas confidencias.

Cuando le llevaba algunos de mis cuentos, los leía pacientemente y me decía: "No están del todo mal". A veces agregaba: "Pero podrían estar mejor", o "Me hacen acordar a Katherine Mansfield... salvando las distancias".

Nos reíamos juntos.

Le gustaba mirar desde la ventana, la calle, el puesto de flores de la esquina, la gente; en sus últimos años me decía, "qué jóvenes que son todos, qué rápido que caminan".

Sus distracciones en la vida cotidiana eran proverbiales, pero cuando escribía o traducía, no se permitía ninguna distracción. Agudo y perspicaz observador de la naturaleza humana, escondía tras una cierta ingenuidad, un conocimiento profundo de la vida y de las personas.

Una tarde lo fui a visitar pocos días antes de que se enfermara: estaba releyendo *La pérdida del reino*. Parecía contento. "Fíjate que no está nada mal, nada mal" me repitió con aire de asombro. Y me leyó en voz alta algunos párrafos de su novela.

Así era José Bianco. Sencillo, modesto. Nunca persiguió la fama, ni le interesaba lo que comúnmente se dice "estar en el candelero".

Tenía gran admiración por Borges: si yo cuestionaba alguna de sus opiniones, solía interrumpirme: "No discutas. Si Borges lo dice, así ha de ser. Borges es Borges".

En una ocasión (aún estaba bien de salud), me contó que Borges lo había llamado por teléfono desde Suiza para felicitarlo por su cumpleaños. Esto había sucedido en el mes de marzo. El cumplía años en noviembre, pero le dio vergüenza decirle que se había equivocado, que no era su cumpleaños, y le agradeció lo mismo. Al poco tiempo, su salud empeoró y murió. No pasaron dos meses y Borges moría en Suiza.

No puedo dejar de pensar ahora que la felicitación fue una excusa de Borges para despedirse de un amigo muy querido, una premonición.

Este episodio tiene algo de fantástico, de mágico, como si entre estos dos escritores tan sensibles se hubiera establecido una percepción fuera de lo común, una suerte de comunicación misteriosa más profunda que la vida misma.

Sabía que iba a morir. Desde meses antes de su muerte tenía esa certeza.

Hablando un día con Juan José Hernández le dijo: "He decidido morirme".

El día antes de su muerte (yo estaba junto a su cama), la llamó a la enfermera y le preguntó: "¿Cuándo termina todo esto?". Nunca olvidaré la impresión que me causaron sus palabras, y hasta la enfermera, que siempre tenía respuestas para todo, balbuceó una frase sin mayor sentido.

Hace unos días me enviaron de Venezuela unos ejemplares de la nueva edición de *Las ratas* y *Sombras suele vestir*. Cuando tuve los libros en mis manos, la sensación de su presencia, de una comunicación que se continúa más allá de la muerte, de un lazo más fuerte que la vida, me estremeció.

Tal vez, lamentablemente, en nuestro mundo actual, no se den ya las condiciones indicadas para que surjan figuras como Victoria Ocampo, Jorge Luis Borges o José Bianco.

A medida que la muerte nos va llevando a las personas más queridas, a aquéllas con las que tuvimos mayor afinidad, con las que compartimos momentos inolvidables, sentimos un gran vacío: sabemos que nadie podrá reemplazarlas.

Bianco unía a la nobleza de sus sentimientos una conducta ejemplar, una conciencia pura, insobornable. Nunca tuvo mezquindades ni bajezas, ni actitudes innobles: fue por sobre todas las cosas una persona muy humana.

Su muerte me llena de tristeza y espero fervientemente que esta evocación no sea demasiado indigna de él.

Los padres: José Bianco y Esilda Ferrari.

Un maestro irremplazable

Ivonne Bordelois

Pienso que volver a Pepe en estos días no sólo implica homenaje y gratitud, sino la clara conciencia de que, si lo seguimos queriendo tanto, y si evocarlo es más un placer y un alivio antes que una obligación, es porque Pepe representa tan claramente la antípoda de los actuales *condottieri* de la literatura, que tanto nos hartan y exasperan. Ajeno a toda publicidad y al autobombo, cultivador tenaz del bajo perfil, sutil sin sofisticaciones pedantes, sabio sin academicismo, irónico sin agresiones innecesarias, original sin alardes, valiente sin ostentación, claro sin trivialidad, amigo sin doblez: he aquí un curriculum que jamás encontraríamos en las fojas de editores, agentes, críticos o escritores de nuestros desastrados tiempos, que han dejado caer la literatura en el barranco del tedio, el mercantilismo y la insignificancia que él tanto detestaba, y que sin ninguna duda presintió en sus últimos años.

Llegar a Pepe era llegar a un maestro tan exigente como cordial, tan receptivo como inspirante: un privilegio como pocos. Lo conocí siendo yo muy joven, y aunque me intimidaba su prestigio, tan acotado como cierto, una onda de respeto mutuo y de clara y cálida amistad se estableció para siempre entre nosotros. El primer episodio de nuestra relación no fue afortunado, sin embargo. *Sur* precisaba una reseña sobre una novela de autoría insigne, y Pepe, en un rasgo de audacia o entusiasmo generoso –o acaso llevado por la curiosidad acerca de mis capacidades críticas– me propuso escribirla.

A la semana le llevé mi nota, que aún ahora conservo. La novela no me había gustado, y lo dije, según mi estilo habitual, con todas las letras. Pepe no había esperado tanta franqueza de mi parte; o acaso –si fuéramos misericordiosos– no había esperado que la novela fuese tan mala. Dada la relación de fuerzas que existía en ese momento en el Consejo de Redacción, resultaba evidente que publicar la nota crearía una tensión insuperable entre algunos de sus miembros. Estas estrategias, por supuesto, escapaban a mis inocentes dieciocho años. Me molesté, naturalmente, y me molesté sobre todo porque sabía que Pepe, con las excusas del caso, me daba la razón.

Comprendí más tarde, retrospectivamente, que el conflicto eventual que la nota produciría no valía el esfuerzo de desencadenarlo: un ominoso silencio acerca del libro sería más efectivo, y fue así que se hizo, a pesar de la obvia mortificación de los interesados, entre los cuales me contaba. Tentada estuve, naturalmente, de retirar toda colaboración con la revista en el futuro; afortunadamente, no lo hice. Fue mejor, con todo, que con este inicio poco feliz, Pepe me mostrara su lado vulnerable –es decir, los límites muy reales que debe afrontar obligatoriamente todo secretario de redacción de una revista como *Sur*– y lo hiciera como lo hizo: directamente, con sencillez y sin rodeos. De algún modo, fue para mí una lección de humildad que me lo ganó para siempre; y de su parte, creo, fue la certeza de que siempre contaría conmigo con una opinión independiente, que podía exponerse sin cálculo a debates frontales.

Pepe enseñaba naturalmente, sin esfuerzo, muy consciente de que la transmisión generacional era la clave dentro de una tradición acostumbrada a las rupturas. Edgardo Cozarinsky ha contado con gracia y con detalle cómo Pepe lo introdujo en la lectura de Balzac, a quien él, joven y existencialista, desdeñaba con la etiqueta superficial de "escritor realista". Conmigo pasó algo semejante, aunque de signo diferente. Al respecto, guardo de él una preciosa carta, que por mucho tiempo creí perdida y fue venturosamente rescatada en un sondeo de viejos papeles, hace muy poco tiempo –como si Pepe supiera que la precisaba para esta nota.

En este caso, también se trataba de una novela, esta vez de un joven talento que hacía sus primeras armas en el mundo narrativo. La novela me pareció algo ingenua y cargada del espíritu un tanto pesado del viejo costumbrismo, sumado a vagas intenciones socio-filantrópicas; pero fue sobre todo su lenguaje, a mi modo de ver inexperto y en oportunidades candoroso, el que me rechazó literariamente. La nota, por lo tanto, sin ser demoledora, no era de ningún modo entusiasta; fue publicada, sin comentarios, en su integridad. En particular, como suelo hacerlo, citaba yo frases a mi manera de ver amaneradas o cursis, que avalaban el sesgo reticente de mi crítica. Pero Pepe vigilaba desde las almenas, y con su habitual diligencia y lucidez, supo poner freno a las juveniles ironías con que yo descargaba mi descontento, y también logró anticipar posibles arbitrariedades en el futuro. Cito su carta:

Leí su noticia publicada en *Sur*. Me pareció bien escrita y justa, en términos generales. Sin embargo, no comparto algunas afirmaciones suyas. A propósito de X, ¿no le parece excesivo traer a Balzac y a Mallarmé? Y en el caso de Balzac, mal traerlo, porque sus diálogos pueden ser de un ridículo que llega a lo sublime. Abro al azar *La Recherche de l'Absolu*. Un matrimonio está en un jardín de tulipanes:

"Quel abîme pour la raison humaine, s'écria Balthazar en levant les mains et les joignant par un geste désespéré. Une combinaison d'hydrogène et d'oxygène fait surgir par ses dosages différents, dans un même milieu et par un même principe, ces couleurs qui constituent chacune un résultat différent! Etc. etc."

¿Qué le parece? Y esto no es nada en comparación con otros diálogos infinitamente más ridículos. ¡Para qué hablar de las reflexiones que hace Balzac en tercera persona, o de las situaciones que imagina! En *Béatrix* o en *La Muse du Département* (no recuerdo en cuál) dice que a los poetas se les reconoce, cuando caminan, por la manera de ondular las caderas. En *Une Fille d'Ève* describe detalladamente un *boudoir* elegantísimo ("le côté tapissier de Balzac" que tanto admiraba Mauriac) para llegar a la conclusión de que la mujer que pasa allí sus horas ¡no puede ser feliz!. En la misma novela, durante una función en la Ópera, la protagonista está en un palco. Entonces basta la mirada que se cruzan de un extremo a otro para que el amante descifre el más especioso e inesperado mensaje que ella le envía.

Entendámonos: a mí estas cosas me encantan. Si digo que son de un ridículo que llega a lo sublime es porque me parecen sublimes de verdad. Stendhal, James, Proust, Conrad, etc., no llegan en sus diálogos a ese ridículo sublime, pero no temen caer en un melodrama que usted, con su criterio, desaprobaría. ¿Recuerda esa escena de los zapatos rojos, en *Le Côté de Guermantes*, de que le hablé cuando vimos la pieza de Anouilh? Tampoco, a diferencia de Graham Greene, temen escribir "el hombre se puso blanco de miedo". [Aquí sigue una larga diatriba contra Graham Greene, con respecto al cual diferíamos Pepe y yo, motivo por el cual se encarnizaba en perseguirlo a la menor ocasión cuando conversaba conmigo.]

¿Por qué le molesta "Valentina lucía un vaporoso vestido de tul celeste, quizá demasiado ceñido al cuerpo"? ¿Acaso porque el tul no se ciñe al cuerpo? Pero tal vez debajo del vestido llevara un viso [esta observación es, inenarrablemente, Pepe de cuerpo entero] como se usaba antes, *pour mettre en valeur ses appâts*.

Pasó con su madre ¡qué rara belleza!

¡Qué rubios cabellos de trigo garzul!

¡Qué ritmo de paso! ¡Qué innata realeza!

¡Qué talle! ¡Qué formas bajo el fino tul!

"Su larga cabellera fluctuaba sobre sus hombros desnudos, oscura y viva, casi mítica."

Confieso que esta frase no sólo no me molesta: me parece digna de un excelente escritor.

En suma: pienso, como Borges, que la novela argentina continúa siendo más o menos ilegible por falta de imaginación, de fervor (*Discusión*). No por errores de estilo, y los que usted cita no sé francamente, hasta qué punto lo son. (Carta inédita, 16 de mayo de 1966)

El impacto que hizo esta carta en mí fue tan perdurable como positivo. Pepe había advertido lúcidamente que yo me aproximaba a una suerte de tic provocativo, identificándome con el papel de una francotiradora impetuosa e insolente, y que, poco convencional como era, podía sin embargo acostumbrarme a asestar palos exitosos pero en el fondo mal fundamentados, o no fundamentados con la sutileza que él esperaba y exigía de mí. Detrás del amaneramiento que yo reprochaba a X., se vislumbraba mi propio amaneramiento de niña intelectual educada en Filosofía y Letras, y sumergida en refinamientos y hermetismos de validez acaso muy poco universal. Con una tenue y certera pincelada, Pepe hacía estallar mi propia y cuidadosa gama de reservas estéticas y me mostraba el mundo ancho y ajeno que corresponde a toda gran literatura y a toda gran crítica.

En el mismo tenor acompaña otra carta que Pepe envió a Ezequiel de Olaso con motivo de una biografía de Güiraldes para la que Eudeba buscaba un autor. Ezequiel se resistía a emprender la biografía, porque el biografiado no consonaba con sus gustos ni con su ideología; Güiraldes le parecía un simulador, un niño bien que jugaba al gaucho, y también un autor con proclividades nacionalistas: comprometerse con él creaba un cierto equívoco y era un riesgo, además, para su buen nombre y honor.

Bianco recuerda entonces en su carta a Ezequiel la crítica a *Don Segundo Sombra* realizada en *Nosotros* por Ramón Doll –un escritor que con el tiempo se volvería virulentamente nacionalista– en el sentido de que la novela revelaba la visión del gaucho realizada por el hijo de un estanciero. Dice Pepe:

> Me parece un reproche absurdo. Sólo podía hablar como lo que era. En otro caso, sí hubiera sido un simulador. ¿Qué culpa tenía Güiraldes de pertenecer a la clase dirigente de la Argentina –que tan mal la han dirigido, dicho sea de paso–, de provenir de una familia de prestigio y de fortuna, de gustarle viajar a Europa y por el mundo entero (podía hacerlo) y de tener, por añadidura, vocación literaria? Es como reprocharle a un obrero de la ciudad que sea obrero, pobre, hijo de inmigrantes o de gente sin el menor contacto con nuestra tradición rural.
>
> En la época de Hernández, cuando sólo había ganadería, el gaucho era una realidad, y el *Martín Fierro* fue escrito, como alguna vez lo dijo Borges, para demostrar que el ejército lo convertía en un vagabundo y en un forajido. (¡Ahora Borges es partidario del Ejército!) En la época de Güiraldes el gaucho empezaba a ser un recuerdo y Güiraldes, que todavía lo conserva, escribe *Don Segundo* para evocarlo y hacer perdurar ese recuerdo. En su novela, por suerte, no hay ninguna intención social explícita, pero hay algo equivalente: un gran amor, tal vez demasiado romántico, por el espíritu valeroso de esa gente humilde, por la belleza, tan difícil de trasponer literariamente, que tiene la llanura. Y hay un talento innegable.
>
> Nuestra literatura está llena de simuladores, pero basta leer *Don Segundo* para darse cuenta de que no es la obra de un simulador. Está llena de reflexiones irónicas y conmovedoras, y de descripciones exactísimas. Piense también que Güiraldes, como decía Proust de Flaubert, y guardando las debidas proporciones, era "un gran escritor que no sabía escribir". Se podría hacer sobre Güiraldes, enfocándolo de esa manera, un librito interesantísimo. (...) Diga sobre su obra la verdad sin miedo, censúrela cuanto pueda. Es el mejor homenaje que puede hacerle. (Carta inédita, 4 de setiembre de 1966)

Pese a estas consideraciones, Olaso mantuvo, sin embargo, su negativa, y al fin fui yo la encargada de escribir la biografía de Güiraldes, tarea que me deparó la suerte de conversar con gente tan distinta e interesante como Borges, Victoria Ocampo, Marechal, González Garaño, Bustillo, Luis Emilio Soto, Adelina del Carril, Esmeralda Almonacid y tantos otros. Fue una verdadera fiesta, porque en todos ellos perduraba la amistad que había irradiado Güiraldes desde su propio e indiscutible carisma.

Estos testigos me fueron sugeridos o presentados en su mayoría por Pepe, que con mano firme me ayudó a preservar el perfil periodístico que Eudeba quería imprimir a estas biografías, muy populares en su tiempo, y reeditadas todavía en nuestros días. Al hacerse cargo de esa colección, Pepe había apostado una vez más por la visión justa, el tono justo y el formato justo. Su talento de editor se igualaba sólo a su talento de escritor. Era impecable e implacable en el ejercicio de ambos. Su observación acerca de los grandes escritores que escriben mal —otro caso paradigmático sería Roberto Arlt, en mi opinión— daría material para un capítulo de historia y de crítica literaria mucho más apasionante que los habituales acertijos semióticos con que se deleitan hoy —para nuestro tedio— la mayor parte de los investigadores literarios con que cuenta la Argentina. También resulta memorable su sabio y luminoso consejo a Edgardo Cozarinsky: "Una reseña debe ser como un cuento".[1]

Una carta de Octavio Paz citada por Juan José Hernández resume bien la calidad de Pepe, y las reacciones que provocaba entre sus amigos: "A veces me irritas, y una vez desahogada mi cólera me encuentro ridículo y engreído. Si te quejas, lo haces con elegancia. Hay una raza espiritual a la que tú perteneces. No sé cómo definirla. Es algo más fácil de sentir que de decir. Un tono, una simplicidad que es complejidad, una familiaridad que jamás degenera en promiscuidad o complicidad. Queda poca gente como tú en este mundo de pop art, pintura informal, poetas comunistas o neodadaístas y erotismo sin secreto. Lo han ensuciado todo. Han hecho trivial lo que era sagrado".[2]

Entre los muchos artículos dedicados a Pepe, me interesa una entrevista realizada por Daniel Balderston y publicada en *La Nación*, en la que se refiere a Victoria Ocampo, muerta ya hacía muchos años. (Dejo a otros el cuidado de evocar la relación profesional y personal entre ambos, una relación rica en tensiones y conflictos, como se sabe, pero de una calidad y humanidad incomparables.) Cuando llega el momento de calificar a Victoria, Pepe elude de un solo aletazo la caterva de adjetivos tradicionales que le han sido impuestos por una visión de nuestra literatura y nuestra historia tan falsa como convencional. Bella, generosa, audaz, histriónica, emprendedora, apasionada, rica, arbitraria, famosa: todas estas cualidades, que Victoria poseyó ciertamente en grado sumo, no son esenciales para Pepe, que la conoció mucho más profundamente que muchos de sus admiradores o detractores. Pepe dice simplemente: "Era muy, muy inteligente. No se ha dado una figura así que yo sepa en las letras argentinas".[3]

Y un hombre tan inteligente como Pepe no estaba jugando con las palabras: sabía muy bien lo que decía, y estaba dando el justo testimonio, el necesario, el testimonio opacado y postergado por tantos miopes ataques y tantas falsas pleitesías. Estaba rindiendo homenaje a una figura autodidacta que había roto todos los moldes de su sociedad y su medio y se había educado a la intemperie de sus lecturas desordenadas y al ritmo de sus contactos sorprendentes con hombres y mujeres magistrales de su época, que avistaron casi sin excepción la grandeza y la originalidad de su interlocutora. A pesar de los conflictos que los habían separado, la lealtad y la lucidez de Pepe no podían fallarle con respecto a alguien que contaba con una estatura moral y literaria excepcional: una estatura semejante a la suya.

A muchos años de distancia, recuerdo nuestra última conversación en su departamento de Juncal y Larrea, con sus grandes ventanas rodeadas de libros y de árboles: tuvo a la vez la gravedad y la ligereza de las despedidas que se saben finales y no quieren reconocerse como tales. Un cariño paternal, un cuidado pudoroso, una escucha profunda marcaba las palabras y sobre todo los silencios de Pepe, su manera de menear la punta del pie mientras hablaba, siempre calzado a la perfección, siempre con esa austeridad y esa elegancia tan siglo XVIII, siempre con los grandes ademanes que transportaban lo dicho a un teatro memorable y sin embargo íntimo.

Su diálogo aquella tarde desplegaba, como siempre, una escena acogedora en la que campeaban su delicadeza, su penetración, el despliegue de un espacio afectuoso donde brillaban el humor, una retenida ternura, la presencia subterránea de una belleza a la que habíamos confiado una esperanza tan absurda como inquebrantable, y que todos nosotros, siguiéndolo, habíamos perseguido sin éxito y sin descanso. Eran tiempos difíciles, y mucho de lo que más habíamos querido y construído juntos yacía en las tinieblas, junto con amigos entrañables idos para siempre. Pero Pepe era un gran capitán y nunca abandonó la brújula. Su sensatez —extravagante por lo rara—, la calidad de sus sorprendentes lecturas, la rica materia central de sus memorias resplandecían en la oscuridad reinante; y yo conocía, como todos los que lo rodeábamos de cerca, el lugar exacto y precioso que trazaban sus reflexiones. Era un hermoso reino, indeciblemente querible, y por todo y a pesar de todo, me constaba que nunca lo perderíamos.

Porque gracias a la fidelidad, la tenacidad y la verdad de Pepe, fue nuestra herencia inalienable, la que nunca nos pudo ser arrebatada. Recordarlo ahora es reconocer esa herencia y agradecerla una vez más como lo que fue: la suprema lección de un gran maestro. Un maestro irremplazable.

Notas

[1] Ver Cozarinsky, "La lección del maestro", incluido en este volumen.

[2] Juan José Hernández, entrevista, Suplemento Cultura, *La Nación*, 26 de setiembre de 2004.

[3] Daniel Balderston, "José Bianco: El creador y la molesta realidad". Suplemento Cultura, *La Nación*, 14 de setiembre de 2003: 1-2.

La lección del maestro

Edgardo Cozarinsky

"El pasado es otro país, allí la gente hace las cosas de otro modo." El célebre inicio de *The Go-Between* de L. P. Hartley se convierte con los años en propiedad común de quienes, aun si no han leído la novela, ya han vivido más de dos tercios de su tiempo posible en este mundo.

A mitad y fines de los años 50, años que correspondieron a mi adolescencia y a la primera de mis varias juventudes, la calle Viamonte entre Reconquista y Florida, con la Facultad de Filosofía y Letras, las librerías Letras y Verbum, más tarde Galatea, la redacción de *Sur*, el Teatro de los Independientes, más tarde Payró, y los varios bares, era un territorio rico en promesas y revelaciones para el aprendiz de *flâneur* que lo exploraba cotidianamente sin saber, como dice un poema de Kavafis anterior a Proust, que en los surcos de ese tiempo perdido se depositaba la ignorada semilla de monstruos y, acaso, prodigios venideros.

Una tarde de 1958 en la Librería Letras, el joven petulante que yo era, intolerante con la palabra "realismo" (entonces manoseada por una triunfalista izquierda más intelectual que literaria), se atrevió a decir su desprecio por Balzac, "autor realista". Un desconocido que hojeaba números recientes de revistas literarias lo interpeló: "Disculpe, m'hijo, pero ¿usted leyó a Balzac?". Ante mi silencio prosiguió: "Me da la impresión de que usted leyó más bien algún manual de historia de la literatura francesa". Indiferente ante mi turbación prosiguió: "¿Por qué no lee "Les Sécrets de la Princesse de Cadignan"? O anímese a *Splendeurs et misères des courtisanes*". Y después de una pausa, antes de partir, añadió: "Bueno, si tiene ganas..." Esta última manifestación de una cortesía impecablemente espontánea me dejó más mudo aún. Para perfeccionar mi humillación, apenas el desconocido hubo salido, no sé si fue Margarita o María Rosa quien me informó: "Es José Bianco".

Yo había leído *Las ratas* y *Sombras suele vestir*, que Alberto Tabbia me había prestado, anunciándome que el autor era el dueño del "estilo invisible" más terso y castigado de la prosa argentina de su tiempo. La conciencia de haberme puesto en ridículo tuvo el efecto benéfico de lanzarme a la lectura de Balzac y permitirme intuir lo que años más tarde me iba a explicar Roman Jakobson: la relatividad histórica de toda noción de realismo. Semanas más tarde, de nuevo en Letras, me crucé con Bianco. El no pareció reconocerme y yo, tras mucha vacilación, me animé a abordarlo, a decirle que había leído "Le Chef-d'oeuvre inconnu" y que agradecía su consejo. Sonrió: "No había leído a Balzac ¿verdad? ¡Qué suerte tiene, descubrir tan joven a un autor casi infinito!"

No sé si fue esa misma tarde o en algún encuentro posterior que me invitó a pasar por la redacción de *Sur*, aún albergada entonces en la vieja casa de altos de San Martín 689 cuya primera pieza, depósito de números atrasados que se vendían por casi nada, yo ya había visitado. La invitación me permitió avanzar por el pasillo bordeado, de un lado, por otras piezas, del otro por vidrios de colores que daban sobre un patio inferior. En la pieza del fondo tenía su escritorio Pepe; en la vecina, tras una puerta apenas entreabierta, estaba (invisible pero ocasionalmente muy audible) Victoria.

No tengo el menor recuerdo de nuestra conversación durante esa primera visita, que imagino muy suelta y afable de parte de Bianco, consumado actor de la vida social, y sin duda difícil y tropezada de mi lado. Lo que sí recuerdo es que salí con el encargo de una reseña. Bianco me dio a elegir entre varios libros recientemente publicados; el único que me interesó fue *Guirnalda con amores* de Bioy Casares, obra "menor" que aún hoy me parece de las mejores de su autor. A Bianco le sorprendió mi elección: "No tenés gusto de joven" me dijo. No era la primera vez, ni sería la última, que me hacían notar mi predilección por frecuentar, entonces, a mayores, así como hoy me siento más cómodo rodeado de muy menores.

Dos semanas más tarde, interminables días de escritura y correcciones circulares y por cierto ineficaces, volví a *Sur* con tres o cuatro hojas que Bianco prometió leer muy pronto. No tuve noticias de él durante no sé cuánto tiempo. Cuando finalmente me atreví a llamarlo me pidió que pasara a verlo. De un cajón sacó mis páginas, cubiertas de lápiz rojo, y se embarcó en una larga, amabilísima disección: "Mirá, tu nota dice cosas interesantes pero está mal armada y no muy bien escrita. En el primer párrafo nomás adelantás la conclusión: el resto parece entonces pura repetición o, peor todavía, algo obvio. Una reseña hay que contarla, como cualquier otro escrito: empezar con algo que capte la atención del lector, irse luego por otro lado, volver al principio enriqueciéndolo con esa digresión y hacer como que dejás descubrir al lector una conclusión que vos conocés de antemano. En fin: como un cuento ¿no? Además, esta palabra –no recuerdo cuál– es medio estridente, promete demasiado. ¿Por qué no ponés –no recuerdo cuál otra–, que es más usual y te permite avanzar mejor? Y este otro párrafo, bueno, está bien, pero se siente que estás contento de lo bien que te salió. Tené cuidado: cuando uno queda contento de lo bien que le salió algo que ha escrito casi siempre es porque 'da literatura' y es mejor suprimirlo".

Hoy sé que no siempre he tenido el coraje de seguir este último consejo, pero sí sé que aquella tarde recibí una primera lección que me iba a acompañar, e iba a crecer, como la amistad de Pepe, toda la vida.

Con Daniel Moyano.

Mi amistad con José Bianco

Eduardo Paz Leston

a Daniel Balderston

¿Acompañan las almas, se las siente?
Pedro Salinas

En septiembre de 1953 conocí a Victoria Ocampo. Me dijo que pasara por *Sur* cuando quisiera –Sur quedaba entonces en San Martín y Viamonte– y que, si no podía recibirme, preguntara por Sofía o por Saúl que trabajaban en la administración de la revista. Cuando juntaba unos pesos iba a comprar números atrasados. Una tarde, después del colegio, estaba revisando los anaqueles cuando oí una discusión bastante violenta detrás de la puerta de una de las oficinas. Reconocí la voz de la directora, una voz inconfundible. Enfurecida, gritaba "¡Placer, Placer!" sin que nadie se inmutara, cuando vi avanzar sin prisa por el pasillo a una mujer de baja estatura y gordita. Abrió la puerta de donde venían los gritos y asomó la cara de un hombre que le pidió que fuera a buscar una tijera. Ese hombre era José Bianco; la gordita, la casera de *Sur*.

Tres años después fui a una conferencia sobre Proust que Bianco daba en la Sociedad Hebraica. Llegué temprano. No habían abierto el salón. Me senté en una grada y me puse a conversar con una señora muy simpática a quien le peché unos cuantos cigarrillos. Terminó regalándome el paquete. Resultó ser la hermana de los escritores Luis y Fernando de Elizalde. A medida que llegaban me fue presentando a sus amigos que, muchos años después, serían también amigos míos. Esas personas, mujeres en su mayoría, eran fieles amigas de Bianco y pertenecían al mundo re-

233

finado y cosmopolita que Bianco describiría como nadie en *La pér-dida del reino*.

En los años cincuenta, Bianco había publicado en diferentes revistas algunos capítulos de una novela en preparación. Se trataba, precisamente, de la que más adelante –varias décadas después– se llamaría *La pérdida del reino*. Bianco publicaba muy poco y sus libros estaban agotados. Con ningún otro escritor argentino me sentía más afín: me gustaba su mirada oblicua y esa avidez mórbida, agradablemente perturbadora, y me gustaba también el estilo asordinado donde nada estaba dicho del todo.

Una noche en el restaurant Edelweiss me acerqué a saludarla a Esmeralda Almonacid. Estaba con Bianco a quien le pregunté por su novela. No sé exactamente lo que me contestó. Pero no pudo disimular su fastidio. Recuerdo el fastidio y la elegancia de Bianco. Llevaba un traje de gabardina beige hecho a medida. Los escritores, por lo menos los de entonces, no se preocupaban por la vestimenta, salvo Mujica Lainez, Mallea o Peyrou, que no lograban el resultado previsto. Bioy, por varias razones, era un modelo inalcanzable, aunque debo decir que los jóvenes, los intelectuales jóvenes, no teníamos ni dinero ni ganas de vestirnos bien. Por lo menos en mi caso, lo poco que ganaba se me iba en comprar libros.

Volví a verlo otra vez en casa de los Bioy durante una visita de pésame. Por aquellos años, primera mitad de los años 60, yo no tenía un trabajo fijo. Vivía con mis padres, de modo que tenía casa y comida aseguradas, y me demoraba traduciendo algunos libros como si el tiempo no existiera. Pasaba las mañanas caminando por Palermo. Generalmente me encontraba con Silvina Ocampo. Charlábamos un rato hasta que llegaba Bioy, que venía a buscarla cuando se acercaba la hora de almorzar. Almorzaban muy tarde. Uno de esos días me invitaron a comer. Al tomar el ascensor, me encontré con Bioy. Cuando llegamos al quinto piso, me pidió que no dijera que había llegado. Entré y me di cuenta que no era una comida con Borges o algún otro escritor amigo de ellos. Esta vez los invitados eran Esmeralda, Pepe Bianco y Eugenio Guasta. Allí lo conocí a Eugenio. Bianco y Esmeralda se quitaban la palabra recordando malos olores. Esmeralda hablaba como una experta del olor dulzón a pelo de un colegio de monjas donde había estudiado. Bianco de un largo viaje en coche de caballos que habían hecho Mme. de Stäel y Benjamin Constant, pero no se animaba a seguir hasta el final porque podía resultar chocante. Esmeralda y Silvina insistieron para que siguiera. Según Bianco, Constant estaba tan asqueado por el olor de su ilustre acompañante, que le comunicó que iba a "péter pour changer d'atmosphère". Bianco y Silvina se refirieron después a una novela que les había gustado mucho y que ningún editor argentino quería publicar. La autora se llamaba Elena Paz. Después entendí que se trataba de Elena Garro y de *Los recuerdos del porvenir*. Esa noche tampoco me hice amigo de Bianco. Hubiera sido una excelente ocasión. Pienso que mi timidez no me ayudó, por lo menos esa vez.

Una mañana, un domingo de octubre de 1965, me llamó Silvina para invitarme a almorzar en La Martona. Yo no tenía muchas ganas. Estaba medio dormido. Insistió en que el día era muy lindo. Yo había conocido La Martona antes de que perteneciera a una fundación agrícola. Cuando llegué a la calle Posadas, me encontré con varios amigos míos. Me explicaron que se trataba de un almuerzo en honor de Guido Piovene. Enrique Pezzoni me explicó en el camino que Murena no había querido venir, que se excusó a último momento. Yo venía a salvarlos. Ya no serían trece. El almuerzo fue insólito. Silvina no tenía noción de lo que íbamos a comer y tampoco tenía ganas de indicarnos nuestros lugares en la mesa. Le pidió a Edgardo Cozarinsky que lo hiciera. Lo hizo con la habilidad de un jefe de protocolo. Además de los que ya mencioné, los demás invitados eran la condesa Piovene, Bianco, Mujica Lainez, Esmeralda Almonacid, Alejandra Pizarnik, Antonio Aíta, presidente del Pen Club, alguien cuyo nombre olvidé y Miguel Casares, tío de Bioy.

Recuerdo que Mimí Piovene fue muy criticada por las mujeres porque llevaba un vestido y un peinado muy formales, como para un *garden-party* decía Bianco, que la defendía. Silvina, en cambio, llevaba un saco y un pantalón ancho de lana de color azul marino que seguramente no habían sido planchados. Su cartera era de las que usaban las mujeres en los años cuarenta para guardar las pelotas de golf. Hubo también algunas situaciones disparatadas como cuando Mimí Piovene les hizo preguntas minuciosas a Bianco y a Silvina sobre la situación de los ferrocarriles argentinos. Parecía muy enterada. No así los interrogados.

Como no se me había pasado el enojo, no quise salir en una fotografía con el resto de los invitados. Tampoco lo acompañé a Manucho a visitar el mirador ni colaboré en el dibujo pornográfico que hacía Alejandra echada en el suelo. Al día siguiente, día de mi cumpleaños, me llamó Bianco para saludarme. Lo invité a la comida que me daba una amiga mía. Se encontró con varios de los invitados del día anterior. Después me contó que había admirado mi comportamiento. Desconocía cuál era el verdadero motivo. Nunca se lo dije.

A partir de ese día nos hicimos amigos y esa amistad duró hasta su muerte. Teníamos mucho en común, no sólo los amigos: entre otras cosas, familiaridad con la literatura francesa, afición a las novelas de segundo orden y al teatro de boulevard, afición a los epistolarios y los libros de memorias. Teníamos el mismo sentido del humor —no muy negro— y, además, los dos éramos sensibles a la belleza de las personas y de las cosas. Pepe, como le decían sus amigos, describía admirablemente la atmósfera peculiar de una casa. Un ejemplo de ello es el capítulo segundo de *La pérdida del reino*.

Entre 1965 y 1975, salíamos a comer varias veces por semana. No le gustaba salir a almorzar ni tampoco tomar café en algún bar. Solía despertarse a mediodía. Tomábamos, entonces, un whisky en su casa y pasábamos a buscarlo a Juan José Hernández que ya había vuelto de *La Prensa* donde trabajaba. Algunas veces comíamos un pollo en casa de Juan José o nos íbamos a un grill que quedaba en un sótano de la calle Maipú, entre Lavalle y Corrientes, que frecuentaban algunos escritores: Mujica Lainez, Alejandra Pizarnik, por ejemplo. Otras veces comíamos con Enrique Pezzoni, generalmente en casa de amigos comunes.

Pero no todos los amigos de Pepe eran escritores o escritoras como Silvina Ocampo, María Rosa Oliver o Vera Makarov. Algunas de sus amigas eran mayores que él: una de ellas era la condesa de Cuevas de Vera, Tota Cuevas, y otra Marieta Ayerza de González Garaño. Entre las más jóvenes había tres que eran sus preferidas: Esmeralda Almonacid, Sozy del Carril (luego señora de Badaracco) y Joaquina Borthagaray de Casasbellas, Joaca. Joaca era sobrina de María Rosa Oliver a quien irrespetuosamente llamaba la Tía Roja. Pepe, por otra parte, me presentó a dos de los hermanos Oliver de los que también me hice amigo. Otros amigos suyos eran Luis Saslavsky y Francisco Murature, Mario Lancelotti y Raúl Ballbé. Con varias de estas personas que Pepe quería y estimaba salíamos a comer.

Pepe era un hombre especialmente generoso, generoso con su dinero y con su experiencia. Corregía los originales de sus amigos con atención minuciosa, tomándose el tiempo que fuera necesario. Se preocupaba también por conseguirles trabajo. Hacia 1966 se le ocurrió que podía ayudarlo a traducir un libro de cuentos de Ambrose Bierce, autor con el que yo estaba familiarizado por haber traducido una selección de sus cuentos y parodias. En realidad era un pretexto para que ganara yo algún dinero. Mi trabajo consistía en consultar diccionarios. No tenía que levantarme para buscar en los diccionarios ingleses. Lo malo era cuando aparecía una palabra, generalmente el nombre de una planta o de un pájaro, cuya traducción no nos aclaraba nada. Recuerdo la palabra "chotacabras". "Yo no voy a poner eso", decía Pepe. "Fijate si hay algún sinónimo". Había. Generalmente el sinónimo empezaba con s o con t. Tenía que buscar en otros estantes, que obviamente quedaban más abajo. Terminaba sentado en el suelo. Pepe se impacientaba y yo me reía. A lo largo de este trabajo diario, que empezaba a las tres de la tarde y terminaba a las siete y media u ocho de la noche, sonaba varias veces el teléfono. Todos los días, en algún momento, llamaba Silvina Ocampo. Pepe ponía los ojos en blanco, se encogía de hombros, con los codos apoyados sobre la mesa, a veces irritado, a veces divertido y fumando sin cesar, con el auricular pegado a la oreja. Yo podía oír cosas como ésta: "Mirá, che, para estar más natural tendría que ser natural". Colgaba bruscamente. "A ver, seguí leyendo", me decía, "no te distraigas". Él jamás se distraía. Traducía rápidamente.

Hacia 1968 o 1969, no estoy seguro, retomó su novela interrumpida durante tantos años. Muchas noches salíamos a comer los dos solos. Tenía necesidad de hablar, de recordar su pasado, sobre todo los años 30 y 40. Yo no lo interrumpía, salvo para hacer alguna pregunta. Generalmente me la contestaba pero se hacía el sordo cuando le convenía. Yo conocía a algunas de las personas que mencionaba, habían sido amigas de mi familia y Pepe se refería a aspectos desconocidos o supuestamente secretos de esas personas. Yo estaba fascinado. Se abría ante mí un mundo increíble, tanto en lo que se refiere a la buena como la mala vida, un mundo compartimentado en el que sin embargo se entrecruzaban la farándula y el lumpen con la alta sociedad. Una especie de masonería. Me hablaba de sus amantes –hombres o mujeres–, en qué circunstancias los había conocido. Y más que hablar de sus amores le gustaba hablar de sus pasiones. Para Pepe la sexualidad era inseparable del poder, de la voluntad de dominio. Tenía la ilusión de dominar. Le atraían los hombres viriles que después no resultaban serlo. Pero ese detalle no le hacía cambiar de opinión. Le bastaba su fantasía. Yo daba por sentado que varios de esos objetos sexuales habían muerto. No siempre era así. Uno resultó ser un conocido actor de teatro de revistas y otro un periodista de una familia tradicional. Pero el que más me interesaba conocer trabajaba en la Cámara de Diputados. Tuve la oportunidad de verlo porque, durante un tiempo, me desempeñé como traductor en la Biblioteca del Congreso. Era un hombre alto, bastante menor que Pepe, bien conservado, muy buen mozo, de familia sueca o danesa. Pepe volvió a verlo, por esos años, 1974 o 1975. Y una vez lo vi conversando amigablemente con el actor. Se me ocurre –no puedo pensar otras cosa– que esos monólogos eran borradores orales de su novela. También estaba poniendo a prueba su arte narrativo. Y mi discreción.

Otra serie de anécdotas se referían a su larga estadía en París en 1947 y 1948: allí aparecían Octavio Paz y Elena Garro, Finki Araquistain, Adrienne Monnier, Mme Tezenas, Loli Larivière, Christian Bérard, Gide y Mauriac; llevan otros nombres en *La pérdida del reino*. Y demás está decir, una infinidad de anécdotas divertidísimas sobre las hermanas Ocampo y sus amigos y amantes.

Como yo no tenía un empleo, me recomendó a Boris Spivacow para que entrara al Centro Editor de América Latina donde trabajé desde febrero de 1969 hasta agosto de 1972. Algunas veces venía a buscarme. A pesar de su amistad con Boris, con quien había colaborado en Eudeba, no era visto con simpatía por algunas personas que trabajaban allí, principalmente por el director de la colección en la que yo colaboraba como secretario. Nada de esto era explícito pero era bien evidente. Pepe recomendaba la publicación de algunos libros de autores cubanos como Virgilio Piñera y Antón Arrufat que no gozaban del favor oficial. Una de las experiencias más estimulantes que tuvo Pepe fue su primer viaje a Cuba donde fue invitado como jurado de un premio literario. Había trabado amistad con Piñera y Pepe Rodríguez Feo en Buenos Aires. En 1968, volvió por segunda vez y, a pesar de no permanecer ajeno a lo que oía y veía, su simpatía por los cubanos permaneció inalterable. No así por Fidel Castro.

Hasta 1974, creo, porque no soy bueno para las fechas, Pepe vivió en Cerrito 1222, el departamento que había compartido con su madre y con Mary, su hermana mayor. Era un departamento muy lindo, de estilo francés. En la sala había muebles muy finos de estilo Luis XVI y un escritorio y dos sillas de estilo Luis Felipe que habían estado en su casa natal. En su biblioteca, la mesa y las sillas, de madera clara de peral, eran de estilo Carlos X. También tenía grabados y cuadros valiosos como una Andrómeda de Guido Reni a la que Sozy llamaba "La desnuda".

En Cerrito le gustaba invitar a comer. Tenía una buena cocinera tucumana, que además era muy bonita. Un amigo de Pepe se demoraba en la cocina inútilmente. Como jurado del Premio Primera Plana dio sendas comidas en honor de Vargas Llosa y de García Márquez. En estas comidas era infaltable María Rosa Oliver, que por entonces había empezado a publicar sus memorias. A veces ellos tenían discusiones interminables. Cuando Pepa, su acompañante, venía a buscarla, Pepe le decía que se fuera, que él la llevaría. Una noche, serían cerca de la una de la madrugada, íbamos por Cerrito, doblando por Juncal, detrás de Pepe, que empujaba velozmente la silla de ruedas de María Rosa como si fuera una carrera. Nosotros, inconscientes, nos reíamos pero recuerdo la cara seria de María Rosa que se aferraba a los brazos de la silla. Seguramente discutían sobre Cuba. Si bien Pepe hablaba sin tapujos sobre lo que pasaba en Cuba —estaba bien informado—, no lo hacía sino delante de personas de su absoluta confianza. Me imagino que no quería perjudicar a sus amigos que vivían en la isla. A pesar de que tenía sospechas de que Rodríguez Feo podía ser un delator, prefería no tocar ese asunto que denuncia Reinaldo Arenas en *Antes que anochezca*.

Cuando retomó su novela solía leerme algunos capítulos, levantando los párpados cada tanto y clavándome la mirada. Hice un comentario sobre el capítulo del colegio cuyo ritmo me parecía demasiado lento. Debo aclarar que no seguía un orden, me leía capítulos sueltos. Pero mi observación era desatinada: el tiempo de la adolescencia es lento. Como le costaba concentrarse, tomaba mucho café y aspirinas y unas anfetaminas que yo le recomendé. No sé si hice bien. Pero también recurría a la cocaína. Había consumido cocaína en su juventud. La guardaba en el baño, dentro de un frasco. Se quejaba de que no le hacía efecto o el efecto que él esperaba. Finalmente se dio cuenta de que estaba mezclada con talco. Le echaba la culpa a su hermana. Compartían el baño. No lo descarto, porque su hermana trataba de protegerlo. Pero él tampoco descartaba que podría haber sido el *marchand* que se la había conseguido a cambio de un cuadro, un cuadro chico de un pintor argentino del siglo XIX.

Quería dedicarme *La pérdida del reino* pero me explicó que un amigo común se iba a poner celoso. Entendí. Terminó dedicándosela a Paco Porrúa. Recuerdo con qué cuidado eligió la tapa, el fondo negro y el retrato de Modigliani en dorado. Algunos amigos suyos juzgaron severamente su novela. Unos pensaban que era demasiado "fácil"; otros que no condenaba de manera inequívoca a esa sociedad ya entonces desaparecida y no faltó quien creyera que nunca la terminaría. Recibió, en cambio, cartas elogiosas de Carlos Mastronardi, Raimundo Lida, Octavio Paz y Victoria Ocampo. Me leyó algunas de estas cartas. Victoria reconoció a varios modelos de sus personajes. Decía: "J'ai salué plusieurs gens en passant". Hacia 1966, Pepe reanudó su amistad con Victoria. Antes de reunirlos en un volumen, Victoria le envió, en dos ocasiones, sus artículos y conferencias para que se los ordenara y la aconsejara en el caso de que hubiera que eliminar alguno. Recuerdo que suprimió una conferencia en inglés. Como les sucedía a Silvina y a Bioy, Pepe no compartía algunos entusiasmos literarios de Victoria. Pero un día en que Victoria leyó en *La Prensa* su artículo sobre *Ana Karenina*, le mandó decir que lo felicitaba por su interés en los grandes novelistas.

A Pepe le gustaba compartir sus lecturas. Era un lector apasionado y fiel. Me hizo leer las *nouvelles* de Paul Morand, *Mademoiselle de La Ferté* de Pierre Benoit, varios libros de Julien Benda, "Mademoiselle Irnois" y "Adelaïde" de Gobineau, el teatro de Jules Renard y *Le sexe faible* de Bourdet, pieza de la que recordaba diálogos enteros. También me hizo leer los *Souvenirs d'enfance et de jeunesse* de Renan, novelas de Pío Baroja y de Eça de Queiroz. También le gustaban los cuentos y las novelas cortas de D. H. Lawrence. En cambio no pude entender su entusiasmo por Maurice Baring. A los dos nos gustaba Proust (obviamente), el *Journal* de Gide, las autobiografías de Léautaud, los ensayos y relatos de Paulhan, el *Journal* de Julien Green, los cuentos de Somerset Maugham, las novelas de Evelyn Waugh y de Nancy Mitford, a pesar de la severidad de su artículo sobre *Voltaire in Love*. Lo que quiero decir con todo esto era que Bianco era partidario de la amenidad en materia de literatura. Detestaba la pesadez, lo pretencioso, lo patético. Gran parte de la literatura española, con algunas excepciones, no le interesaba. La poesía del Siglo de Oro, las *Novelas ejemplares*, sí, y de ahí pasaba a algunos escritores del 98 como Baroja y Machado. Le divertía el costumbrismo de Benavente. Releía los ensayos de Ortega y Gasset y le gustaban las primeras novelas de Pérez de Ayala. También Cernuda y Jorge Guillén. En un tiempo le había gustado el teatro de García Lorca.

Recomendaba a sus amigos que no leyeran libros demasiado interesantes antes de irse a dormir porque desvelaban. Prefería releer. Ya lo dijo en el mencionado artículo sobre Nancy Mitford. En cuanto a las librerías, las frecuentaba en sus viajes a París y a Nueva York. Recuerdo su alegría cuando encontró el *Journal d'un musicien* de Reynaldo Hahn en Shakespeare and Company de París. Por lo general leía libros que le prestaban. Leía rápido. También los libros de algunos escritores amigos suyos. En los años setenta, Enrique Pezzoni y yo le pasábamos literatura gay de buena y de mala calidad (más de la segunda que de la primera). Devoraba ese tipo de libros, entre excitado y divertido. Mejoró el nivel cuando Daniel Balderston le hizo leer *Dancer on the Dance* de Andrew Holleran y las novelas de Edmund White. Por otra parte, Pepe se interesaba en algunos textos teóricos de literatura gay y feminista que traducía para el Frente de Liberación Homosexual a pedido de Héctor Anabitarte para quien yo también traduje un fragmento de un libro de Kate Millett.

Hacia 1973 murió Mary, su hermana mayor, que vivía con él y lo ayudaba económicamente. Fue entonces cuando decidió mudarse. Compró el departamento de Juncal y Larrea, pero pasó un tiempo en casa de otra de sus hermanas, hasta que terminaran de pintarlo y reformarlo. Era muy unido con sus hermanas, sobre todo con Carmen, buena lectora de literatura inglesa. Vendió "La desnuda", un cuadro grande que no le gustaba, hizo tapizar todos los muebles, eligiendo telas que no parecieran lujosas y, en un remate, consiguió las obras completas de Sainte-Beuve y de Corneille, en lindas ediciones en cuero. Buscaba un efecto decorativo que no tenía el resto de su biblioteca. Gran parte de sus libros estaban encuadernados en tela, trabajo que hacía Mary con eficacia. Por otra parte, en ninguno de los departamentos de Pepe había nada que estuviera fuera de tono. El conjunto daba una sensación de armonía; no había contrastes de color, predominaban los verdes y los azules, con una suave nota de rojo en la tela escocesa de los sillones confortables. Pienso que esa coherencia estética corresponde a la de su estilo literario, tan personal.

En 1974, su médico le aconsejó que no fumara. Tenía un enfisema. Pepe le dijo que para él era imposible dejar de fumar; fumaría menos. Siguió haciendo traducciones a pesar de la fatiga, pero como empezó a traducir obras de teatro, algunas en colaboración con Ana María Torres, su sobrina, a pedido de Osvaldo Bonet, entró en contacto con varios actores, actores de talento, y eso le daba un nuevo interés a su vida. Una tarde fue a un ensayo de *Rosencrantz y Guildenstern han muerto* y le llamó la atención cómo hablaban Brandoni y Norman Briski. Le pareció horrible. ¿Por qué tenían que hablar así? Hasta que se dio cuenta que lo habían estado imitando. Contrariamente a Silvina Ocampo, no se enojaba cuando lo imitaban delante de él. Él y sus hermanas hablaban en el mismo tono ligeramente gangoso.

Hacia 1978, Sylvia Molloy empezó a recomendarle sus alumnos que viajaban a Buenos Aires para completar datos para sus respectivas tesis. Daniel Balderston fue uno de ellos. Se quedó varias semanas, y se puso a traducir *Sombras suele vestir* y *Las ratas*. Preparaba su libro sobre la influencia de Stevenson en la obra de Borges, *El precursor velado* (publicado después por Sudamericana en 1985). Pepe lo presentó a todos sus amigos. De entonces data mi amistad con Daniel. Volvió tres años después y estrechó su relación de camaradería filial con Pepe, aunque Daniel podía ser con él bastante irónico y levemente sarcástico si la situación se presentaba. Una de las grandes satisfacciones que tuvo Pepe al final de su vida fue la traducción al inglés de *Las ratas* y *Sombras suele vestir* hecha por Daniel. Había habido una versión anterior que Pepe se vio obligado a rechazar.

A las dificultades económicas se sumaron las muertes de dos amigas suyas, Joaca Casabellas en 1975 y María Rosa Oliver dos años más tarde. Con Pepe comía yo en casa de los Oliver una vez por semana. María Rosa vivía con su hermano Francisco y su cuñada. Muerta María Rosa, seguimos yendo. Pepe era muy querido por los Oliver de distintas generaciones. Como ya no le gustaba acostarse tarde y se impacientaba si nos demorábamos despidiéndonos en la puerta de calle, nos propuso que nos despidiéramos rápidamente en el palier de los Oliver. Así no perderíamos nuestros respectivos taxis. Esto era motivo de risas que nos venían bien porque era difícil olvidarse que estábamos bajo un régimen militar. Nos podían pedir documentos, por ejemplo. A mí por lo menos me los pidieron varias veces. Hasta 1978 había pocas personas por la calle después de medianoche. A partir de 1980, el progresivo deterioro del gobierno de turno nos permitió ser más audaces.

Entre 1980 y 1984, le gustaba a Pepe organizar comidas en su casa. Tenía una mucama que cocinaba muy bien y a la que Pepe tenía que tratar con precaución; nada de rabietas. Elena era muy alta, más bien fea y nunca había trabajado en el servicio doméstico. Era jubilada del correo. Pepe se refería a ella como *La géante*. Cuando discutían, ella se quedaba siempre con la última palabra que se oía claramente, a pesar de que cerraba la puerta de la cocina. Pepe ponía su mejor cara de mártir. Los Bioy, Esmeralda, Felisa Pinto, Enrique Pezzoni, Alejo Florin, Sylvia Molloy, María Luisa Bastos –cuando estaba en Buenos Aires– solían ser los invitados. Otras veces comíamos todos en lo de Esmeralda que también le gustaba invitar en su quinta de Boulogne.

Hacia 1979 solíamos comer los domingos en casa de Clorindo Testa, casado con otra sobrina de María Rosa Oliver. Allí se encontraba con personas muy diferentes, arquitectos, pintores y mujeres de sociedad. Una vez escuchaba sin mucho interés lo que contaba una de las invitadas, una italo-argentina dueña de un hotel junto con su hermana, hasta que finalmente se durmió. Cuando de repente se despertó, le preguntó asombrado si ella tenía una empleada de noventa años. "Ma qué empleada, she is ma tante", fue la contestación de la políglota invitada de los Testa. Si se aburría, Pepe hablaba de cualquier cosa, que también podía ser aburrida, tan aburrida que terminábamos riéndonos con él: las verrugas que le salían en los pies, las siete horas de espera en el consultorio del dermatólogo, su jubilación, etc. Se había vuelto muy quejoso, muy insistente. Durante uno de esos monólogos contó que le iba mucho mejor desde que ponía la plata en Voltaire. Teresa, la mujer de Clorindo, le preguntó si era una financiera nueva. "No, m'hija, la puse en las obras completas de Voltaire. Antes la ponía en Rousseau y así me iba". Nadie le preguntó en qué consistía esa operación financiera porque nos dio un ataque de risa.

En los últimos años se cansaba mucho, le costaba caminar, pero no había interrumpido su vida sexual que no era secreta para sus amigos más íntimos. Daniel Balderston se refiere a ello en *El deseo, enorme cicatriz luminosa*. El objeto de su deseo era un hombre joven, alto, buen mozo y agradable de trato. Empezó llamándolo el Gerontófilo, después pasó a ser el Geronto. Ya no tenía, ahora lo pienso, una opinión tan despectiva de los homosexuales pasivos. Solía considerarlos inferiores a los homosexuales activos. A Pancho Murature, a Juan José Hernández y a mí nos irritaba esta actitud de Pepe. Algunos de sus amigos heterosexuales también estaban al tanto de la existencia del Geronto. Pepe quería que lo conocieran.

Desde que se mudó a la calle Juncal prefería ir a los restoranes de su barrio. Le gustaba ir a La cantina de Coco donde lo recibían con respeto y cordialidad. Había salido fotografiado en la revista *Gente*. Le decían don Pepe y solía sentarse en la misma mesa atendida por el mismo mozo, que conocía sus manías. Girri y Samuel Oliver eran infaltables, y Daniel cuando estaba en Buenos Aires. A pesar de los gustos refinados de su madre, Pepe no era lo que se entiende por un *gourmet*. Podía pedir platos con salsa, "platos complicados" los llamaba, pero después se arrepentía. No prestaba atención a la comida y el vino tinto, que sí le gustaba, no lo tomaba puro, le echaba hielo. En ningún momento dejaba de observar a los demás clientes o a los mozos o a la cajera. Imaginaba historias. Esas comidas eran muy animadas. Le gustaba contar lo que había hecho ese día o el día anterior. Había ido una vez a un cocktail en la embajada de Francia y se había encontrado con María Luisa Bemberg y un amigo de ella que lo había saludado efusivamente. Pepe se enojó con esa persona porque un tiempo antes le había hecho "un saludo de cinco centavos, y como me vio en la embajada con María Luisa, cambió. Esa gente te tasa". Se trataba de un rematador.

Otro restorán al que le gustaba ir quedaba en la esquina de Ecuador y Arenales. No se acordaba nunca del nombre del restorán. Tampoco me acuerdo ahora. Le había puesto Elizalde. Por ejemplo: "¿Y si vamos a Elizalde?" Allí lo veía tomando whisky a su amigo de juventud Fernando de Elizalde. Otro amigo de juventud con quien Pepe solía verse era Luis Saslavsky. Había dirigido la adaptación cinematográfica de *Las ratas* pero también escribía relatos que a Pepe no le gustaban. No los recomendaba. Pero eso no incidía demasiado en su amistad. Hablaban de manera parecida, tanto que algunas personas los confundían, aunque Luis vocalizaba exageradamente como si todo el mundo fuera sordomudo. Era muy entretenido, podía ser brillante, pero también bastante malévolo y rencoroso.

Pepe conservaba modismos y formas de hablar que pertenecían a la generación de su padre. Solía decir m'hijo o m'hija como ya conté, ya fuere a los amigos, a los mozos o a los taxistas. Una noche oigo que le decía a un taxista "cóbrese, m'hijo". Lo miré al taxista y vi que podía tener la edad de Pepe. Seguramente, cuando se lo dije, me habría contestado "Mirá, che". Era muy dado a usar el che. Borges era "Che, Borges". Borges, en cambio, lo llamaba Pepe.

La última vez que lo vi fue en su casa, unas horas antes de su muerte. Recuerdo su sonrisa cuando entré al cuarto, una sonrisa plena como si me hubiera sonreído con toda el alma. Por lo menos así lo recuerdo. Tengo su retrato frente a mi mesa de trabajo y suelo mirarlo con cierta complicidad, prometiéndome leer algún día lo que en su tiempo me había recomendado, las Memorias de Casanova, por ejemplo, que postergo como si temiera que el placer pudiera agotarse, pudiera cesar.

Bianco, aspectos de la *nouvelle*[1]

Ricardo Piglia

Cuando murió Henry James, Ezra Pound dijo que había muerto el que sabía qué era la literatura. "Había alguien en Londres que sabía. Estaba ahí, en algún lugar de la ciudad, y era la literatura para nosotros."

Muchas veces he imaginado que lo que Pound decía de James, nosotros en Buenos Aires lo pensábamos de José Bianco. Sabíamos que estaba ahí y que siempre podíamos encontrar en su generosidad, en su cortesía, algunas respuestas, algunas intrigas a las intrigas que nosotros teníamos y que él, de una manera siempre desplazada, tendía a responder.

¿A qué clase de saber se refería Pound cuando hablaba de Henry James? ¿Qué clase de saber buscábamos nosotros en Bianco? Yo diría que, básicamente, era un saber de la forma, un saber sobre las formas, sobre la vacilación de la forma. En cierto sentido, un saber discreto, nunca dicho del todo, ligado a un modo de leer, a un tipo de acercamiento a los textos que tiendo a identificar con el modo de leer de un escritor.

Hago una distinción aquí entre el modo de leer de un escritor y el modo de leer de un crítico: el modo de leer de un escritor se interesa más en los problemas de construcción que en los problemas de interpretación, se pregunta cómo está hecho un texto antes que preguntarse por su significado (o, tal vez, se pregunta cómo está hecho un texto para preguntarse después qué significa).

247

Yo recordaba estas cuestiones cuando escuchaba recién a Guasta reconstruir la experiencia cotidiana de Bianco como jefe de redacción de la revista *Sur*. Esa oficina, casi un laboratorio de construcción y de lectura, era una especie de aduana literaria. Allí Bianco revisaba, reescribía, rechazaba los originales que recibía o encargaba. Esa práctica, ese modo de trabajar, forma parte de la línea de lectura a la que quiero referirme, una línea que tiende a ver los textos como si nunca estuvieran terminados, como si siempre pudieran ser modificados; un poco la idea del *work in progress* de la que hablaba Joyce. Manuel Puig decía que no podía leer novelas porque al leerlas empezaba a corregirlas. Un texto puede ser modificado, ampliado, transformado, nunca está fijo del todo. La escena de Bianco en la oficina de *Sur* remite a esa lectura. Una manera de leer, dicho sea de paso, que también encontramos en Pound (basta ver sus revisiones a *The Waste Land* de Eliot, o el modo en que Hemingway aprendió de Pound a despojar la prosa). Un tipo de lector entonces que lee todos los textos como si nunca estuvieran terminados, que percibe todas las alternativas.

La segunda cuestión que me parece que está ligada a Bianco y, en un sentido, a *Sombras suele vestir*, uno de sus textos ejemplares, una *nouvelle* inolvidable, es la idea de leer siempre en una tradición. Y aquí la imagen que me aparece es la que traía recién Ana María Torres, la de la biblioteca de Bianco en la casa de la calle Cerrito, con esa escalera que llevaba a los estantes altos. Es otra escena: están los libros alrededor, está la escalera, siempre se puede subir a buscar el libro que hace falta. Leer es poner en relación un texto con otro. Se trata básicamente de una relación espacial. La misma imagen aparece en las observaciones de Forster en su libro, tan notable, *Aspects of the Novel*. Allí, Forster imagina a todos los novelistas de la historia sentados en una sala del Museo Británico escribiendo al mismo tiempo. No es la historia de la literatura, sino la escena de la literatura. No la idea de una evolución o una transformación, sino la de una escritura simultánea, sin cronología, sin temporalidad. No el tiempo, sino el espacio. Y siempre que releo esas páginas de Forster tengo la sensación de que los escritores se copian, se espían, se piden las plumas, las estilográficas prestadas, se intercambian las lapiceras, se las roban. Me parece que algunos escritores argentinos podrían estar sentados ahí, Bianco entre otros, escribiendo esa suerte de trama de la literatura, esa suerte de intriga, hecha de miradas de reojos, de préstamos, de escritores que se copian, que se vigilan, que se sientan juntos o se alejan y se leen al sesgo unos a otros.

En la imagen de la biblioteca de Bianco, en la mesa de Forster, está la idea de la historia de la literatura como espacio común, donde todo está ahí, algo a lo que siempre se puede recurrir, y no la historia de la literatura como un río que cambia y produce cambios o modificaciones drásticas. Y también está la idea del espacio, con sus localizaciones y posiciones, sus cercanías y distancias, una idea que permitiría evitar la noción dura de intertextualidad —ese neologismo que no explica nada— y también la noción de influencia. Algunos escritores están sentados más cerca y conversan entre ellos; otros no se dirigen la palabra, pero todos están escribiendo al mismo tiempo. Me parece que ése es el sistema, el modo en que la literatura funciona, con espacializaciones, localizaciones.

De ahí, creo, la resistencia que tiene Bianco a admitir que ha leído a Henry James antes de escribir *Sombras...* Siempre me pareció admirable que dijera que Borges se equivocaba, Bioy Casares se equivocaba, todos se equivocaban cuando decían que *Sombras suele vestir* tenía que ver con *Otra vuelta de tuerca*, la *nouvelle* de Henry James que él tradujo. "Yo no la había leído", argumentaba Bianco. "No había leído a James". Me parece que en esa afirmación hay una posición de lectura, que podemos vincular con dos cuestiones.

La primera es la idea de que Bianco leyó a Henry James *después* de escribir *Sombras...*, y recién entonces, sí, pudo leerlo y pudo traducirlo. Faulkner decía algo que siempre me pareció extraordinario: "Escribí *El sonido y la furia* y aprendí a leer"; esto es, escribir ficción cambia el modo de leer. Hay que pensar, entonces, que la relación de Bianco con James es el resultado de su escritura y no su condición. Ése es el tipo de lectura que hay que buscar en las traducciones que hace de James: lo traduce como lo traduce porque ya ha escrito *Sombras*.

En segundo lugar, pareciera que Bianco se está refiriendo a una relación particular entre su texto y otros textos, que podríamos definir como una cercanía: en todo caso, James, que como muchos otros ha escrito relatos en la misma línea que Bianco, ha sido quien teorizó sobre ese tipo de literatura y el modo de narrar que llamamos aquí *nouvelle*, esa forma siempre incierta. Y si volvemos a la escena de la mesa donde están los novelistas escribiendo, podemos imaginar que no ha habido sólo un modo de modificar la tradición de la novela del siglo XIX, el gran modo que todos conocemos, el de Joyce, Proust, Kafka y Musil, sino que ha habido un modo alternativo, mucho más sutil, mucho más secreto, más elíptico, que tiene textos menos imponentes, quizá, menos monumentales, como *El corazón de las tinieblas* de Conrad, *Los papeles de Aspern* de Henry James, *El gran Gatsby* de Scott Fitzgerald o *El buen soldado* de Ford Madox Ford. En ese marco tendríamos que incluir *Sombras suele vestir*, el relato de Bianco, y situar este intento de definir la forma que llamamos *nouvelle*, con una palabra que nuestra lengua no tiene, una expresión francesa. Quizá la *nouvelle* fue tan importante para la transformación de la narrativa como el gran sistema que encarnan el *Ulysses* de Joyce o la obra de Proust.

A veces pienso que eso viene de Flaubert. Habría, por un lado, una tradición que sale de la novela como enciclopedia, de *Bouvard y Pecuchet*, y que va hacia esas grandes construcciones de novelas estructuradas de manera muy abierta. Y, por otro, una tradición que viene de *Madame Bovary* y que va hacia el relato sesgado, con el uso del discurso indirecto libre, el modo en que la palabra del narrador es corroída por la voz del personaje, la forma en que la voz del personaje empieza a incorporarse de una manera indecisa, indefinida, y a poner en cuestión la certidumbre del narrador. Aparecen entonces los narradores que no son confiables, que a menudo mienten o que, en todo caso, no saben, y que definen, en cierto modo, el camino tentativo que ha puesto en cuestión las grandes tradiciones de las novelas del siglo XIX y ha creado redes tan productivas como las obras monumentales que terminaron por definir la narrativa del siglo XX.

El narrador que circula en estos relatos es un narrador que —y retomo aquí algo de lo que dice Luis Chitarroni—, en cierto sentido es ajeno a la oposición verdad-falsedad y está ligado (y por eso narra) a la relación entre la verdad y el secreto. No la mentira o la falsedad, sino el secreto. Alguien sabe algo que no dice. Y no se trata de un enigma; el enigma puede ser descifrado, permite comprender. El secreto, en cambio, es algo que ha sido sustraído, retirado, alguien lo tiene y no lo dice; no se trata de comprender o no, se trata de llegar a la verdad. Otra vez un movimiento espacial: ir hacia el lugar donde se esconde la verdad.

Entonces, alrededor del secreto que guarda el narrador, en torno de esta suerte de lugar ciego, vacío, inmediatamente aparecen las versiones, aparecen las distintas variantes de la historia. La relación de estos relatos con el saber es muy ambivalente.

Algo de esto hay en *Sombras suele vestir*. En *Sombras* ocurre algo muy interesante: podríamos decir que Bianco tomó la precaución de no usar un narrador en primera persona. No es un narrador clásico el que vemos en este tipo de textos. Aunque tampoco es el narrador de *El corazón de las tinieblas*, que también está en tercera pero hay un marco que permite que Marlow cuente la historia para acceder al secreto que se encierra en Kurtz, y develarlo en ese final tan ambiguo en que sólo dice "el horror, el horror". O el caso de Fitzgerald en el *Gatsby*, donde Nick, el narrador, tiene una visión parcial de los hechos y se acerca al secreto de Gatsby. (A veces pienso, con esa lógica que aprendimos de Bianco en relación a que toda novela se puede corregir, que *El gran Gatsby*, una de las novelas más perfectas que conozco, dice demasiado sobre el pasado de Gatsby. Me hubiera gustado que el personaje que encarna el secreto en esa historia fuera un poco más ambiguo.)

En el caso de Bianco, este narrador en tercera sólo narra lo que saben los personajes. Sus movimientos son muy sutiles: acompaña a los personajes y va sabiendo lo que ellos saben. Y en torno de ese narrador y sus movimientos, hay en la novela dos secretos. Uno de ellos, la relación de Carmen con Raúl, es el secreto que se devela o, para decirlo con Henry James, "se muestra y no se dice", haciendo una distinción que Wittgenstein después retoma. "Lo quiero como a un hijo", insiste Carmen (cap. I, 21 y cap. III, 44). La relación de Carmen con ese muchacho, muy perversa, es uno de los nudos y uno de los motores de la trama.

El otro secreto está referido a Jacinta, la muchacha que ha muerto pero reaparece y produce efectos en el relato: ¿está o no está? ¿estuvo ahí? En este asunto, el narrador parece no tomar partido; y tampoco desde luego lo tomaba el autor. Varias veces le preguntaron a Bianco por ese punto ciego, como le preguntaban a Onetti por los puntos ciegos de *Los adioses*, la otra gran *nouvelle* sobre el secreto y los fantasmas. Como Bianco, Onetti respondía que no sabía, que no tenía nada para decir o no podía hacerlo. De modo que hay un secreto que no develan ni el narrador ni el que escribe.

El relato de Bianco, sin embargo, lo dice todo desplazado. Trabaja con la idea de que lo que está en juego es la creencia. Por eso tantas discusiones sobre la Biblia y la existencia de Jesús. Aunque nadie lo dice, cuando discuten sobre la Biblia y la creencia, están hablando, me parece, sobre la creencia en el más allá, en la vida después de la muerte. Al mismo tiempo, el texto trabaja con la psiquiatría y cierto tipo de discurso médico, un mundo que está siempre presente. De modo que también se puede pensar que Jacinta, la mujer muerta que reaparece, es una alucinación de Stocker.

Por lo tanto, estamos en el terreno de la creencia o estamos en el terreno de la psiquiatría; estamos frente a un relato de fantasmas o frente al clásico relato de alguien que alucina la presencia de un muerto. A mí me parece extraordinario el momento en el que Sweitzer, el socio de Stocker, termina conversando con el criado negro cuando trata de saber algo de Jacinta, movido por la incertidumbre que le provocan las distintas versiones acerca de la muchacha: mientras Stocker la espera y asegura haber vivido con ella, otros afirman que está muerta. En el relato de Bianco, el mundo de la creencia está encarnado en los criados y los negros. En algún lugar del texto se habla de que Jacinta "reflexionó en la capacidad de ilusión, en la innata afición al melodrama de las llamadas 'clases bajas'" (cap. I, 22). Y Lucas, el criado negro, es el único que dice que Jacinta existe. "Sé que antes estuvo viviendo más de tres meses en esta casa", asegura (cap. III, 46), aunque nunca la vio dentro de ella. "¡Como si necesitara verla!", aclara (cap. III, 46).

Pero lo que me parece importante es que este juego de versiones, que nos permite recorrer una doble historia, no debe asimilarse con la interpretación. No es que en el relato haya más de una interpretación posible, lo que hay es más de una historia posible. Con los mismos elementos, la *nouvelle* de Bianco admite varios recorridos en la historia, no varias interpretaciones. En la forma *nouvelle*, las versiones de la historia que giran alrededor del secreto son muchas y conviven, nunca se desligan. Y la brevedad de la forma está vinculada a que es justamente el secreto el que anuda las distintas versiones. Porque si el secreto se descifrara, habría que escribir una novela para que las relaciones que están atadas en ese mundo conciso se pudieran expandir. Entonces, habría que pensar que la conexión con el secreto no sólo es el motor de la trama, sino también el nudo a partir del cual se teje ese texto múltiple; lo que no está narrado es lo que determina la concisión y la complejidad de esta estructura múltiple. De ahí que las *nouvelles* parezcan siempre más extensas de lo que son.

Lo más extraordinario del relato de Bianco es, para mí, el final, como ocurre siempre en estas formas que, en su brevedad, enfrentan de manera muy drástica el problema de cómo dejar de narrar una historia. No estamos ni en la forma brusca del cuento ni en la forma más desganada de la novela, estamos en un cierre que es un cierre y que al mismo tiempo abre una historia que apenas conocemos. El final es una espera: Stocker se interna para esperar que regrese Jacinta. Y aquí me gustaría citar a Henry James: "En realidad, en un sentido general las relaciones humanas no se detienen en ningún lugar, y el problema más exquisito del artista es el de trazar eternamente por medio de su propia geometría el círculo en el cual las relaciones parecen detenerse".[2] Es el arte el que puede dar un final; en la vida no hay finales, en la vida sólo hay tragedias, despedidas, pérdidas, o finales formales, externos a la propia dinámica de la forma. Pareciera que el arte, y esto es quizás lo que pensaba Bianco, nos permite tener la ilusión de un final apropiado, que tiene un estilo. Porque el saber de Bianco, como el de Ezra Pound, es un saber del estilo. Un saber por el estilo.

Notas

[1] Agradecemos a Sandra Bianchi y al Malba el haber desgrabado esta charla, que concluyó el homenaje a Bianco los días 7 y 8 de diciembre de 2004.

[2] Del prólogo de 1907 que escribió James para la reedición de su novela *Roderick Hudson*, (1875).

José Bianco

José Bianco: Bibliografía

Narrativa
Ensayos
Antologías
Traducciones
Entrevistas
Crítica

Nota: En este libro las referencias entre paréntesis (a menos que se indique otra cosa) se refieren a *Ficción y reflexión*, México: Fondo de Cultura Económica, 1988. Los ensayos, reseñas, crónicas y artículos de Bianco (más de noventa en total) no están recogidos en su totalidad en ninguna parte, y las antologías que hay no están organizadas según criterios cronológicos; por ende, lo que sigue en la sección Ensayos organiza ese material en orden cronológico (incluyendo unos artículos nunca recogidos en libro). DB

Narrativa: libros

La pequeña Gyaros. [Seis cuentos: Tibulo, El límite, Amarilídeas, Rosalba, La pequeña Gyaros, La visitante.] Buenos Aires: Viau y Zona, 1932. Hay una reedición: Buenos Aires: Seix Barral, 1994.

Sombras suele vestir. Sur 85 (1941): 23-66. Primera edición en forma de libro: Cuadernos de la Quimera, Buenos Aires: Emecé, 1943. Hay muchas reediciones, siendo la más reciente: *Las ratas; Sombras suele vestir*. Buenos Aires: Emecé, 2004.

Las ratas. Buenos Aires: Editorial Sur, 1943. Hay muchas reediciones, siendo la más reciente: *Las ratas; Sombras suele vestir*. Buenos Aires: Emecé, 2004.

La pérdida del reino. Buenos Aires: Siglo XXI, 1972. La reedición más reciente es: Buenos Aires: Adriana Hidalgo, 2004.

Narrativa: fragmentos

Siete años (1935): relato de infancia y educación, fragmento en *Sur* 14, 74-89, con continuación en *Sur* 15, 81-97, nunca fue recogido en libro.

Las ratas (1943): fragmento en *Sur* 109, 37-59.

Un pretexto (1950): fragmento en *Sur* 192-94, 252-65, primer capítulo de un libro que nunca se publicó.

Digresión (1950): fragmento del proyecto de *La pérdida del reino* no incluido en la novela final, recogido en *Ficción y reflexión*.

El colegio (1955): fragmento en *Ciclón* (La Habana) 1.6, 3-8, no fue recogido en libro.

Ensayos, crónicas, reseñas y presentaciones de libro

Sobre el *Itinéraire de Paris à Buenos Aires* (1928): ensayo sobre el libro de Jean-Jacques Brousson, recogido en *Cuadernos Hispanoamericanos* 565-566.

La Fontaine divine, de Fortuné Andrieu (1928): reseña publicada en *Nosotros* 59.225-226, 300-01, nunca fue recogida en libro.

Le Perce-oreille de Luxembourg, de André Baillon (1928): reseña publicada en *Nosotros* 59.225-226, 298-300, nunca fue recogida en libro.

Aquelarre, de Eduardo González Lanuza (1928): reseña publicada en *Nosotros* 59.225-226, 295-96, nunca fue recogida en libro.

La locura de Nirvo, de Rodolfo del Plata (1928): reseña publicada en *Nosotros* 59.225-226, 297-98, nunca fue recogida en libro.

El signo de Euforión, de Héctor Díaz Leguizamón (1928): reseña publicada en *Nosotros* 60.227, 262-63, nunca fue recogida en libro.

La jugadora de pocker y *El falsificador de emociones*, de Enrique García Velloso (1928): reseña publicada en *Nosotros* 60.227, 264, nunca fue recogida en libro.

Los caminos de la muerte, de Manuel Gálvez (1928): reseña publicada en *Nosotros* 61.230, 99-105, nunca fue recogida en libro.

Sobre casi todo – Sobre casi nada, de Julio Camba (1928): reseña publicada en *Nosotros* 61.231, 295-96, nunca fue recogida en libro.

Recordando, de Lucía Láinez de Mujica Farías (1928): reseña publicada en *Nosotros* 61.231, 293, nunca fue recogida en libro.

París – Glosario argentino de Roberto Gache (1928): reseña publicada en *Nosotros* 62.233, 115-16, nunca fue recogida en libro.

Paul Groussac (1929): ensayo publicado en *Nosotros* 65.242, 81-85, recogido en *Cuadernos Hispanoamericanos* 516.

Casanova (1929): recogido en *Ficción y reflexión*.

Un veneciano en Inglaterra (1930): otro ensayo sobre Casanova, recogido en *Cuadernos Hispanoamericanos* 565-566.

El constructor del silencio, de Sara de Echeverts (1930): reseña publicada en *Nosotros* 68.252, 275-77, nunca fue recogida en libro.

La libertad en la formación de las minorías (c. 1932): artículo sobre Leo Ferrero publicado al año de su muerte, en *La Nación*, nunca fue recogido en libro.

Stendhal y Proust (1933): recogido en *Cuadernos Hispanoamericanos* 565-566.

Ana de Noilles (1933): recogido en *Cuadernos Hispanoamericanos* 565-566.

La novela de Leo Ferrero (1935): ensayo en *Sur* 10, recogido en *Cuadernos Hispanoamericanos* 565-566.

Un saludo de Jules Romains (1936): recogido en *Cuadernos Hispanoamericanos* 565-566.

Postrer etapa de Fénelon (1935): recogido en *Ficción y reflexión*.

Jules Romains (1936): recogido en *Cuadernos Hispanoamericanos* 565-566.

Las últimas obras de Mallea. Al margen de sus temas principales (1936): en *Sur* 21, 40-71, no fue recogido en libro.

Un idealista absoluto (1937): artículo sobre Julien Benda, aparecido en *La Nación* el 14 de marzo, nunca recogido en libro.

Las vísperas de España, por Alfonso Reyes (1937): recogido en *Páginas de José Bianco* y *Ficción y reflexión*.

El "Prefacio para los franceses" (1937): ensayo sobre *La rebelión de las masas* de Ortega y Gasset, recogido en *Páginas de José Bianco* y *Ficción y reflexión*.

Viaje olvidado (1937): reseña del primer libro de Silvina Ocampo, recogido en *Páginas de José Bianco* y *Ficción y reflexión*.

Rilke y el joven poeta (c. 1937): comentario sobre las *Lettres à un jeune poète*, la traducción francesa de las cartas de Rilke publicada por Grasset en 1937, recogido en *Cuadernos Hispanoamericanos* 565-566.

García Lorca en el Odeón (1937): artículo en *Sur* 32, 75-80, nunca fue recogido en libro.

Defensa de la República (1940): participó en un número especial de *Sur* (71) con: Carlos Alberto Erro, Francisco Ayala, Eduardo E. Drapf, Roger Caillois, Angélica Mendoza, Pedro Henríquez Ureña, Enrique Anderson Imbert, María Rosa Oliver, Edith Helman y Victoria Ocampo; su texto no fue recogido en libro posteriormente.

Desagravio a Borges (1942): organizó el número especial de *Sur* (94).

Revistas (1945): nota sobre el contenido de números recientes del *Bulletin of the Museum of Modern Art, Horizon* y *Partisan Review*, en *Sur* 130, 94-100, nunca fue recogida en libro.

Moral y literatura: un debate de *Sur* (1945): participaron también Victoria Ocampo, Enrique Anderson Imbert, Ricardo Baeza, Jorge Luis Borges, Roger Caillois, Bernardo Canal Feijóo, Augusto J. Durelli, Eduardo González Lanuza, Pedro Henríquez Ureña, Francisco Romero y Luis Emilio Soto; el texto de Bianco fue recogido en *Páginas de José Bianco* y *Ficción y reflexión*.

Sartre y los Estados Unidos (1946): recogido en *Ficción y realidad* y *Ficción y reflexión*.

Prólogo a *El Visionario* de Julien Green (1946): prólogo a la traducción que hizo Bianco de este libro de Green, recogido en *Ficción y realidad* y *Ficción y reflexión*.

Visita a Julien Benda (1947): recogido en *Ficción y realidad, Homenaje a Marcel Proust* y *Ficción y reflexión.*

Crónica italiana: Portofino Mare (1947): recogido en *Ficción y realidad* y *Ficción y reflexión.*

Crítica literaria y literatura de imaginación: Alberto Moravia (1950): recogido en *Ficción y realidad* y *Ficción y reflexión.*

Proust y su madre (1955): ensayo recogido en *Ficción y realidad, Homenaje a Marcel Proust* y *Ficción y reflexión.*

De nuevo Julien Benda (1956): recogido en *Ficción y realidad, Homenaje a Marcel Proust* y *Ficción y reflexión.*

El escritor y las palabras (1956): recogido en *Ficción y realidad, Homenaje a Marcel Proust* y *Ficción y reflexión.*

A propósito de "La mujercita respetuosa" (1958): artículo sobre la comedia de Jean Paul Sartre, en *Sur* 239, nunca fue recogido en libro.

El teatro de Graham Greene (1957): recogido en *Ficción y realidad* y *Ficción y reflexión.*

Voltaire y Nancy Mitford (1957): artículo sobre *Voltaire in Love* de Mitford, recogido en *Ficción y realidad* y *Ficción y reflexión.*

Julien Benda (c. 1957): recogido en *Cuadernos Hispanoamericanos* 565-566.

Diarios de escritores (1959): recogido en *Ficción y realidad, Páginas de José Bianco* y *Ficción y reflexión.*

Omisión (1959): breve aclaración sobre la co-autoría de Silvina Ocampo de la traducción de *Las criadas* de Jean Genet, en *Sur* 258, nunca fue recogida en libro.

El sentido del mal en la obra de Proust (1959): ensayo en *La Torre* [Puerto Rico] 7.25, 75-86, nunca fue recogido en libro.

En torno a Roberto Arlt (1961): ensayo en *Casa de las Américas* 5, 45-57, nunca fue recogido en libro.

La Argentina y su imagen literaria (1962): recogido en *Ficción y realidad* y *Ficción y reflexión*.

Homenaje a Ezequiel Martínez Estrada (1964): recogido en *Páginas de José Bianco* y *Ficción y reflexión*.

Des souvenirs (1964): artículo en *Jorge Luis Borges*. Paris: L'Herne, 33-43, nunca fue recogido posteriormente.

Recuerdos de Borges (1964): artículo en *Diálogos* [México] 1.1, 12-18, nunca fue recogido en libro.

Crónica mexicana (1967): recogido en *Ficción y reflexión*.

Función social del escritor (1967): ensayo en *Casa de las Américas* 43, 103-06, nunca fue recogido en libro.

El sadismo de Ambrose Bierce (1968): prólogo a la traducción que hizo Bianco de los cuentos de Bierce, recogido en *Ficción y realidad* y *Ficción y reflexión*.

Idealismo y orden (1968): artículo sobre *El oscuro* de Daniel Moyano, recogido en *Páginas de José Bianco* y *Ficción y reflexión*.

Testimonio (1968-69): ensayo en *Casa de las Américas* 9.51-52, 62-63, no fue recogido en libro.

Piñera, narrador (1970): prólogo a *El que vino a salvarme* de Piñera, recogido en *Ficción y realidad*, *Homenaje a Marcel Proust* y *Ficción y reflexión*.

Centenario de Proust (1971): recogido en *Ficción y realidad*, *Homenaje a Marcel Proust* y *Ficción y reflexión*.

"El ángel de las tinieblas" (1972): ensayo sobre Proust y Léautaud, recogido en *Ficción y realidad*, *Páginas de José Bianco* y *Ficción y reflexión*.

La crítica y las revistas literarias (1973): ensayo sobre la revista mexicana *Diálogos*, recogido en *Páginas de José Bianco* y *Ficción y reflexión*.

Ficción y realidad (1973): conferencia en Harvard, basada en "La Argentina y su imagen literaria" de 1962, recogido en *Cuadernos Hispanoamericanos* 516.

Sobre *El regimiento negro* de Henry Bauchau (1975): prólogo a la traducción que hizo Bianco de Bauchau, recogido en *Ficción y reflexión*.

Dos films alemanes (1976): recogido en *Ficción y realidad* (y con distinto título y fecha, Fassbinder y Rohmer, 1977, en *Ficción y reflexión*).

Mika (1976): ensayo sobre *Ma guerra d'Espagne à moi* de Mika Etchebehere, recogido en *Ficción y realidad*, *Páginas de José Bianco* y *Ficción y reflexión*.

Sur (1976): recogido en *Ficción y realidad*, *Páginas de José Bianco*, *Homenaje a Marcel Proust* y *Ficción y reflexión*.

El tesoro escondido de América: Un encuentro de novelistas (1976): artículo en *Vida Literaria* 52, 2-8, no fue recogido posteriormente.

Fassbinder y Rohmer: Crónica de Nueva York (1977): recogido en *Ficción y reflexión* (y en *Ficción y realidad* con el título "Dos films alemanes" y la fecha de 1976).

Voltaire y la voluntad del espíritu (1978): recogido en *Páginas de José Bianco* y *Ficción y reflexión*.

Ana Karenina (1978): recogido en *Ficción y reflexión*.

"Así es Sarmiento" (1978): recogido en *Páginas de José Bianco*, *Homenaje a Marcel Proust* y *Ficción y reflexión*.

Borges (1978): recogido en *Ficción y reflexión*.

Distracciones de un filósofo (1979): ensayo sobre *Manual del distraído* de Alejandro Rossi, recogido en *Cuadernos Hispanoamericanos* 516.

El corte, de Fernando Sánchez Sorondo (1980): recogido en *Cuadernos Hispanoamericanos* 516.

Una visita a la Biblioteca Nacional (1980): fechado el 10 de agosto de 1980, publicado en *Vuelta Sudamericana* 1 (1986), 6-7, nunca recogido en libro.

Victoria (1981): publicado en *Vuelta* 53, 4-6, recogido en *Páginas de José Bianco* y *Ficción y reflexión*.

Los recuerdos de María Rosa Oliver (1981): recogido en *Páginas de José Bianco* y en *Cuadernos Hispanoamericanos* 516 [con la fecha de 1982].

Palabras a un poeta (1981): texto escrito para la presentación de *Homenaje a W. C. Williams* de Alberto Girri, recogido en *Páginas de José Bianco*.

La frustrada ambición de Groussac (1982): recogido en *Páginas de José Bianco* y *Ficción y reflexión*.

Marcel Proust a los sesenta años de su muerte (1982): recogido en *Homenaje a Marcel Proust* y *Ficción y reflexión*.

Sobre Ortega y Gasset (1983): recogido en *Homenaje a Marcel Proust* y *Ficción y reflexión*.

Julio Cortázar (1984): recogido en *Cuadernos Hispanoamericanos* 516.

Parafernaria (1984): recogido en *Ficción y reflexión*.

Un homenaje de José Bianco a Octavio Paz (1984): recogido en *Cuadernos Hispanoamericanos* 565-566.

Una novela de aventuras (1984): presentación de *Canto castrato* de César Aira, recogido en *Cuadernos Hispanoamericanos* 516.

Sobre María Luisa Bombal (1985): recogido en *Ficción y reflexión*.

Albert Camus a los veinticinco años de su muerte (1985): recogido en *Ficción y reflexión*.

En defensa de *El amante de Lady Chatterley* (1985): recogido en *Ficción y reflexión*.

Civilización y fin de siglo: un diálogo con Octavio Paz y Mario Vargas Llosa (1985): publicado en *Vuelta* 105, 7-13; nunca fue recogido en libro.

Prólogo (1985): prólogo a la edición venezolana de *Las ratas* y *Sombras suele vestir*, Caracas: Monte Avila, pp. 7-20.

Ricardo Baeza (1986): publicado en *Vuelta Sudamericana* 1, 8, nunca fue recogido en libro.

Ensayos inéditos en vida del autor

Sobre las memorias (fragmento inédito del libro de conversaciones con Ricardo Piglia): recogido en *Cuadernos Hispanoamericanos* 516.

Racine: recogido en *Cuadernos Hispanoamericanos* 565-566.

Cómo no aburrirse con Maurice Baring: recogido en *Cuadernos Hispanoamericanos* 565-566.

Sobre teorizadores: *La Nación*, Suplemento, 23 de abril de 2006.

Antologías

Ficción y realidad. Caracas: Monte Avila, 1977.
Incluye: La Argentina y su imagen literaria (1962), Proust y su madre (1955), Centenario de Proust (1971), Diarios de escritores (1959), "El ángel de las tinieblas" (1972), Visita a Julien Benda (1947), De nuevo Julien Benda (1956), El escritor y las palabras (1956), Sartre y los Estados Unidos (1946), El teatro de Graham Greene (1957), Dos films alemanes (1976), Prólogo a "El Visionario" de Julien Green (1946), El sadismo de Ambrose Bierce (1968), Piñera, narrador (1970), Crónica italiana: Portofino Mare (1947), Crítica literaria y literatura de imaginación: Alberto Moravia (1950), Voltaire y Nancy Mitford (1957), Mika (1976), "Sur" (1976). Y, "A manera de epílogo: Conversación con José Bianco" (con Danubio Torres Fierro) (1976).

Homenaje a Marcel Proust, seguido de otros artículos. México: UNAM, 1984.
Contiene: Proust y su madre (1955), Centenario de Proust (1971), Marcel Proust a los sesenta años de su muerte (1982), Sobre Ortega y Gasset (1963), "Así es Sarmiento" (1978), Visi-

ta a Julien Benda (1947), De nuevo Julien Benda (1956), El escritor y las palabras (1956), Piñera, narrador (1970), *Sur* (1976). Termina con: "Conversación con José Bianco (con Danubio Torres Fierro, 1976)".

Páginas de José Bianco seleccionadas por el autor. Introducción y compilación Hugo Beccacece. Buenos Aires: Celtia, 1984.
Contiene: "Estudio preliminar" de Hugo Beccacece. Narrativa: *Las ratas* y el cuento "El límite" (de *La pequeña Gyaros*). Ensayos: Diarios de escritores (1959), "El ángel de las tinieblas" (1972), Mika (1976), *Sur* (1976), Voltaire y la voluntad del espíritu (1978), "Así es Sarmiento" (1978), La frustrada ambición de Groussac (1982), Victoria (1981), Homenaje (1964). Crónicas: La crítica y las revistas literarias (1973), Moral y literatura (Un debate de *Sur*), Idealismo y orden (1968), *Las vísperas de España*, por Alfonso Reyes (1937), El "Prefacio para los franceses" (1937) y *Viaje olvidado* (1937). Dos entrevistas: Estilo, autor y narrativa. Entrevista de Andrés Avellaneda (1977) y Sobre la traducción (1981). Presentaciones de libros: Los recuerdos de María Rosa Oliver (1981), Palabras a un poeta (1981).

Ficción y reflexión, México, Fondo de Cultura Económica, 1988.
Incluye "El límite" (de *La pequeña Gyaros*), *Sombras suele vestir*, *Las ratas*, la primera sección de *La pérdida del reino*, y los siguientes artículos y reseñas: Casanova (1929), Postrer etapa de Fénelon (1935), *Las vísperas de España*, por Alfonso Reyes (1937), El "Prefacio para los franceses" (1937), *Viaje olvidado* (1937), Digresión ("de una novela en preparación", 1954), La Argentina y su imagen literaria (1962), Proust y su madre (1955), Voltaire y la libertad del espíritu (1978), Centenario de Proust (1971), Diarios de escritores (1959), La frustrada ambición de Groussac (1982), "El ángel de las tinieblas" (1972), Visita a Julien Benda (1947), Homenaje a Ezequiel Martínez Estrada (1964), De nuevo Julien Benda (1956), El escritor y las palabras (1956), Victoria (1981), Sobre María Luisa Bombal (1985), La crítica y las revistas literarias (1973), *Ana Karenina* (1978), Sartre y los Estados Unidos (1946), Fassbinder y

Rohmer: *Crónica de Nueva York* (1977), El teatro de Graham Greene (1957), En defensa de *El amante de Lady Chatterley* (1985), Prólogo a *El visionario* de Julien Green (1946), Parafernaria (1984), El sadismo de Ambrose Bierce (1968), Piñera narrador (1970), Sobre *El regimiento negro* de Henry Bauchau (1975), Crónica italiana: Portofino Mare (1947), Crítica literaria y literatura de imaginación: Alberto Moravia (1950), Voltaire y Nancy Mitford (1957), Idealismo y orden (1968), Mika (1976), Albert Camus: *A los veinticinco años de su muerte* (1985), *Sur* (1976), Crónica mexicana (1967), Marcelo Proust a los sesenta años de su muerte (1982), Sobre Ortega y Gasset (1983), "Así es Sarmiento" (1978), Borges (1986). También incluye entrevistas con Bianco de Noemí Ulla (1981), Tamara Kamenszain (1976), Hugo Beccacece (1980 y 1982), Antonio Berni (1977), Cristina Forero (María Moreno) (1977), Danubio Torres Fierro (1976), y Andrés Avellaneda (1977), además de una entrevista anónimo con Bianco sobre la traducción (1981) y la intervención de Bianco en un debate sobre "Moral y literatura" en *Sur*.

Cuadernos Hispanoamericanos 516, "Páginas dispersas de José Bianco", introducción de Juan Gustavo Cobo Borda. 7-37.
Artículos incluidos: Paul Groussac (1929), Ficción y realidad (1973), Los recuerdos de María Rosa Oliver (1982), Julio Cortázar (1984), Distracciones de un filósofo (1979), *El corte*, de Fernando Sánchez Sorondo (inédito), Una novela de aventuras, Sobre las memorias (fragmento inédito del libro de conversaciones con Ricardo Piglia).

Cuadernos Hispanoamericanos 565-566 (julio-agosto de 1997), "Dossier José Bianco", introducción y bibliografía de Juan Gustavo Cobo Borda. 9-74.
Artículos incluidos: Sobre el *Itinéraire à Buenos Aires* (1928), Rilke y el joven poeta (sin fecha), Un veneciano en Inglaterra (1930), Stendhal y Proust (1933), Ana de Noilles (1933), Leo Ferrero (1933), Un saludo de Jules Romains (1936), Un homenaje de José Bianco a Octavio Paz (1984), Julien Benda (1957), Racine (inédito), Cómo no aburrirse con Maurice Baring (inédito).

Traducciones

Barthes, Roland. *Crítica y verdad*. Buenos Aires: Siglo XXI, 1972.

Bauchau, Henry. *El regimiento negro*. Buenos Aires: Editorial Sudamericana, 1975.

Beckett, Samuel. *Malone muere*. Buenos Aires: Sur, 1958.

Bierce, Ambrose. *Cuentos de soldados y civiles*. Buenos Aires: Jorge Alvarez, 1968.

Camus, Albert. *Cartas a un amigo alemán*. Buenos Aires: Sur, 1946.

Genet, Jean. *Las criadas*. Buenos Aires: Sur, 1959. (Con Silvina Ocampo.)

Green, Julien. *El visionario*. Buenos Aires: Troquel, 1953.

James, Henry. *Otra vuelta de tuerca*. Buenos Aires: Fabril, 1961.
. *La lección del maestro*. Buenos Aires: Fabril, 1962.

Kirkwood, James. *Posdata: tu gato ha muerto*. Versión para el teatro, no se publicó.

Leduc, Violette. *La asfixia*. Buenos Aires: Editorial Sudamericana, 1968.

Mauriac, François. *Escritos íntimos*. Buenos Aires: Criterio, 1955.

Pomerance, Bernard. *El hombre elefante*. Versión para el teatro, no se publicó.

Sartre, Jean Paul. *Reflexiones sobre la cuestión judía*. Buenos Aires: Sur, 1948.

Simon, Pierre-Henri. *Los católicos, la política y el dinero*. Buenos Aires: Sur, 1956.

Stendhal. *La cartuja de Parma*. Buenos Aires: Editorial Sudamericana, 1970.

Stoppard, Tom. *Rosencrantz y Guildenstern han muerto*. Versión para el teatro, no se publicó.

Entrevistas

Anónimo. "Sobre la traducción" (1981). Incluido en *Ficción y reflexión*, 361-64.

Avellaneda, Andrés. "Estilo, autor y narrativa" (1977). Incluido en *Ficción y reflexión*, 410-14.

Balderston, Daniel. "José Bianco: El creador y la molesta realidad" (1984). Suplemento Cultura, *La Nación*, 14 de setiembre de 2003: 1-2.

. "José Bianco: La escritura invisible" (1984). Filmada por Julio Jaimes. Buenos Aires: Librería Audiovisual Blakman, 2004. 67 minutos.

Balderston, Daniel y John King. "Las revistas y Buenos Aires: una pequeña entrevista con José Bianco" (1978). *escandalar* 3.3 (1980): 84-86.

Barone, Orlando. "Entre asombros y recuerdos: Diálogo de José Bianco con Antonio Berni" (1977). Incluido en *Ficción y reflexión*, 387-93.

Beccacece, Hugo. "Escritor y testigo" (1980). Incluido en *Ficción y reflexión*, 372-78.

. "Testigo y creador" (1982). Incluido en *Ficción y reflexión*, 379-86.

Bradu, Fabienne. "Una conversación". *Vuelta* 109 (1985): 47-48.

Forero, Cristina (María Moreno). "El lector es uno mismo" (1977). Incluido en *Ficción y reflexión,* 394-98, y con una nota introductoria en este volumen.

Kamenszain, Tamara. "Cuestión de oficio" (1976). Incluido en *Ficción y reflexión*, 365-71.

Prieto Taboada, Antonio. "Entrevista: José Bianco". *Hispamérica* 17.50 (1988): 73-86.

Torres Fierro, Danubio. "Conversación con José Bianco" (1976). Incluido en *Ficción y reflexión*, 399-407, y también en *Ficción y realidad* y *Homenaje a Marcel Proust*.

Ulla, Noemí. "No se puede tocar una flor sin mover una estrella" (1981). Incluido en *Ficción y reflexión*, 357-360.

Crítica

Aponte, Barbara B. "La voz narrativa en *La pérdida del reino*". *Explicación de Textos Literarios* 6.1 (1977): 37-44.

Arrigoni de Allsmand, Luz María. "De novelas y metanovelas: *La pérdida del reino* de José Bianco". *Revista de Literaturas Modernas* 27 (1994): 209-16.

Balderston, Daniel. "'Siempre habrá de interponerse algo entre nosotros': la función del deseo en la obra de Bianco". *El deseo, enorme cicatriz luminosa: ensayos sobre homosexualidades latinoamericanas*. Rosario: Beatriz Viterbo Editora, 2004. 79-84.

Bastos, María Luisa. "La topografía de la ambigüedad: Buenos Aires en Borges, Bianco, Bioy Casares". *Hispamérica* 9.27 (1980): 33-46. [También incluido en su libro *Relecturas hispanoamericanas*, de donde hemos sacado el fragmento reproducido en este libro.]

Beccacece, Hugo. Introducción a *Páginas de José Bianco seleccionadas por el autor*. Buenos Aires: Celtia, 1984. 11-31.

Borges, Jorge Luis: "Página sobre José Bianco". *El País*, 18 de setiembre de 1985: 9. [También publicado en el diario porteño *La Razón*.]

. Reseña de *Las ratas*. *Sur* 111 (enero de 1944), 76-78. Incluido en *Borges en Sur 1931-1980*. Buenos Aires: Emecé, 1999. 271-74.

Cervera Salinas, Vicente. "El reino de José Bianco". *Revista de Filología y Lingüística de la Universidad de Costa Rica* 27.1 (2001): 113-22.

Cobo Borda, Juan Gustavo. "El primer Bianco". *Visiones de América Latina*. Bogotá: Tercer Mundo Editores, 1987. 139-48.

. "José Bianco (1908-1986)". *Lector impenitente*. México: Fondo de Cultura Económica, 2004. 185-204.

. "Cenas con Borges y Bianco". *Lector impenitente*. México: Fondo de Cultura Económica, 2004. 205-225.

. "Una estética del matiz: José Bianco". *El oficio se afirma*. Comp. Sylvia Saítta. *Historia crítica de la literatura argentina*, vol. 6. Buenos Aires: Emecé Editores, 2004. 253-76.

Cozarinsky, Edgardo. "La lección del maestro". *La Nación*, Suplemento Cultura, 14 de setiembre de 2003 [reproducido en este volumen].

Cruz, Jorge. "Imagen de José Bianco". *Letras de Buenos Aires* 11.25 (1991): 13-18.

De Giovanni, Fernando. "Las sombras del cuerpo amado: José Bianco a través de Luis de Góngora". *Revista Interamericana de Bibliografía* 47.1-4 (1997): 129-34.

. "Las sombras del cuerpo amado: José Bianco a través de Luis de Góngora". *Hispanic Journal* 17.1 (1996): 151-57.

Domínguez de Rodríguez Pasqués, Mignon. "El discurso fantasmal y la mise en abyme en *Sombras suele vestir* de José Bianco". *Estudios de narratología*. Comp. Mignon Domínguez de Rodríguez Pasqués. Buenos Aires: Biblos, 1991. 99-122.

Gai, Adam. "Lo fantástico y su sombra: Doble lectura de un texto de José Bianco". *Hispamérica* 12.34-35 (1983): 35-50.

García Ponce, Juan. Reseña de *La pérdida del reino*. *Plural* 17 (1973): 12.

. Reseña de *Ficción y realidad*. *Vuelta* 19 (1978): 31-32.

Gibbs, Beverly J. "Spatial Treatment in the Contemporary Psychological Novel of Argentina". *Hispania* 45.3 (1962): 410-14.

Hernández, Juan José. "Una relectura de la novela *Las ratas* de José Bianco". *Escritos irreberentes*. Buenos Aires: Adriana Hidalgo, 2003. 13-22. [Reproducido en este volumen].

. "Algo más fácil de sentir que de decir". *La Nación*, Suplemento, 23 de abril de 2006: 1.

Jitrik, Noé. "La falta y la aduana en las sombras". *El ejemplo de la familia: Ensayos y trabajos sobre literatura argentina*. Buenos Aires: Eudeba, 1997. 53-68.

Martínez, Tomás Eloy. "Sombras solía vestir". Suplemento literario, *La Nación*, 19 de enero de 1997: 1-2.

Melgar, Lucía. "Correspondencias literarias: Bianco, Garro y *La pérdida del reino*". *Actas del XIV Congreso de la Asociación Internacional de Hispanistas*. Comp. Isaías Lerner et al. Newark, Delaware: Juan de la Cuesta, 2004. 4: 425-30.

. "Elena Garro en París (1947-1952): Una lectura de sus cartas a José Bianco y Ninfa Santos". *Elena Garro: Lectura múltiple de una personalidad compleja*. Comp. Lucía Melgar y Gabriela Mora. Puebla: Benemérita Universidad Autónoma de Puebla, 2002. 149-72.

Mercado, Enrique. "Borges y Bianco: Senderos que se bifurcan". *Estudios* 6 (1985): 113-18.

Molloy, Sylvia. "La luz encendida". Dossier Bianco, *Primer Plano*, Suplemento cultural de *Página 12*, 17 de mayo de 1992.

Pezzoni, Enrique. "José Bianco". *Enciclopedia de la literatura argentina contemporánea*. Comp. Pedro Orgambide y Roberto Yahni. Buenos Aires: Sudamericana, 1970. 88-89.

. "Bianco: todas las fruiciones". *Vuelta Sudamericana* 1 (agosto de 1986): 5-6.

Piña, Cristina y Federico Peltzer. "Dos personajes solitarios en la novela argentina actual". *Revista Universitaria de Letras* 1.1 (1979): 80-98.

Prieto Taboada, Antonio. "Ficción y realidad de José Bianco". *Revista Iberoamericana* 52.137 (1986): 957-62.

. "El poder de la ambigüedad en *Sombras suele vestir* de José Bianco". *Revista Iberoamericana* 49.125 (1983): 717-30.

. "José Bianco: Amistades literarias y proyecto de autonomía". *Revista de Crítica Literaria Latinoamericana* 18.35 (1992): 121-33. [Reproducido en este volumen.]

Rivera, Francisco. "Aproximación a José Bianco". Epílogo a *Las ratas / Sombras suele vestir*. Caracas: Monte Avila, 1986. 167-75.

Rivera, Jorge. "La nueva novela argentina de los años 40". Prólogo de *Las ratas*, de José Bianco. Buenos Aires: Centro Editor de América Latina, 1981. i-vii.

. "Panorama de la novela argentina: 1930-1955". En *Los pro-yectos de la vanguardia*. Tomo IV de *Historia de la literatura argentina*. Buenos Aires: Centro Editor de América Latina, 1968. 313-36.

Rodríguez Pasqués, Petrona [Mignon Domínguez de Rodríguez Pasqués]. "La mise en abyme y el discurso fantasmal en una novela de José Bianco". *Actas del X Congreso de la Asociación de Hispanistas*. Comp. Antonio Vilanova *et al*. Barcelona: Promociones y Publicaciones Universitarias, 1992. 4: 929-37.

Rosa, Nicolás. "El juego de la contradicción: A propósito de *La pérdida del reino*, una novela de José Bianco". *La Opinión Cultural*, 15 de octubre de 1972: 10-11.

Sheridan, Guillermo. "El honor a la verdad". *Vuelta* 14.160 (1990): 76-77.

Stern, Mirta. "*Sombras suele vestir* de José Bianco: Los mecanismos de la ambigüedad". *Eco* 216 (1979): 627-52.

Torres, Ana María. "Evocación de José Bianco". *Detrás de las palabras*. Buenos Aires: Botella al Mar, 2004. 13-18 [reproducido en este volumen].

Villena, Luis Antonio de. "José Bianco en Madrid". *Insula* 40.460 (1985): 11.

Vitier, Cintio. Reseña de *Las ratas*. *Orígenes* 1.3 (1944): 40-43.

Willson, Patricia. "José Bianco, el traductor clásico". *La Constelación del Sur: Traductores y traducciones en la literatura argentina del siglo XX*. Buenos Aires: Siglo XXI, 2004. 183-227.

Yúdice, George. "Decaracterización y desconstrucción en *Las ratas* de José Bianco". *Requiem for the 'Boom'*. Comp. Rose Minc y Marilyn Frankenthaler. Montclair, New Jersey: Montclair State College, 1980. 150-61.

. "La voz del lector en *Sombras suele vestir*". *Punto de contacto / Point of Contact* 1.3 (1976): 58-68.

Zanetti, Susana. "La transparencia de José Bianco". *Quimera* 66-67 (c. 1988): 70-73.

Índice

Encuentro internacional M. Puig
J. Amícola y G. Speranza (comps.)
Las cenizas de la huella
Linajes y figuras de artista
en torno al modernismo
Susana Zanetti y otros
La re-invención de la memoria
Gestos, textos e imágenes de la cultura latinoamericana.
M. Scarano, M.Marinone, G.Tineo
Genealogías culturales
Argentina, Brasil y Uruguay
en la novela contemporánea (1981-1991)
Florencia Garramuño
Fábulas del género.
Sexo y escrituras en América Latina
N. Domínguez y C. Perilli (comps.)
El Facundo y la construcción
de la cultura argentina
Diana Sorensen
Las operaciones de la crítica
Alberto Giordano y María C. Vázquez (comps.)
El artificio como cuestión
Claudio Canaparo
Versiones del humor
Sergio Cueto
El taller de la escritora - Veladas literarias de
Juana Manuela Gorriti Lima-Buenos Aires (1876/7-1892)
Graciela Batticuore
Ficciones culturales y fábulas de identidad
en América Latina
Graciela Montaldo
Delmira Agustini y el modernismo.
Nuevas propuestas de género
Tina Escaja (comp.)

Modelando corazones
Sentimentalismo y urbanidad en la novela
hispanoamericana del siglo XIX
María Fernanda Lander
Novelas familiares
Figuraciones de la nación en la novela
latinoamericana contemporánea
Margarita Saona
Escrituras heterofónicas
Narrativas caribeñas del siglo XX
María Julia Daroqui
Otro punto de vista
Mujer y cine en Argentina
(entrevistas)
Viviana Rangil
Avances de Hollywood
Crítica cinematográfica en latinoamérica, 1975-1945
Jason Borge
La suma que es el todo y que no cesa.
El poema largo en la modernidad hispanoamericana
Cecilia Graña (comp.)
Las máscaras de la decadencia
La obra de Jorge Edwards y el medio siglo chileno
María del Pilar Vila
Deslindes
Ensayos sobre la literatura y sus límites en el siglo XX.
Claudia Kozak (comp.)
Las brújulas del extraviado
Para una lectura integral de Esteban Echeverría
Alejandra Laera y Martín Kohan (comps.)

Se terminó de imprimir en el mes de octubre de 2006
en los Talleres Gráficos Nuevo Offset
Viel 1444, Capital Federal
Tirada: 1.000 ejemplares